中国共産党による「人民代表会議」制度の創成と政治過程

——権力と正統性をめぐって——

杜崎群傑 著

御茶の水書房刊

中国共産党による「人民代表会議」制度の創成と政治過程　目次

目次

凡例

1. 「ソヴィエト」あるいは「ソビエト」の表記方法は引用文献・資料の原文と同じものとした。ただし、筆者によるもの、中国語の翻訳によるものは「ソビエト」に統一する。
2. 「民主主義」あるいは「デモクラシー」の表記方法は、基本的には引用文献・資料の原文と同じものとするが、筆者によるものは「民主主義」と表記する。
3. 中国共産党の略記は特に断らない限り「共産党」とし、直接引用の部分のみ「中共」とする。
4. 亀甲括弧〔 〕で括った部分は筆者による補注を表す。
5. 直接引用箇所にて（原文「 」）としている場合は中国語の原語を示すものである。

中国共産党による「人民代表会議」制度の創成と政治過程

——権力と正統性をめぐって——

序論　「人民代表会議」制度の研究の意義と課題

第一節　問題の所在と本書の課題

代表の諸先生方へ。我々は一つの共通の感覚を持っている。これは我々の活動が人類の歴史にまさに刻まれようとしているということである。これはまさに、人類の総人口の四分の一を占める中国人がここから立ち上がったということである。中国人は偉大で勇敢で勤勉な民族であり、ただ近代において立ち遅れていただけである。このような立ち遅れは、外国帝国主義と本国の反動政府が抑圧し、搾取した結果である。一〇〇年来、我々の先人は不撓不屈の闘争によって内外の抑圧者に反対した。これは一度も停止することがなかった。この中には、偉大な中国革命の先駆者である孫中山先生が指導した辛亥革命も含まれる。我々の亡父は我々に、彼らの遺志を完成させるよう指示した。我々はまさに現在これを実行した。我々は団結し、人民解放戦争と人民大革命によって内外の圧迫者を打倒し、中華人民共和国の成立を宣言した。我が民族はここから、平和と自由を愛する世界の大家族の中に入り、勇敢かつ勤勉な姿勢によって活動を行い、自らの文明と幸福を作り上げ、同時に世界の平和と自由を促進するであろう。我々の民族はもはや人に侮辱される民族ではない。我々はすでに立ち上がったのだ。我々の革命は全世界の

写真－1　毛沢東による人民政協の開幕の詞

（出所）中国革命博物館編『中国共産党70年図集』上海：上海人民出版社、1991年、856頁。

広大な人民の同情と歓呼を得ている。我々の友人は全世界に存在している[1]（傍線部筆者）。

一九四九年一〇月一日、「偉大な中国革命の先駆者である孫中山」の意志を受け継いだと主張する、一つの国家が誕生した。上述の引用文は、中華人民共和国（以下、特に断わらない限り中国）政府を組織した、中国人民政治協商会議（以下、特に断わらない限り人民政協）第一期全体会議における毛沢東[2]の発言である。

この時の毛沢東の心情を知る術はない。しかし、革命を達成したことに対する高揚感と同時に、中国民衆からいかに支持・同意を取り付けるべきかという重圧を感じていたであろうことが如実に読み取れる。

毛沢東の演説から、すでに六五年以上の月日が流れた。現代の中国[3]は「G2[4]」という言葉が取りざたされること自体が示すように、経済成長とともに国際舞台の中でも強い影響力を発揮するようになった。しかし、二〇一三年は中国における最初の議会（一九一三年の中華民国第一回国会大会）から一〇〇周年であったにもかかわらず、同年の中国共産党（以下、特に断わらない限り共産党）指導部の交代や二〇一四年九月の香港における民主化運動に象徴されるように、中国においては依然として民主的制度は根付いていない(5)。

ではなぜ中国において民主化は進まないのか。またそれにもかかわらずなぜ共産党は現代においても政権を維持できているのか。そして今後もそれは可能なのか。こうした一連の課題につて、制度的問題から深い考察を行った研究が必要とされている。

そこで本書は一九四〇年代末の中国における「立法―司法―行政」のうち、共産党にとって「正統性」調達と権力掌握に利用された立法権＝「人民代表会議」（以下、括弧略）に着目し、一次資料による歴史学的アプローチと政治学理論の双方を用い、さらには国際的要因も含めて検討することにより、これまでほとんど明らかにされなかった一九四〇年代末の三権分立と党の関係、これによって導き出される政治体制の実相と共産党による「正統性」調達と権力の掌握過程を、人民代表会議の開催過程から検討する。これは現代中国にまで根強く残る民主化を著しく制約している政治体制の淵源を実証的に検証することに他ならない。

では、なぜ歴史学的アプローチと政治学理論か。くしくも、歴史学者のE・H・カー（Edward Hallet Carr）が、かつて「過去、現在、未来は尽きることのない歴史の鎖のうちで結ばれている(6)」と述べていたように、現代中国における様々な事象は、「歴史」の積み重ねの上に成り立っている。現代中国政治における様々な問題を解き明かすためには、歴史的視点から実証的に中国の政治体制を検証する努力が必要なのである。

さらに政治学理論はこうした歴史的アプローチによっても解明することのできない部分を補うのに有効である。理論研究の利点は、「一見混沌として見える個々の事実をある程度秩序立てて理解でき、因果関係を敷衍する形で将来に対する予測やそれに基づいた政策提言ができる点」にあるからである。[7]

では、前述の課題に立ち返って、中国の政治体制はどのように設計されていた（る）のであろうか。とりわけ「立法―行政―司法」の関係と、これと重複する形で構成されている「立法権―執政権―党」の関係はいかなるものなのか。

筆者は現代中国の政治体制の源流は、一九四九年にあり、それを基本的に引き継いでいるものと考えている。そこで、中華人民共和国の成立時点に立ち返り、中国の政治体制を実証的に検証するのが本書の主たる狙いである。さらに、一九四〇年代末に完成した議会制度の位置づけをより明確にするために、共産党の結党以来の議会制度に関する議論についても見ていく。

こうした課題に接近することは、必然的に当時創成された中国の政治制度が、現代においてどの程度残存しているのか（あるいは変化しているのか）を解明する糸口となる。

また上述の課題は、共産党の権力の強さ＝「強靭性」と、弱さ＝「脆弱性」の検討をも可能とする。なぜならば、立法権こそが最も民意に近い存在であり、被支配者の民意への「配慮」（＝弱さ）が如実に現われる一方で、同機関を通して共産党による権力の掌握（＝強さ）が行われていたからである。こうした検証は、後に共産党が独裁を断行し得た理由を検討するのに強い示唆を与えるものとなる。

そこで、本書は「正統性」の調達手段として共産党に注目され、かつ立法権の役割を期待されていた、一九四〇年代末の各地方における人民代表会議・人民政協（以上を総称して「人民代表会議」制度とする。[8]以下、括弧略）と、さらには当時臨時憲法と見なされた「中国人民政治協商会議共同綱領」（以下括弧略で、共同綱領）を分析対象として、共産党がいかにして「正統性」を調達し、その権力を構造化していったのかという課題に取り組む。

では、なぜ一九四〇年代末の、それも人民代表会議制度を研究する必要があるのであろうか。それは第一に、当時の人民代表会議が有していた機能と関わっている。すなわち、それまで一地域政権にすぎなかった共産党は、内戦の勝利を目前にし、自らが新しい政府を組織するにあたり、民意を獲得したことをアピールする必要性に迫られていた。その時共産党は、それまで根拠地において蓄積した経験に基づき、人民代表会議を開催していったのである。

第二に、人民代表会議においては、各行政レベルの人民政府が組織され、政治政策にとって重要な決議が採択されていった。共産党は人民代表会議において、大衆の支持・同意を取り付けたという名目のもと、同機関によって組織される政府や、重要決議に対する「合法性」（Legality）と「正統性」（Legitimacy）を付与していったのである。

第三に、人民代表会議開催の過程で、「憲法制定権力」に準ずる、重要法案の作成権が共産党によって掌握されていったということがある。カール・シュミット（Carl Schmitt）が言うように、「憲法制定権力」を有する者は、多大なる影響力を行使することができる。共産党も根本的な法を掌握することによって、その他の法案に効果的に影響力を発揮していった。まさにこうした憲法、もしくは憲法に準ずる法案を作成し、議決する機関が人民代表会議であったのである。(9)

第四に、共産党は後に「党国体制（Party-state）」(10)と言われる政治体制を築き上げていくが、その具体的手段についてはこれまで検証されてこなかった。そこで一九四〇年代末の「人民代表会議―党―政府」の関係を見ることにより、後にまでつながる権力掌握の手段を明確にすることができる。

第五に、なぜ一九四〇年代末かということについては、現代の政治制度の原点がまさにここにあると考えられるからである。

そこで本書は、一九四〇年代末の人民代表会議という「政治的委任＝代表関係」を創出したことに基づき組織された各行政レベルの政府、さらに人民代表会議によって作成された決議を研究対象とするとともに、中央政府レベルに関しては人民政協、地方政府の省レベルは華北、市レベルは石家荘市をケース・スタディとして取り上げたい。[11][12]

なぜならば第一に、華北地域は共産党にとって重要な根拠地の一つであり、また石家荘市は内戦後最初に共産党に接収・統治された「新解放区」の都市であり、かつ華北の中では有数の大都市であったためである。

第二に華北・石家荘市においては、内戦中から全国に先駆けて人民代表会議を開催しており、両地域における経験は、その他の地域におけるモデルとなっていった。したがって、両地域における動向が後々に多大な影響を与えていった。

第三に、共産党は当時から、華北地域における経験は「雛形」であると主張しており、その意味でも共産党にとって華北・石家荘市における統治には重要な意味があった。[13]

第四に、これが最も重要であるが、同時代の異なる行政レベル間の実態を比較検討し、共通点と相違点を抽出することにより、各行政レベルの政治体制の一般化が可能となるということである。[14]

そこで本書においては、「立法権―執政権―党」という三者の関係によって導き出される中国の政治体制について、以下のような諸点について検討を行っていく。（1）共産党はいかなる意図（＝意思）をもって、人民代表会議を開催することを決定したのか、（2）人民代表会議の過程において、どのように選挙が行われ、どのような人物が選出されていったのか、（3）人民代表会議の過程においてどのようなことが討論され、どのような決議・条例が採択されていったのか、（4）人民代表会議とそれによって組織された各行政レベルの人民政府はどのような政権構造であったのか。以上の四点を検討することによって、（5）共産党の「正統性」の調達がどのように行われ、また彼らはどのように権力を掌握していったのか。そして最終的に完成された政治体制はどのような傾向を有していたのかという点を明らかにする。

さらに、本書では以上の議論を踏まえた上で、人民代表会議制度が最終的に、共産党にとっての「正統性」の獲得、および中国における「選挙権威主義」もしくは「覇権型権威主義」体制の成立にとっての重要な手段となっていったことを確認するとともに、そこに見られる当時の共産党の権力の「強靭性」と「脆弱性」を明らかにする。それはまさしく中国を含む、「権威主義体制」における議会の役割そのものをも検証することに他ならない。

第二節　先行研究

一．中国政治史研究

かつてスチュアート・シュラム（Stuart R. Schram）やケネス・リバーソール（Kenneth Lieberthal）は、共産党による一党支配の「強靭性」や独裁体制の断行の背景について、主に毛沢東思想や毛沢東という指導者個人から説明を試みた[15]。確かに毛沢東は当時絶大なる権力を有し、また中国成立当初「社会主義」の成立は数十年を要すると主張していたにもかかわらず、そのわずか数年後には「社会主義」（体制）化を断行することを宣言し、これと並行して「プロレタリア独裁」化を進めるという名目の下、党と国家のポストが完全に重なり合う「党国体制（party-state）」を築いていくことを可能とした[16]。しかし、毛沢東の死後四〇年近く経たにもかかわらず、いまだに共産党が執政党であり続けていることを説明するには、もはや毛沢東個人の強力なリーダーシップのみで論じることはできない。

他方、「党国体制」を引き起こした要因について、小島朋之は「客体的条件」と「主体的努力」に分け、以下のように端的にまとめている。すなわち「客体的条件」とは、①「半封建・半植民地」の状況と、これに対する近代化の希求、②革命と戦争の時代環境に由来する政党政治の不在、③伝統的な専制主義的な賢人政治を許容する政治風土、④内戦後の対抗勢力の不在、⑤新中国が直面した問題状況により、一党体制が必要とされていたこと。「主体的努力」とは、①指導実績の蓄積、②問題を解決し、人々の信任を獲得する党の指導技術、③毛沢東思想の公認、④革命・戦争の中での統治の経験である。

本書はこれらに加えて、「党国体制」化の要求を押し通せるだけの制度的補填とそうした制度を作り上げた共産党の設計努力があって初めてなし得たのではないかという点をより強調したい。なぜならば、絶大な権力を持ついかなる人物も、自身の決断を伝達するための経路が必ず必要だからである。すなわち、後の独裁化を実行可能とするだけの政治制度＝「権威主義」的傾向を有した体制が、実は中国成立期にすでに形成されつつあったのではないかと筆者は考えている。

以上の論点に対して、総じて先行研究では、一九四九年時点での中国の「権威主義」的傾向についてあまり注意が払われていない。そこで本書では共産党による権力集中の実現方法、最終的に完成された政治体制と権力構造を検証し、なぜ後に共産党が「党国体制」を築き上げ得たのか、当時の「党—政」関係はどのように構成されていたのかについて、改めて問い直していく。これが本書の第一の論点である。

第二の論点として、本書では共産党がなぜ中国国民党（以下、特に断わらない限り国民党）との相克において勝利し得たのか、そこにおける政治制度の貢献についても一定の示唆を提示したい。この勝因の研究としては、これまで例えば動員や食糧徴発、経済政策の視点から論じたものがあった[17]。その他にもフレデリック・テイウェス（Frederick R.

Teiwes）は、共産党が統治を成功させた理由として、統一戦線と民主集中制を挙げている[18]。本書ではこうした議論も視野に入れつつ、さらに共産党が人民代表会議という媒介を通じて、動員とリクルートを行い、同時に自らの政権に対する支持の取り付けをアピールしていったことが、共産党の支配の確立と対国民党との勝利に貢献したことについても検討する[19]。

同時に、当時の政治状況を以上のような共産党の権力を「強靭性」のみで分析することには限界がある。なぜならば、当時共産党はいつ自分たちが淘汰されてもおかしくないという認識のもと、いかに自らの政権の座を維持するかに重点を置いて活動を行っていたからである。このことは、当時の共産党の権力には「脆弱性」も存在していたことを示唆している。これが第三の論点である。

こうした論点は、以下の点においても重要であろう。すなわち、従来の中国研究においては、体制変動の可能性についての研究が主流であった。にもかかわらず、「天安門事件」から二〇年以上の月日が流れた現在においてもなお、中国の体制変動は起こりそうにもないことから、近年はむしろ共産党の支配が安定しているのはなぜかという点に注目した研究がなされている[20]。このように、現代の中国研究においては、共産党政権の持続性そのものが議論の対象となっている。

筆者もこうした観点を共有している。ただ他方で、「強靭性」の視点のみでは、中国政治の重要な動きについて見過ごしてしまうものもあるのではないかと考えている。なぜならば、「脆弱性」の視点が含まれて初めて、共産党政権の現状、すなわち共産党による安定のための諸活動の意味するところが真に理解でき、ひいてはこの政権の持続可能性が検討できると筆者は考えるからである[21]。

二　近現代中国の議会（史）研究

従来、共産党政権下における議会政治（史）研究はあまり注目される分野ではなかった。これには、資料的制約によるところも大きかったと思われるが、同時に人民代表大会や人民政協が、「ラバースタンプ」、「花瓶」と揶揄されていたことと無関係ではなかろう。

しかし近年、中国において民主化は起こり得るのか、起こり得ないとすればそれはなぜか、あるいはなにゆえ共産党の「権威主義体制」は頑強に維持し得ているのかという視点からの研究が模索されている。また中国においても、「協商民主」制度への再注目から、議会（史）に関連した研究書も多数刊行されている。

しかし例えば、アメリカの人民代表大会研究で、主流を占めているのは、現代の共産党の「正統性」の調達手段との関連においてである。したがってアメリカにおいては現代の人民代表大会研究の進展とは対照的に、歴史的アプローチによる研究は進んでいない[22]。

その中にあって、ケビン・オブライエン（Kevin J. O'Brien）の研究は、アメリカにおける唯一と言っていいほどの歴史的アプローチによる体系的な人民代表大会研究の一つである。この研究においては、筆者が研究対象としている、一九四〇年代末の人民代表会議という立法・代議機関をも対象としているものの、「人民代表会議―政府―党」の関係について、政治体制論に基づき体系的に論じられてはいない[23]。

日本においては、歴史研究ではないものの現代の人民代表大会を分析対象とした先駆的な研究として、加茂具樹の研究が挙げられる。加茂具樹はこの中で、共産党がいかにして「領導」体制を築いているのか、そしてその「領導」体制がどの程度溶解しつつあるのかについて検証した[24]。

その他、近現代の共産党政権下の議会史に焦点をあてたものとして、福島正夫、石井明、中岡まり、大沢武彦、金子肇、味岡徹、アンドリュー・ネイサン（Andrew J. Nathan）の研究がある。[25] それぞれの研究は極めて示唆に富むものではあるが、個別の研究にとどまりがちであり、一九四〇年代末における人民代表会議制度についての体系的な研究は決して十分とは言えない。また、共産党がどのような手段を用いて権力の掌握に努めたのかという点、あるいは共産党が根拠地などでの経験を経て、意図的に職能代表制などソ連の経験を取り入れていった可能性については検証が不十分である。[26]

一方、中国においては従来「革命史観」の影響を受け、革命を画期的なものとして捉えてきた。このため共産党の政権を作り上げた、人民代表会議制度について、無条件に評価するような研究が主流であった。この中では特に、共産党指導者がいかにしてこのような「大業」に取り組んだか、その貢献について記述されることが多い。[27]

しかし近年、特に「三つの代表」論が公式化された江沢民の二〇〇一年の「七・一講話」以降においては、統一戦線の重視、さらにはこれと関連して「協商民主」論の活性化もあって、人民代表大会や政治協商会議、さらには筆者と同時代の人民代表会議についての専門書が複数刊行されている。[28] ただし、少なくとも「協商民主」に関しては、西洋的な「議会制民主主義」における選挙もしくは民意調達の代替手段と見られがちである。こうした事情もあってか、中国における多くの研究に共通するのは、事実の羅列と、共産党による「協商民主」論や統一戦線政策の賞賛が主となっており、現在の政治制度の正統さを保証するような研究が主流である。[29]

こうした中、中国においても一部人民代表会議および人民代表大会についての歴史的研究が進みつつある。その代表例が張希坡、何俊志、李国芳、黎見春による研究である。[30]

張希坡の研究は、主に二次資料に依拠してはいるが、共産党の人民代表会議・人民代表大会の歴史を、その淵源から詳細に論じている。しかし、個別の共産党政権における議会の歴史についての膨大な情報量と比べて、事実の羅列が多く、共産党の目的と背景、結果として完成した政治体制の特質については必ずしも分析されているとは言えない。

何俊志は張希坡と同様に、一九四九年に成立した政治体制の淵源を議会史の立場から検証している。ここでは中国の各時期の代議制度を比較し、その変遷について論じているものの、それぞれの時期の政治構造にまでは立ち入ることができていない。

李国芳の研究では、石家荘市檔案館の一次資料を利用し、当時の石家荘市の都市建設について詳細に論じており、この中で本書で取り上げる、第一期石家荘市人民代表大会についても検討している。当時の石家荘市の社会的・政治的状況を理解する上では極めて示唆に富むものであるが、他方で著書の関心があくまで都市建設にあるため、必ずしも同人民代表大会について、深層に迫っていると言えない。

黎見春の研究は、湖北省檔案館の一次資料を利用し、湖北の「各界人民代表会議」（以下、括弧略）について詳細に論じており、今後華北・石家荘市と比較する上では重要な意義を有する研究である。しかし、以下の点について問題があるように思われる。第一に、檔案資料の内容をそのまま鵜呑みにしており、議論の内容にバイアスが含まれている可能性を排除できない。第二に、各界人民代表会議の成立が、即民主の基礎の確立につながるかのような議論が散見されるが、これについても筆者は同意できない。なぜならば、人民代表会議の存在自体は確かに共産党にとっては、民意の獲得をアピールする存在ではあったが、むしろ彼らがこのような民意機関を重要視したのは自らの権力確立のためでもあったと考えるためである。「正統性」の調達手段であると同時に、共産党にとっては権力の確立のための手段であったという、一見相反する要素の中に、人民代表会議があったという視点が重要であると筆者は考える。第三に、共産党は国内外の様々な状況に応じるかのように、人民代表会議制度を構築していくが、こうした点についても見過ごされている。

総じてこれまでの共産党政権下の議会史研究においては、革命政権としての共産党が、いかにして統治の「正統性」を調達し、さらに自らが指導する権力構造・政治体制を確立していったのかについては、十分には解明されてこなかった。同様に、当時臨時憲法の役割を果たすと考えられていた共同綱領についても、資料の制約から詳細に論じられることはなく、共産党による「憲法制定権力」の獲得過程との関係で検証されることもなかった。

特に本書では、共産党によって開催された議会における、共産党による人的優勢確保の方法、それによって選出された各級政府の首長レベルのポストの確保、これを補填するための各種法令・綱領・施政方針とその草案の作成主体、その際の立法権と執行権との関係を分析する。その上で、共産党がこれらの制度上の資源を、どのように有効に活用していったのかを検証する。

同時に、こうして完成した政治体制の遠因について、従来は内政からの説明に終始しており、国際関係との関連性については希薄であった。しかし、ロバート・パットナム（Robert. D Putnam）が指摘するように、国内政治と国際関係は密接につながっていることを踏まえれば、国際的「正統性」の獲得が、国家の主権強化につながるという視点も同じく重要であろう(31)。

三．比較政治学研究に向けて

本書は以上のように比較政治学の知見を取り入れるものではあるが、同時に同領域への示唆をも提示したい。

かつてシーダ・スコッチポル（Theda Skocpol）は、比較政治制度分析の手法を用い、社会革命の遠因を解明しようとした(32)。その手法や分析内容については多くの学ぶべき点はあるものの、「アラブの春」後のエジプトに代表されるように、今後比較政治の分野でより注目すべきは、むしろ革命達成・政権転換後における、政権による「正統性」の調達方法と、立法権と執政権との関係を含む政治制度如何であろう[33]。

他方、近年政治学あるいは比較政治学の領域においては、「比較権威主義体制論」という分野が確立されつつある。これは「第三の波」以降に流行した[34]、民主化や体制変動の観点からの論述に対して、なぜ現在においてもなお「権威主義体制」が持続しているのかということについて検討を加えるものである。背景には「名目的には民主主義統治と関わるはずの制度が権威主義体制の持続を促すような効果を発揮していることが明らかになりつつ」あることがある[35]。

これらの研究においては、従来の政治学の概念、すなわち「全体主義」・「権威主義」・「民主主義」の三種類では捉えられない新たな形態として、「権威主義」と「民主主義」両方の要素を兼ね備えた体制を、「覇権型権威主義」、「選挙権威主義」、「競合型権威主義」、「ハイブリッド体制」などの概念で捉えようとする試みがなされている[36]。

しかし、筆者の見たところ、一連の比較政治研究においても、では議会を経て「権威主義体制」がどのように構築されるのか、その具体的な実現手段については、あまり明確化されていない。ここで必要とされるのは、粕谷祐子が指摘するように、実証的な事例研究に基づいて一般理論化を目指す作業であろう[37]。

本書はこの点、必ずしも国家間の政治体制を比較する研究ではないが、共産党政権下における議会制度をめぐる政治体制を時代間・行政レベル間で比較するものである。その共通点と相違点を抽出することにより、当時の共産党の政治体制の特質と「権威主義体制」実現のための具体的手段を浮き彫りにする[38]。

第三節　基本概念の解釈と定義

ではこうした研究目的を達成するにはいかなる概念が必要であろうか。以下、本書で特に重要視する政治学概念を見ていきたい。

一．「強靭性」の視角――「権威主義体制」理論の新たな視座

一九八九年は民主化研究にとっても重要な年であった。この年、中国では「天安門事件」があり、またドイツではベルリンの壁が崩壊し、その二年後にはソ連が崩壊した(39)。フランシス・フクヤマ（Francis Fukuyama）は当時（一九八九年）のことを振り返り、「それは信じられない瞬間であった」と述べている(40)。

しかし、この一九八九年から二五年以上経った現在でも、一部の「権威主義体制」は頑強に持続しているように見える。むしろ、かつて民主化された（と思われていた）国々でさえも、見かけは「民主的」な制度を持ちながら、実体としては「権威主義体制」と見なすべき体制の存在が指摘されている。そこで近年は、どのような要因により「権威主義体制」は長期化するのかを検討するために、この体制そのものを理解するべきであるといった主張がなされている(41)。

この点、かつて「社会主義」を標榜し、また「権威主義」国家であった（る）ソ連政治を研究している下斗米伸夫は、同国政治を見る上での視角として、①「全体主義」論、②比較と発展のアプローチ、③マルクス主義を挙げている(42)。以上の三点は、同じくかつて「社会主義」国家であることを明言していた（る）中国を検証する上でも重要な要

素となろう。特に①と③に関しては、「社会主義」国家を対象とする場合、西洋政治学のみならず、「社会主義」やマルクス主義理論からも検証しなければならないことを示している。中国の場合、特に政治学理論とともに、毛沢東を始めとする共産党指導者の思想にも気を配らなければならないということである。

では、政治学においては「全体主義」・「権威主義」・「民主主義」の線引きはどのようになされてきたのであろうか。これを確認しておくことは、ある時期の政治体制の位置づけを明確にすることにとって重要な作業であろう。

「全体主義」については、カール・J・フリードリッヒ（Carl J. Friedrich）によれば以下のような要件を有するとされている。すなわち、①「全体主義」イデオロギー、②このイデオロギーに傾倒し、独裁者である一人の人間に指導される単一政党、③十分に発展した秘密警察と、以下のような三種の独占もしくは、より正確には独占的支配。すなわち、（a）マスコミ、（b）使用可能な武器、（c）経済的なものも含む（したがって中央計画経済を伴う）全ての組織である[43]。

他方、ロバート・A・ダール（Robert Alan Dahl）は、「近代代表制デモクラシーの政治にふさわしい政治制度」として、以下の六つを列挙している。①「選挙によって選出された公務員」、②「自由で公正な選挙の頻繁な実施」、③「表現の自由」、④「多様な情報源にアクセスできること」、⑤「集団の自治・自立」、⑥「全市民の包括的参画」[44]。ダールは、これら六つの要素を全て兼ね備えた、理想的な民主制度のことを、「ポリアーキー（Polyarchy）」と呼んでいる[45]。

この「全体主義」と「民主主義」の中間なるもの、すなわち「権威主義」が存在することを指摘したのが、ホアン・リンス（Juan J. Linz）である。リンスは、「権威主義」を「限定された、責任能力のない政治的多元主義を伴っているが、国家を統治する洗練されたイデオロギーは持たず、しかし独特のメンタリティーは持ち、その発展のある時期を除いて政治動員は広範でも集中的でもなく、また指導者あるいは時に小グループが公式的には不明確ながら実際には全く予測可能な範囲のなかで権力を行使するような政治体制」と定義づけた(46)。

これらに加えて上述のように近年は従来の概念、すなわち「全体主義」・「権威主義」・「民主主義」の三種類では捉えられない新たな形態として、「権威主義」と「民主主義」両方の要素を兼ね備えた体制を、「選挙権威主義」、「覇権型権威主義」、「競合型権威主義(47)」などの概念で捉えようとする研究がなされている(48)。

このうち、例えば「覇権型権威主義」とは統治システムの一部として定期的な選挙が開催されるが、その選挙は実際には競争的ではない状態を指す(49)。また「選挙権威主義」とは支配者が国内外の「正統性」を維持するための政治的自由化の一環として複数政党制を形式的に容認する一方、票の改竄や候補者への脅迫など、選挙の運用面では決して民主化したとは言えない状況を指す(50)。

こうした体制を有する国家においては、議会や選挙がむしろ、「権威主義体制」の持続に貢献しているものとして、重要な検証対象となっている(51)。

このようにして見ると、「ポリアーキー型」民主主義→「選挙権威主義」（あるいは「覇権型権威主義」・「ハイブリッド体制」）→「権威主義」→「全体主義」という政治体制の構図が浮かび上がる。

さらに、こうした観点を政党（制）から研究したものとして、ジョヴァンニ・サルトーリ（Giovanni Sartori）がいる。サルトーリは「非競合的政党制」と「競合的政党制」に大別した上で、「非競合的政党制」を「一党制」、「ヘゲモニー政党制」に、「競合的政党制」を「一党優位政党制」、「二大政党制」、「穏健な多党制」、「分極的多党制」、「原子化政党制」に分類した。このうち、「一党制」とは「合法政党が一党しか存在せず、他の政党の存在が許されない政党制」、「一党優位政党制」とは、「競争的な選挙のもとで、一つの主要政党が投票者の多数に支持され続けることによって、政権を握り続ける政党制」、「ヘゲモニー政党制」とは、「一つの大政党の他に、小さな政党、または衛星政党の存在が許されるが、公式上も事実上も権力をめぐる競争が許されない政党制」と定義されている。[52] また、西村成雄・国分良成は、サルトーリの議論を中国に応用し、現代中国政治の変容過程として「独裁」→自由化→「協商的権威主義」→多元化→「多元的権威主義」→民主化→「多元的民主主義」という過程を想定している。[53]

なお、第二章で論じるように、共産党自身もこうした類型に似た過程を想定していた。すなわち、共産党は独自の「社会主義」理論に基づき、「連合独裁」→「人民民主独裁」→「プロレタリア独裁」という構図を構想していた。したがって、それぞれの「独裁」がどのような位置づけにあるのかについては、当時の彼らの言論を詳細に追うと同時に、上記の政治学概念を応用すれば多角的な検証が可能となる。

二.「強靭性」と「脆弱性」の視角——「正統性」をめぐる議論の構図

近代の中国にとって、主権・領域・国民を擁する近代国民国家の創設は、政権者を問わず共通の悲願であった。そのために中国においては、「近代国民国家の施政実現手段として政治機構の整備」が必要であった。[54] ベネディクト・アンダーソン（Benedict Anderson）はかつて、「国民とはイメージとして心に描かれた想像の政治共同体である——そしてそれは、本来的に限定され、かつ主権的なもの」「最高の意思決定主体」として想像されるとした。[55]

その上、ハンナ・アーレント（Hannah Arendt）が論じるように、「もっぱら暴力の手段だけにもとづいているような政府はいまだかつて存在したためしがない」。暴力が「追求する目的による導きと正当化を常に必要とする」ように、「権力」には「正統性（Legitimacy）」が必要なのである。[56]

したがって中国においても「暴力」のみによらず、時の為政者によって国民による「想像の政治共同体」を構築するべく、様々な努力がなされた。しかし、「ばらばらの砂」とまで表現された中国においては、この作業は困難を極めた。特に共産党は、「旧支配階級の打倒に成功した瞬間の革命政権」であり、ゆえに「暴力の威嚇を以て被治者を支配」できず、「被治者の自発的な服従」を必要とせざるを得なかった。[57]他でもない毛沢東自身が自らのことを「李自成」に例えていたことはこれを象徴している。

こうした議論が示すことは、たとえイデオロギーによる統治を試みるにせよ、前提として必ず他者からの内的・自発的同意を必要とせざるを得ず、したがってアントニオ・グラムシ（Antonio Gramsci）が提起した「ヘゲモニー」に限りなく接近せねばならないということである。[58]

以上のように、特に革命政権としての共産党の権力の掌握の実態をより明確に解明する上では、共産党が「正統性」をいかに調達し、これによっていかにして権力掌握につなげていったのかという点について分析する必要がある。では、従来特に中国研究においては「正統性（正当性）」という概念はどのように捉えられてきたのであろうか。[59]

（一）政治学において

政治学の分野において、「正当性」（「正統性」）の概念について先駆的な研究を行ったのは、マックス・ウェーバー（Max Weber）である。[60]ウェーバーは、支配には、「一定最小限の服従意欲」を必要とし、「支配者と被支配者とにおいて、権利根拠、つまり支配の『正当性』の根拠によって、内面的に支えられるのが常」であると論じ、支配の形態を三つの類型――合法的支配、カリスマ的支配、伝統的支配――に分類した。[61]

デーヴィッド・ビーサム（David Beetham）は、権力が完全に正統であるための三つの条件として、①確立された規則に一致すること、②この規則が支配者と被支配者によって共有された信念に基づいて正当化され得ること、③被支配者による特定の権力関係への同意が存在することを挙げている(62)。

さらにジャン＝マルク・クワコウ（Jean-Marc Coicaud）は、「社会にとって本質的な諸価値の公認、保護、促進のため、すなわち、諸価値の法的規範としての実現のために寄与すべく、政治権力は二種の制度を利用する」とし、これらは「議会や憲法会議のような法律を制定する組織、そして、この同じ法律を適用し、尊重させる裁判所や警察などの組織である」としている(63)。

これら三者の議論に共通することは、いかなる統治者も「暴力装置」のみに頼って統治することはできず、何かしらの「正統性」（「正当性」）を調達する機関・制度が必要であるということであろう(64)。

では果たして議会において多数派を得られれば、それは即「正統性」（「正当性」）を得られたと考えられるのか。こうした観点に対して、「合法性（Legalität）」と「正当性（Legitimität）」とを分割する議論を提起したのがシュミットである。シュミットは「合法」的な政治活動、「合法」的な機関を通して、「数」の原理によって達成された執政的地位は「没価値的、没資質的な、無内容で形式主義的‐機能主義的」な「合法性」・「正当性」にすぎないとした(65)。

「正統性」（「正当性」）を分割して論じるものとして、他にはシーモア・マーティン・リプセット（Seymour Martin Lipset）がいる。リプセットは「正統性」（Legitimacy）を「有効性」（Effectiveness）と区別し、「正統性」とは「現行政治諸制度がその社会にとって最も最適なものであるという信念を生ぜしめ、また持続せしめるその体制の能力」、「有効性」とは「実績達成度、政治体制が住民の大部分と、大企業ないし軍隊のような体制内部の強力な諸集団が期待している基本的な統治機能を充足する程度」のことを指すとしている。したがって、リプセットはここで言う「有効性」とは、「手段の問題」であるのに対して、「正統性」は「評価の問題」であるとしている(66)。

こうしたリプセットの議論に対して、山口定は「正統性」と「正当性」とを区別することを提起した。山口定にとって「正統性」とは「現存する政治諸制度が当該社会にとって最も妥当なものであるとする信念を生み出し、かつ維持し得る政治体制の能力」であり、他方、「正当性」とは「政治体制」や「政治システム」が、「市民の日常生活や利益団体の職能的な利益の視点から見た『効用』や『効率』（あるいは端的に言って、その「パフォーマンス」）に対する期待にこたえているかどうか」というレベルで評価され、判定されるものである。山口定の指摘で興味深いのは、「長年にわたって『効用』を満たすことに失敗し続けると、本来備わっていた『正統性』が摩滅し、解体することになる」というものであり、この際特に、かつての「社会主義諸国における事態」があてはまることを指摘している点である(67)。

これは以下で説明する、ロバート・フィッシュマン（Robert M. Fishman）や毛里和子の議論にも通底するものがあろう。

（二）中国研究において

中国研究における「正統性」（「正当性」）の議論は、特に現代の中国政治において、完全な普通選挙制度がないにもかかわらず、なぜ共産党は未だに統治を継続することができているのかという疑問との関連で主に論じられている。ゆえに、共産党の統治の根拠はどこにあるのか、共産党はどこから「正統性」を得ようとしているのか、その効用の限界などについて論じられるのが一般的である(68)。

この点、本書と同時代についても検証している西村成雄は、特に一九四〇年代において共産党と国民党との間において「正統性」をめぐる「磁場」が存在していたと指摘している(69)。であるとするならば、この共産党と国民党の「正統性」調達における相克関係も重要な論点となろう。筆者は内戦によって中国を軍事的に制圧し、国民党に代わる新しい統治者として登場してきた共産党は、国民を納得させ得る何らかの「正統性」の調達が必要であったと考えている。それは、上記のシュミットが論じるところの、単純な「数」の論理＝「合法性」のみならず、それとは別の何らかの付加価値＝「正統性（あるいは正当性）」を獲得しなければならなかったと考えられるからである。(70)

こうした点について、国分良成や毛里和子は「正統性」を歴史に由来するもの、革命によるものと規定し、「正当性」については、経済発展によるもの、「合法性」を含むものとしている。(71)両氏の議論は現代中国の話ではあるが、共産党はかつて「正統性」の調達を「革命」によって行っていたが、現在の共産党はその他の要素＝経済発展によって「正当性」を調達しようとしていることを示している。これは、くしくも武田康裕やフィッシュマンが指摘するように、共産党政権の「正当性」が「老朽化の危機」にさらされ、ゆえに「実効性」のある政策に移行せざるを得ず、経済政策による「正当性」調達へとシフトしていることを示している。(72)であるとするならば、現在の共産党政権は常に目標の実現能力の喪失という、「実効性の危機」にさらされているとも言える。

他方、加茂具樹は、「正当性」と議会の関連についても検証している。加茂具樹は、共産党は自らの意思を執行させるために、国家の権力機関である人民代表大会に自らの意思を承認させ続けることを必要としており、これによって党が国家を「領導」することの「正当性」をも調達しているとしている。(73)ただし中岡まりは、一九五六年の北京市の人民代表大会は、党による選挙民に対する価値の強制や、間接選挙によって選挙民の意思が十分に反映されなくなったとして、「合法的」ではあるが、「正当性」は完全ではなかったと評価した。(74)

なお中国においては、「正統性（Legitimacy）」は、中文翻訳としての「合法性」との関連で論じられている。例えば楊宏山は、「政治合法性」という言葉を提起し、「政治合法性はすなわち政治システムが合法的に権力を行使する重要な前提であり、同時に社会秩序を保ち続ける重要な条件である」として、「政策の効果だけではなく、政治運営が民主化・法治化・透明化および多元化しているかどうかといった制度的特徴によるものである」とした。その上で、八〇年代以降、中国においては経済改革が行われたことで「合法性」の強化に成功したが、江沢民政権以後は、「合法性」の資源を「依法治国（法に照らして国を治めること）」に求め、これが「三つの代表」につながっていったと主張している。(75)

このように楊宏山の主張においては、「合法性」の前提として「政治合法性」があるということが分かる。その意味において、楊宏山の言う「政治合法性」は、シュミットなどの「正統性」（「正当性」）に極めて近い概念であることがここからも理解できる。

（三）本書における「正統性」の定義

では、これまでの論を踏まえた上で中国における、特に共産党による統治の「正統性」の調達については、いかなる定義が妥当であろうか。

上記のように、「革命」に勝利した政権としての共産党は「暴力」のみならず、その他の民意・支持の獲得の手段・制度を必要としていた。特に共産党は、一九四〇年代末の時点では中国全土において、独自に政治権力を掌握したことはなかったために、より統治の「正統性」を欲していた。それは例えば、一九四八年八月に中央政治局会議において採択された、「共産党中央による党の各級代表大会および代表会議を招集することに関する決議」において、共産党は「重大な人民大衆から乖離する官僚主義的現象」が「党と人民の事業に巨大な損失をもたらしている」とまで断じていることにも示されている。

同決議では、「人民大衆から乖離する」現象を解決する手段として「代表大会」・「代表会議」が提起されており、共産党がこうした機関を通して大衆の支持を得ようとしていたことが分かる(76)。

ただし、前述の「正統性」に関する議論で明らかなように、ただ議会で多数を占めることだけでは、真の意味での「正統性」を調達したことにならない。そこで一九四〇年代末の共産党も、人民代表会議によって獲得する「合法性(Legality)」に加え別の要素を加えようとしていったことが確認される。

すなわち、(1)中華民族の「帝国主義」・「反動政府」からの「解放」、(2)孫文の時代から通じる「正統」なる革命の継承、(3)「社会主義」という名目のもとでの平等の実現・資源の配分である(もちろん、これらの論理は多分に共産党の解釈に基づくものではあるが)。本章冒頭の毛沢東の発言の傍線部は、まさにこれらの要素をアピールする姿勢を如実に表している(77)。

以上を踏まえた上で、本書では「正統性」の調達とは、「人民政協・人民代表会議・人民代表大会を通して共産党政権の『合法性』を獲得した上で、さらに共産党の革命理論に対する同意・民意をも獲得すること」を指すこととする。

ただし、ここでは資料の制約上、実際に一般大衆が共産党を支持したかどうかについては論証することができないため、あくまで共産党の視点から、共産党が人民政協・人民代表会議・人民代表大会を通して大衆からの支持を獲得したことをアピールする部分に着目していきたい。

なお、こうした一連の「正統性」の調達過程の中には、共産党が自らの支配が民心・民意を得ていると主張する「正統化(Legitimation)」と同時に、敵対者である国民党の憲政実施が民意に背く独裁や抑圧を有していると共産党が批判する「非正統化（Delegitimation）」を行う過程をも含んでいたことは、後述の国民党政権との「正統性」の相克に関する考察との関連で重要となる(78)。

実はこの両概念は、共産党による「正統性」の調達は一方で共産党の権力の強化に役立つ側面はあったものの、共産党も外からの同意に「配慮」せざるを得なかった要因となる。「正統性」の議論はその意味において、当時の共産党の「脆弱性」をも浮き彫りにすると考えられる。

（四）国際的「正統性」について

従来、共産党によって完成された政治体制については、内政からの説明に終始しており、国際関係との関連性については希薄であった。しかし、上記のパットナムが指摘するように、国内政治と国際関係は密接につながっていることを踏まえれば、国際的「正統性」の獲得が、国内の政治方針に多大な影響を与えた可能性についても検証する必要がある(79)。

共産党にとって、当時中国内外を取り巻く国際環境は決して順風というわけではなかった。中華人民共和国が成立した一九四九年一〇月の時点で、冷戦構造はすでに確定しつつあり、アメリカを中心とする西側陣営と、ソ連を中心とする東側陣営に分裂していた。このようないわゆる東西対決の中で、共産党も必然的にどちらの陣営につくかの選択に迫られていた。

共産党は最終的にソ連の東側陣営を選択し、「対ソ一辺倒」を宣言することとなるが、これは国際的な孤立を避け、超大国の庇護を受けることによって、自国の安全を強化しようとしたためでもあった(80)。

この時、共産党は国内における「革命」への国際的な承認を求めていた。すなわち、東側諸国・「社会主義」国家の盟主たるソ連による、中国革命への同意は、同じマルクス・レーニン主義を掲げる共産党にとって、国内の「正統性」の強化にとっても、極めて重要な意味をも内包していたのではないかということである。本書ではこうした外部、とりわけソ連からの国際的「正統性」調達とこれに伴う国内政治の調整過程についても考察を加える。

第四節　資料と本書の構成

近年、中国においては地方の檔案館を中心に資料の公開が進んでおり、一次資料へのアクセスが比較的容易になってきている。中央政府の公文書などを収めている中央檔案館については、未だに非公開ではあるものの、地方の檔案館の中には我々外国人研究者にとっても利用可能なところもある。

この中から、本書では主に以下の檔案館・図書館における資料を利用した。

①河北省檔案館
②石家荘市檔案館
③石家荘市橋西区檔案館
④北京市檔案館
⑤天津市檔案館
⑥中国国家図書館（北京）
⑦天津市図書館
⑧上海市図書館

⑨南開大学図書館

以上に挙げられた檔案館における一次資料には、当時どのように人民代表会議が開催されていったか、その過程で共産党はどのように考え、行動していったのかについて、詳細な記録が残されている。本書は主に共産党による「正統性」の調達とそのアピールの側面に光をあてているため、たとえ作成者による見えざる意図が隠されている可能性はあるにせよ、共産党によって作成された記述にも一定の価値がある。

ただし、一次資料を利用したとしても全ての空白を埋めることはできない。そこでこうした空白部分を埋める作業が必要となる。その際、本書では上記の図書館において入手した、人民代表会議開催直後の報告書や、『縦横』・『百年潮』・文史資料などにおける回想録も、事実関係を取捨選択した上で利用することとする。これに加えて、特に中央檔案館が公開されていないために、閲覧することができない中央政府レベルに関しては、『人民日報』、『人民政協報』、『石家荘日報』、『群衆』、『新華月報』などの新聞・雑誌資料、その他既刊の資料集などを適宜利用することにする。

最後に次章以降の本書の構成を説明する。

第一章「『人民代表会議』制度の目指す機能——中国共産党の『指導』・『正統性』」では、現代中国において、共産党が党と国家との間の「領導」・「被領導」、「指導」・「被指導」という権力関係を実現するために、どのような手段を用いているのかを見る。またその際、議会における優勢を確保するための手段・制度上の担保についても提示する。

第二章「『人民代表会議』制度創成の歴史的文脈」においては、共産党結成以来の議会制度に関する議論を分析し、共産党が特に根拠地における経験を踏まえて、どのような政権構想を練り上げ、またそれが最終的にどのように人民代表会議制度へと帰結していったのかについて見ていく。

第三章「『人民代表会議』制度創成をめぐる国外要因――国共内戦期の中ソ関係」では、一九四七年から一九四九年の中ソ関係について、特に中国国内政治に関わる議論を分析対象とし、ソ連からの中国国内政治への注文に対して、共産党がどのように反応し、自国の政策を展開させていったのか、その国外要因について検証する。

第四章「『人民代表会議』制度創成をめぐる国内要因――党内における政治経済政策の相克と劉少奇の『天津講話』」は、劉少奇によって行われた、いわゆる「天津講話」を中心に、一九四〇年代末における、共産党内の経済政策をめぐる論争を検証する。

第五章「『人民代表会議』制度創成の諸段階 I――華北臨時人民代表大会（一九四八年八月）」においては、一九四八年八月、華北地域で開催された華北臨時人民代表大会を対象として、共産党が「新解放区」という権力基盤が弱い地域において、当初「正統性」の調達に苦心しながらも、徐々にそれを調達していったことを検証する。

第六章「『人民代表会議』制度創成の諸段階 II――石家荘市人民代表大会（一九四九年七月）」においては、一九四九年七月に開催された、石家荘市人民代表大会を対象に、代表の選出情況と開催情況について検証する。その上で、共産党が地方、特に市レベルにおいて、どのように「正統性」を調達していったのか、これが他の都市あるいは中央政権にどのような影響を及ぼしたかについて明らかにする。

第七章「『人民代表会議』制度創成の諸段階 III――中国人民政治協商会議（一九四九年九月）」においては、一九四九年九月に開催された人民政協に関して、特に条例・組織・人事を中心に検証し、共産党が人民政協開催過程において統治の「正統性」を調達しつつ、中央政府を掌握し、同レベルにおける支配を確立する過程を論じる。

第八章「『人民代表会議』制度創成の理念――中国人民政治協商会議共同綱領（一九四九年九月）」においては、中国成立期に採択された、共同綱領を分析対象とし、それと近年公表された、一九四九年八月二二日に周恩来によって起草されたという、「新民主主義の共同綱領（草案初稿）」とを比較検討することにより、共産党がどのような「意志」のもと、共同綱領を修正し、最終的に「憲法制定権力」を獲得していったのかを考察する。

第九章「創成期における『人民代表会議』制度の特質」においては、以上の検証を踏まえ、さらに第一章で提示した分析の視角に基づき、一九四〇年代末に成立した人民代表会議制度の特質を検討する。

そして、結論「本書の成果と展望——中国政治体制の源流　そして『人民代表大会』制度へ」においては、以上の検証に基づき、共産党は各行政レベルにおいて、いかに「合法性」・「正統性」を調達し、自らの権力の強化に役立てたのか、「強靭性」の側面と同時に、当時の権力の「脆弱性」についても検証する。そして、こうした制度上の問題が後の一党制への伏線となった可能性について考察する。

註

(1)「中国人民政協第一届会議上　毛主席開幕詞」『人民日報』一九四九年九月二二日。

(2) 中国共産党の指導者。一九三五年、遵義会議において中国共産党中央政治局常務委員会委員に選出されて以来、中国共産党中央の指導者となる。日中戦争中は、中国共産党中央軍事委員会主席も兼務。一九四三年、中国共産党中央政治局主席。第七期一中全会以降は、中国共産党中央主席。一九四九年、中華人民共和国中央人民政府主席、中国人民革命軍事委員会主席、中国人民政治協商会議主席。霞関会編『現代中国人名辞典——一九六六年版』江南書院、一九六六年一〇月、二三四～二三五頁。馬洪武・王徳宝・孫其明編『中国革命史辞典』北京、檔案出版社、一九八八年、八四八頁。

(3) 本書では、「現代中国」と言う場合、一九七八年の「改革開放」開始以降の、とりわけ一九八〇年代以降の時期を指すこととする。ただし、これはあくまで便宜上のものであり、決していわゆる「一九七八年画期説」を受け入れたものではない。「特集　七八年画期説の再検討」『現代中国』第八三号、二〇〇九年九月。

(4) この「G2」とは米中の首脳が世界経済について定期的に対話するべきであるという議論であり、論者によっては

「国際的な懸案への取り組みで米中が主導的役割を務める」ことを示唆する者もいる。これはもともと、二〇〇八年に米国のシンクタンクであるピーターソン国際経済研究所のフレッド・バーグステン（C. Fred Bergsten）所長が提起したものである。もっとも当初、中国はこのいわゆる「G2」論に対しては否定の姿勢を貫いていたとされる（ただし、近年はむしろ中国側が積極的に「G2」論を展開しているという見方もある）。C. Fred Bergsten, "A Partnership of Equals: How Washington Should Respond to China's Economic Challenge", *Foreign Affairs*, Vol.87, No.4, July/August, 2008. 曽根康雄「米中経済関係と人民元改革の行方」『東亜』五一七号、二〇一〇年七月、三〇〜四〇頁。黒瀬悦成「G2論の背景にあるオバマ外交の狙い」『東亜』五一一号、二〇一〇年一〇月、一〇〜一一頁。

（5）朝日新聞中国総局『紅の党――習近平体制誕生の内幕』朝日新聞出版、二〇一二年。「香港　催涙弾に市民反発」『朝日新聞』二〇一四年九月三〇日。ただし、地方末端においては制限つきながらも選挙は存在する。こうした研究に関しては中岡まり「中国地方人民代表大会選挙における『民主化』と限界――自薦候補と共産党のコントロール」『アジア研究』第五七巻第二号、二〇一一年四月に詳しい。また近年、人民代表大会の機能強化についても注目されている。詳細は加茂具樹「現代中国における民意機関の政治的役割――代表者、諫言者、代表者。そして共演。」『アジア経済』第五四巻第四号、二〇一三年一二月。

（6）E・H・カー（清水幾太郎訳）『歴史とは何か』岩波書店、一九六二年、二〇一頁。（原書：E.H. Carr, *What is History ?*, London: Macmillan, 1961.）

（7）粕谷祐子『比較政治学』ミネルヴァ書房、二〇一四年、一三頁。

（8）一九四〇年代末までに共産党政権下で開催された議会は、「各界人民代表会議」、「臨時人民代表大会」、「人民代表大会」、「政治協商会議」など、様々な名称が使用されていた。特に本書の第五、六章にあるように、華北と石家荘市においては、当時「大会」と称していた。しかし、最終的には共産党中央の判断で「人民代表会議制度」の範疇にとどまるとされた。このため、固有の名称を除けば、本書では一般的に一九四〇年代末に開催された議会を言う場合は「人民代表会議」、これによって構築される政治制度のことを「人民代表会議制度」とする。

（9）「憲法制定権力」についいては次章において詳細に論じる。

（10）「党国体制」の定義についいては、註（16）を参照のこと。

(11) ただし、ここで言う「華北」とは第四章で見るように、比較的狭い範囲を指していた。
(12) 石家荘市は、共産党による接収当初は「石門」という名称であったが、一九四八年一月一日に石家荘市に改称された。詳細は第四章参照。
(13)「人民的世紀、人民的会議」董必武選集編輯組編『董必武選集』北京：人民出版社、一九八五年、一九九頁。なお、華北人民政府は後に「共和国の雛形」と称されるようになる。その意味においても、共産党がいかにこの地域の経験を重要視していたかが読み取れよう。中央檔案館編『共和国雛型――華北人民政府』北京：西苑出版社、二〇〇〇年、一頁。
(14) さらに第五の点としてつけ加えるならば、河北省と石家荘市の檔案館の資料群が比較的充実しているという点も挙げられる。
(15) Stuart R.Schram, *The Thought of Mao Tse-tung*, New York: Cambridge University Press, 1989. Kenneth Lieberthal, *Governing China: From Revolution through Reform*, New York: W.W. Norton & Company, 2003.
(16) むろん、本来であれば、「社会主義」、「社会主義」体制、「プロレタリア独裁」、「党国体制」はそれぞれ別の概念である。ただし、「社会主義」体制とは、奥村哲によれば「工業化が相対的に遅れた地域における、ファシズムないし全体主義国の侵略を受けたことを歴史的経験とした、ファシズム以上に徹底して全体主義的な国家の防衛体制であり、総力戦の体制」であると定義され、その「基本的な要素」には、①「一党による独占的な権力掌握と指導・支配」、②「国家的所有を最高形態とする公的所有」、③「市場を否定した計画経済」、④「一元的・非自律的統合」が含まれるとされる。また、「党国体制」とは、西村成雄・国分良成によれば、「国家や政府の制度や組織を媒介した形で党の意思を国家や政府に反映させる政治体制」のことを指すとされている。さらに、「プロレタリア独裁」も直接的な意味としては、プロレタリアート・労働者階級による独裁のことを指すが、毛里和子によれば、「プロレタリア独裁」下では、「国民は共産党以外のチャネルでは権力を行使できず」、「党の指導性をはっきり打ち出して」きたとされる。以上の定義・内容を総合すれば、上記の四つの概念が意味するところは全く同じではないにせよ、極めて親和性の高いものであると言えよう。奥村哲『中国の現代史――戦争と社会主義』青木書店、一九九九年、四一頁。同『中国の資本主義と社会主義――近現代史像の再構成』桜井書店、二〇〇四年、三六〇頁。西村成雄・国分良成『党と国家――政治体制の軌跡』叢書中国的問題群1、岩波書店、二〇〇九年、一一〇頁。毛里和子「社会主義の変容と頓挫した中国の改革」『人民の歴史学』第一〇五号、一九九九

〇年九月。同『現代中国政治〔新版〕』名古屋大学出版会、二〇〇四年、一三二～一三三頁。

(17) これには例えば角崎信也「食糧徴発と階級闘争――国共内戦期東北解放区を事例として」高橋伸夫編著『救国、動員、秩序――変革期中国の政治と社会』慶応義塾大学出版会、二〇一〇年。王友明『革命与郷村――解放区土地改革研究：一九四一～一九四八』上海：上海社会科学院出版社、二〇〇六年。Pepper, Suzanne, *Civil War in China: The Political Struggle 1945-1949*, Berkeley: University of California Press, 1978. などが挙げられる。また敗者としての国民政府側の研究として笹川裕史・奥村哲『銃後の中国社会――日中戦争下の総動員と農村』岩波書店、二〇〇七年などもある。

(18) Frederick R. Teiwes, "Establishment and Consolidation of the New Regime, 1949-1957", Roderick MacFarquhar eds., *The Politics of China: Sixty Years of The People's Republic of China*, New York: Cambridge University Press, 2011, pp.6-86.

(19) なお、注(16)のスザンヌ・ペッパーと、注(17)のフレデリック・テイウェスに共通する議論として、内戦期の都市住民は、当初共産党へ疑念を持つと同時に、国民党の独裁に対しても信用を持っていなかったということを示しており、後述との関連で興味深い。

(20) 鈴木隆『中国共産党の支配と権力――党と新興の社会経済エリート』慶應義塾大学出版会、二〇一二年。菱田雅晴編『中国共産党のサバイバル戦略』三和書籍、二〇一二年。

(21) その他、中国政治史の立場から、本書と同時期を対象としたものとして、米国ではハリー・ハーディング（Harry Harding）、ジェン・シーピン（Shiping Zheng）などの研究が挙げられる。ハーディングは主に官僚制から、共産党による組織的な取り組みについて系統的に論じ、シーピンは共産党に焦点をあて、本書と同時期の国家建設を論じ、共産党が現代的な国家建設にとってはむしろ弊害となったことを立証した。また、日本においては毛里和子、西村成雄の研究などがある。本書はこうした先行研究に対して、より実証的な観点から論じることを主眼に置きつつ、一九四〇年代末における共産党による議会制度に関する議論とその淵源、さらには変化の過程についても詳細に論じることとしたい。Harry Harding, *Organizing China: The Problem of Bureaucracy, 1949-1976*, California: Stanford University Press, 1981. Shiping Zheng, *Party vs. State in Post-1949 China: The Institutional Dilemma*, Cambridge: Cambridge University Press, 1997. 毛里和子『現代中国政治〔新版〕』名古屋大学出版会、二〇〇四年。毛里和子『現代中国政治〔第三版〕』名古屋大

学出版会、二〇一二年。西村成雄『二〇世紀中国の政治空間――「中華民族的国民国家」の凝集力』青木書店、二〇〇四年。西村成雄編『二〇世紀中国政治史研究』放送大学教育振興会、二〇一一年。

また、近年の資料の公開に伴い、本書が対象とする時期の中国を立体化する多数の研究が刊行されている。小嶋華津子「中国共産党と労働組合――『工会』をめぐる論争」『アジア研究』第四二巻第三号、一九九六年三月。大沢武彦「内戦期、中国共産党による都市基層社会の統合――哈爾浜を中心として」『史学雑誌』第一〇一巻第六号、二〇〇二年五月。田原史起『中国農村の権力構造――建国初期のエリート再編』御茶の水書房、二〇〇四年。大沢武彦「戦後内戦期における中国共産党統治下の大衆運動と都市商工業――東北解放区を中心として」『中国研究月報』六七五号、二〇〇四年五月。久保亨編『一九四九年前後の中国』汲古書院、二〇〇六年。祁建民『中国における社会結合と国家権力――近現代華北農村の政治社会構造』御茶の水書房、二〇〇六年。加島潤「戦後から人民共和国初期にかけての上海電力産業の統合過程」『中国研究月報』第六〇巻三号、二〇〇六年三月。石井知章『中国社会主義国家と労働組合――中国型協商体制の形成過程』御茶の水書房、二〇〇七年。泉谷陽子『中国建国初期の政治と経済――大衆運動と社会主義体制』御茶の水書房、二〇〇七年。加島潤「政権交代と上海市財政構造の変動（一九四五～五六年）」『アジア経済』第四八巻第七号、二〇〇七年七月。河野正「中華人民共和国初期、河北省における宣伝教育と農村社会――成人教育・機関紙を中心に」『東洋学報』第九二巻第三号、二〇一〇年一二月。金野純『中国社会と大衆動員――毛沢東時代の政治権力と民衆』御茶の水書房、二〇〇八年。山口信治「毛沢東による戦略転換としての新民主主義段階構想の放棄」『アジア研究』第五四巻第一号、二〇〇八年一月。高橋伸夫編著『救国、動員、秩序――変革期中国の政治と社会』慶応義塾大学出版会、二〇一〇年。笹川裕史『中華人民共和国誕生の社会史』講談社、二〇一一年。Jeremy Brown and Paul G. Pickowicz eds, *Dilemmas of Victory: The Early Years of the People's Republic of China*, Cambridge, Harvard University Press, 2007など。

(22) 例えばYongnian Zheng and Liang Fook Lye, "Political Legitimacy in Reform China: Between Economic Performance and Democratization", Lynn White eds., *Legitimacy: Ambiguities of Political Success or Failure in East and Southeast Asia*, Singapore: World Scientific, 2005, pp.183-214. Kevin J. O'Brien, *Reform Without Liberalization: China's National People's Congress and the Politics of Institutional Change*, New York: Cambridge University Press, 1990. Alan R. Kluver, *Legitimating the Chinese Economic Reforms: A Rhetoric of Myth and Orthodoxy*, New York: State University of New

York Press, 1996. など。

(23) Kevin J. O'Brien, *op.cit.*

(24) 加茂具樹『現代中国政治と人民代表大会――人代の機能改革と「領導・被領導」関係の変化』慶應義塾大学出版会、二〇〇六年。

(25) 福島正夫『中国の人民民主政権』東京大学出版会、一九六五年。石井明「中国解放区人民代表会議について」『アジア研究』第一九巻第三号、一九七二年七月。中岡まり「中国共産党による政権機関の建設――建国初期の北京を事例として」『法学政治学論究』第三六号、一九九八年三月。中岡まり「中国共産党政権の正当性の強化」『法学政治学論究』第五一号、二〇〇一年一二月。大沢武彦「国共内戦期の農村における『公民権』付与と暴力」『歴史評論』六八一号、二〇〇七年一月。味岡徹「共産党根拠地の憲政事業」中央大学人文科学研究所編『中華民国の模索と苦境――一九二八―一九四九』中央大学出版部、二〇一〇年。Andrew J. Nathan, "Political Rights in Chinese Constitutions", Randle Edwards, Louis Henkin and Andrew J. Nathan, *Human Rights in Contemporary China*, New York : Columbia University Press 1986.（邦訳：斉藤惠彦・興梠一郎『中国の人権――その歴史と思想と現実と』有信堂、一九九〇年）

(26) これらの傾向は、共産党の根拠地における議会を検証した、以下の研究についても同様である。石井明「中国解放区人民代表会議について」『アジア研究』一九巻三号、一九七二年七月。今井駿「辺区政権と地主階級」野沢豊・田中正俊編『抗日戦争』講座中国近現代史（第六巻）、東京大学出版会、一九七八年。蜂屋亮子「中華蘇維埃共和国憲法と中華蘇維埃共和国憲法大綱」『アジア研究』二八巻一号、一九八一年四月。井上久士「辺区（抗日根拠地）の形成と展開」池田誠編『抗日戦争と中国民衆』法律文化社、一九八七年。西村成雄「中国抗日根拠地――危機と社会空間の再調整」大江志乃夫編『抵抗と屈従』岩波講座近代日本と植民地六、岩波書店、一九九三年。ただし、特に日本人研究者による、根拠地の代表会議が動員にとってメリットがあったという指摘は、後述との関連で大いに参考となる。

(27) 例えば、当代中国叢書編集部編『当代中国的人民政協』北京：当代中国出版社、一九九三年など。なお、中国における「協商民主」論は英訳は「deliberative democracy」であるが、鈴木隆によれば、これは一般的な政治学概念としての「協議民主」とは一線を画しているとしている。鈴木隆前掲書『中国共産党の支配と権力』二二三～二二八頁。

(28) 全国政協文史資料委員会編『人民政協紀事』北京：中国文史出版社、二〇〇四年。周葉中・江国華編『在曲折中前進

――中国社会主義立憲評論』武漢：武漢大学出版社、二〇一〇年。胡筱秀『人民政協制度功能変遷研究』上海：上海人民出版社、二〇一〇年。曹建坤『一九四五―一九四九：中国共産党与自由主義力量』上海：上海人民出版社、二〇一〇年。高建・佟徳志編『協商民主』天津：天津人民出版社、二〇一〇年。林尚立編『中国共産党与人民政協』上海：東方出版中心、二〇一一年。中央社会主義学院中国政党制度研究中心編『中国政党制度的回顧与展望』北京：九州出版社、二〇一一年。劉学軍『当代中国政治制度概要』北京：中共中央党校出版社、二〇一一年。李允熙『従政治協商走向協商民主――中国人民政協制度的改革与発展研究』北京：社会科学文献出版社、二〇一二年。中国人民政協理論研究会秘書処編『中国人民政協理論研究会二〇一一年度論文集』（上・下巻）、北京：中国文史出版社、二〇一二年など。なお、江沢民の「七・一講話」後における、共産党の新興エリートの取り込みの実態については鈴木隆前掲書『中国共産党の支配と権力』に詳しい。

(29) ただし、以上のように中国においても人民政協や人民代表大会が分析対象となったこと自体は、両機関が中国において重視されつつあることを示していよう。

(30) 李国芳「建国前夕中共創建石家荘民衆参政機構的実践」『近代史研究』二〇〇六年第五期、二〇〇六年五月。同『初進大城市――中共在石家荘建政与管理的嘗試（一九四七～一九四九）』北京：社会科学文献出版社、二〇〇八年。張希坡『人民代表大会制度創建史』北京：中共党史出版社、二〇〇九年。黎見春『各界人民代表会議制度及運作――以湖北地区為例』北京：社会科学文献出版社、二〇一一年。

(31) Robert. D Putnam, "Diplomacy and Domestic Politics: The Logic of Two-Level Games", *International Organization*, Vol.42 No.3, June 1988, pp.427-460.

(32) Theda Skocpol, *States and Social Revolutions: A Comparative Analysis of France, Russia, and China*, Cambridge: Cambridge University Press, 1979. Theda Skocpol, *Social Revolutions in the Modern World*, Cambridge: Cambridge University Press, 1994. シーダ・スコッチポル（牟田和恵監訳）『現代社会革命論――比較歴史社会学の理論と方法』岩波書店、二〇〇一年。

(33) Shiping Zheng, *op.cit.*, p.7. この点、北山俊哉・久米郁男・真渕勝の著書においても、「ひとたびできあがった政治の仕組みはそう簡単には変わらない」として、「制度の新設の政治と、制度の改革の政治とでは違ったダイナミズムが働いていることに注目することが必要である」と指摘している。北山俊哉・久米郁男・真渕勝『はじめて出会う政治学〔第三版〕』有斐閣アルマ、二〇〇九年、一九頁。

(34) Samuel P. Huntington, *The Third Wave: Democratization in the Late Twentieth Century*, Norman: University of Oklahoma, 1991（初版一九六八）.（邦訳：坪郷実・藪野祐三・中道寿一『第三の波――二〇世紀後半の民主化』三嶺書房、一九九五年）

(35) 今井真士「『比較権威主義体制論』の一つの作法――権威主義体制の長期的分岐と、制度・文脈・時間的過程への視点」『法学政治学論究』第八六号、二〇一〇年九月。

(36) Andreas Schedler, "The Logic of Electoral Authoritarianism", Andreas Schedler eds., *Electoral Authoritarianism: The Dynamics of Unfree Competition*, Colorado: Lynne Rinner Publishers, 2006. 今井真士「権威主義体制下の単一政党優位と選挙前連合の形成」『国際政治』第一七二号、二〇一三年二月。本来であればこの「選挙権威主義」は比較政治の領域においては、「民主主義」の定着との関連において分析される概念ではある。しかし、選挙をあくまで支配の手段とするという点においては本研究が取り扱う中国政治においても極めて示唆的である。

(37) 粕谷祐子前掲書『比較政治学』一五頁。

(38) 例えば、ロバート・パットナムの研究では一カ国のサブ・ナショナルな単位（州）を比較検討している。したがって本研究のようにあえて同国・同時代における行政レベル間比較にも一定の意味があると考えられる。Robert D. Putnam, *Making Democracy Work: Civic Traditions in Modern Italy*, Princeton, New Jersey: Princeton University Press, 1993.（邦訳：河田潤一『哲学する民主主義――伝統と改革の市民的構造』ＮＴＴ出版、二〇〇一年）

(39) かつてハンチントンは、冷戦終結後の世界的な民主化の広がりを「第三の波」としてその要因を考察した。Samuel P. Huntington, *op.cit.*

(40) Francis Fukuyama, "At the 'End of History' Still Stands Democracy: Twenty-five Years after Tiananmen Square and the Berlin Wall's Fall, Liberal Democracy Still Has No Real Competitors," *The Wall Street Journal*, June 6, 2014. なお、フクヤマの主張については、Francis Fukuyama, *The End of History and the Last Man*, New York : International Creative Management, 1992.（邦訳：渡部昇一『歴史の終わり』上・下、三笠書房、二〇〇五年）に詳しい。

(41) Tomas Carothers, "The End of Transition Paradigm", *Journal of Democracy*, Vol.13, No.1, January 2002, pp.5-21.

(42) 下斗米伸夫『ソ連現代政治』東京大学出版会、一九八七年、一～八頁。

(43) Carl J. Friedrich, "The Evolving Theory and Practice of Totalitarian Regimes," Carl J.Friedrich, Michael Curtis and Benjamin R.Barber eds., *Totalitarianism in Perspective: Three Views*, London: Pall Mall Press, 1969, p.126. なお、フリードリッヒとブレジンスキーによる、別の書においては、①から③と（a）から（c）はそれぞれ分割され、六つの特徴となっている。Carl J. Friedrich and Zbigniew K. Brezezinski, *Totalitarian Dictatorship and Autocracy*, New York, Praeger Publishers, 1966, p.22.

(44) ロバート・A・ダール（中村孝文訳）『デモクラシーとは何か』岩波書店、二〇〇一年、一一六～一一七頁。（原書：Robert A. Dahl, *On Democracy*, New Haven, CT: Yale University Press, 1998.）

(45) Robert A. Dahl, *Polyarchy: Participation and Opposition*, New Haven: Yale University Press, 1971.（邦訳：高畠通敏・前田脩『ポリアーキー』三一書房、一九八一年）なお、この『ポリアーキー』ではダールは八つの必要条件を挙げている。また、ダールによれば、「民主主義」という言葉には理想と具体的な政治制度という二つの意味が含意されてきた。そこで、あえて「ポリアーキー」を「民主主義の理想ではなく現実的な制約」を指すものとして用いることにより「現実の政治体制」から剥ぎ取ったとしている。したがって、本書ではこれに倣い、具体的な政治制度を指す場合、「ポリアーキー」の方を用いる。

(46) ホアン・J・リンス（高橋進監訳）『全体主義体制と権威主義体制』法律文化社、一九九五年、一四一頁。（原書：Juan J. Linz, "Totalitarian and Authoritarian Regimes", Fred I. Greenstein, Nelson W. Polsby eds., *Handbook of Political Science*, Reading, Massachusetts: Addison-Wesley Pub. Co., 1975.）

(47) この他、ラリー・ダイアモンドは「ハイブリッド体制」といった呼び方もしている。Larry Diamond, "Thinking about Hybrid Regimes," *Journal of Democracy*, Vol.13, no.2, April 2002, pp.21-35.

(48) 今井真士前掲論文、Andreas Schedler, *op.cit.* なお、これらの研究の分析対象は主に旧共産圏、東南アジア、中東、アフリカの国々が含まれている。

(49) Marc Morje Howard & Philip G. Roessler, *op.cit.* なお、この論文では選挙そのものが存在しないとして、中国を「閉

鎖的権威主義」（Closed Authoritarianism）に位置づけている。しかし、中国においても極めて限定的ながらも選挙自体は存在することと、少なくとも本研究が対象とする時期においては、比較的上級の行政レベルにも選挙自体は存在していたが、競争的選挙とは必ずしも言えないということから「覇権型権威主義」であると判断した。

(50) 今井真士前掲論文、Andreas Schedler, *op.cit.*

(51) 久保慶一「特集　権威主義体制における議会と選挙の役割」『アジア経済』第五四巻第四号、二〇一三年一二月。

(52) Giovanni Sartori, *Parties and Party Systems: A Framework for Analysis*, Cambridge: Cambridge University Press, 1976.（邦訳：岡沢憲芙・川野秀之『現代政党学――政党システム論の分析枠組み（普及版）』早稲田大学出版部、二〇〇〇年）ただし、ではいかにして「衛星政党」をそのままの地位に留めてきたのかについて、サルトーリの研究にも言及がない。

(53) ただしこれは現代から二一世紀中国社会を展望しているものであり、本書で論じるような過去の事例にただちに適用することはできない。西村・国分前掲書『党と国家』二一二〜二一三頁。

(54) 久保亨・土田哲夫・高田幸男・井上久士『現代中国の歴史――両岸三地一〇〇年のあゆみ』東京大学出版会、二〇〇八年、七頁。

(55) ベネディクト・アンダーソン（白石隆・白石さや訳）『想像の共同体――ナショナリズムの起源と流行〔定本〕』書籍工房早川、二〇一二年（初版：二〇〇七年）、二四頁。（原書：Benedict Anderson, *Imagined Communities: Reflections on the Origin and Spread of Nationalism*, London: Verso, 1991.）

(56) ハンナ・アーレント（山田正行訳）『暴力について――共和国の危機』みすず書房、二〇〇〇年、一三〇、一三九〜一四三頁。（原書：Hannah Arendt, *Crises of the Republic: Lying in Politics――Civil Disobedience――On Violence――Thoughts on Politics and Revolution*, San Diego: Harcourt Brace Jovanovich, 1972.）

(57) 丸山眞男「政治の世界」丸山眞男『丸山眞男集』（第五巻）、岩波書店、一九九五年、一五三〜一六〇頁。なお、後述との関連で言えば丸山眞男はウェーバーの三つの類型に対して、五つの類型を提示した。すなわち、（1）ウェーバーが論じるところの「伝統的支配」、（2）「自然法に根拠づけられ」た支配、（3）「神あるいは天による授権」による支配、（4）「特別の能力を持った統治のエキスパート」による支配、（5）「人民」への「授権」による支配である。丸山眞男はこの中で、ウェーバーの「合法性」に基づく支配という類型に対して、「形式的合法性」は「どこまでいっても合法性で、実質的な正統性とは異なる」と批判している。ただし、丸山眞男のウェーバーの「正統性」の議論に対するこのような解釈に関しては、水林彪による批判がある。本論ではこれについては詳細に論じないが、水林彪が指摘するように、権力ないし支配の歴史を論ずる際は、「法的次元と社会学的・政治学的次元とを区別し、その関連を問う」ことが必要であるということについては、以下の議論との関連で大いに参考とするところがある。水林彪「『支配のLegitimität』概念再考」『思想』二〇〇七年第二号、二〇〇七年三月。

(58) グラムシのヘゲモニー論については、片桐薫『グラムシ・セレクション』平凡社、二〇〇一年、二七八〜二八七頁および、松田博『グラムシを読む——現代社会像への接近』法律文化社、一九八八年、一〜三四頁を参照。

(59) なお、日中英の言語において、「Legitimacy」の訳語について若干の齟齬があることは、ここであらかじめ確認しておく必要がある。例えば楊宏山は前掲論文の中で、ハンチントンの研究を引用しているが、ここでは「合法性」という言葉が用いられている。これは、原著の *The Third Wave* における、「Legitimacy」が、中文翻訳版の『第三波』においては、「合法性」と翻訳されているためである（なお、日本語版においては、「Legitimacy」は「正当性」と翻訳されている。サミュエル・P・ハンチントン前掲書『第三の波』四六頁）。

ではなぜ日中英のそれぞれの言語においてこのような齟齬が生じているのであろうか。例えば中国の『新華漢語詞典』には、「正当性」という項目も「正統性」という項目も存在せず、辛うじて、「正当」と「正統」の項目があるのみである。ただし、中国語では「正当」とは、「合理的、合法的な」ものを指し、「正統」とは「封建王朝」のもとでの「嫡子相続」の意味で用いられ、血統、伝統との関連が強い。そこで、『漢英大詞典』において「正当」を調べると、「proper、appropriate、lawful、legitimate」、「正統」は「legitimism、orthodox」と翻訳されており、ここにもやはり「正当性」（または「正統性」）という項目は存在しない。他方『大英漢詞典』には、「Legitimacy」という項目が存在するが、この意味としては「合法性」と「正当」としか書かれていない（ただし、「Legitimate」は、「合法」、「正当」、「合理」、「正統」と翻訳されている）。

なお、『英和辞典』では「Legitimacy」は「合法性」、「正当性」、「正統性」と、「Legitimate」は「合法の、正当な、合理的な、正統の、合法化する、正統化する」と翻訳されている。しかし、『中日大辞典』においても、やはり「正統性」

や「正当性」という項目は見つからず、「合法」が「法にかなっている。合法である」、正当が「正当である、合法である、合理的である」、「正統」が「正統の」と翻訳されるのみである。

　これらを見れば分かるように、中国語においては「Legitimacy」＝「正統性（正当性）」という翻訳は今のところ、あまり定着していないようである。中国の学界において「合法性」のみが用いられ、「正統性」が使用されないのには、このような言語上の背景があると思われる。したがって、中国語の「合法性」は場合によっては、我々の理解する「Legitimacy」の訳に限りなく近いと言えるであろう。ゆえに、上記の楊宏山はあえて「政治的合法性」という言葉を用いているのかもしれない。塞繆爾・亨廷頓（劉軍寧訳）『第三波――二〇世紀後期的民主化浪潮』上海：上海三聯書店、一九九八年、五四頁。新華漢語詞典編委会編『新華漢語詞典』北京：商務印書館国際有限公司、二〇〇四年、一五五四、一五五五頁。王瑞晴・王宇欣主編『漢英大詞典』北京：外文出版社、二〇〇五年、一一二八、一一二九頁。李華駒編『大英漢詞典』北京：外語教学与研究出版社、一九九七年（一九九二年初版）、九〇六頁。松田徳一朗編『リーダース英和辞典（第二版）』研究社、二〇〇一年（一九九九年初刷）一四三〇頁。愛知大学中日大辞典編纂処編『中日大辞典（増訂第二版）』大修館書店、一九八九年（一九六八年初版）、七四六、二三九八頁。

(60) 以下の「正統性」に関する学説の展開に関しては、一部、渡辺直土「現代中国政治体制における正統性原理の再構成」『現代中国研究』第三一号、二〇一二年一〇月を参照した。

(61) それぞれの定義については、マックス・ウェーバー（世良晃志郎訳）『支配の諸類型』創文社、一九七〇年、三、一〇頁。同『支配の社会学』（I）、創文社、一九六〇年、三二頁。

(62) David Beetham, *The Legitimation of Power*, New York: Palgrave, 2003.

(63) ジャン＝マルク・クワコウ（田中治男・押村高・宇野重規訳）『政治的正当性とは何か――法、道徳、責任に関する考察』藤原書店、二〇〇〇年、二五～六一頁。

(64) 例えば、D. Easton, *A Systems Analysis of Political Life*, New York: University of Chicago Press, 1965.（邦訳：片岡寛光・依田博・薄井秀二『政治生活の体系分析』早稲田大学出版部、二〇〇二年）。John. H. Schaar, "Legitimacy in the Modern State," in Philip. Green and Sanford Levinson eds., *Power and Community: Dissenting Essays in Political Science*, New York: Pantheon Books, 1970. David Beetham, *op.cit.* Alagappa Muthiah eds., *Political Legitimacy in*

Southeast Asia: The Quest for Moral Authority, Stanford: Stanford University Press, 1995.

(65) カール・シュミット（田中浩・原田武雄訳）『合法性と正当性――中性化と非政治化の時代』未来社、一九八三年、三四頁。大野達司「シュミットとリーガリズム」『思想』七七四号、一九八八年一二月。萩原能久「『合法性と正当性』再論――正義と暴力のはざまで」『法学研究』第七六巻第一二号、二〇〇三年一二月。

(66) S・M・リプセット（内山秀夫訳）『現代社会科学叢書　政治のなかの人間――ポリティカル・マン』東京創元新社、一九六三年、七四～七九頁（原書：Seymour Martin Lipset, *Political Man: The Social Bases of Politics*, London: Heinemann, 1960.）。

(67) 山口定『政治体制』現代政治学叢書三、東京大学出版会、一九八九年、二七〇～二九八頁。なお、山口定によれば、ハバーマスはなお「古典的『正統性』論に傾斜しており」、「効用」と「効率」の問題をやや軽視しているとしている。

(68) 例えば、Yang Zhong, "Legitimacy Crisis and Legitimation in China", *Journal of Contemporary Asia*, Vol.26 No.2, 1996（発刊月不明）。Yongnian Zheng and Liang Fook Lye, *op.cit.*

(69) 西村成雄前掲書『二〇世紀中国の政治空間』。

(70) この点、本書とほぼ同時期の農村におけるエリート再編について研究した田原史起は、「建国後間もない時期の新解放区農村における権力の正統性とは、社会の内部に根拠を持つものであるよりは、人民解放軍の南下によりもたらされた何らかの『外来性』のなかに見いだされるものだった」と指摘している。田原史起前掲書『中国農村の権力構造』二五四頁。

(71) 国分良成「中国政治体制の行方」『東亜』四四七号、二〇〇四年九月、一〇～二一頁。毛里和子前掲書『現代中国政治〔新版〕』二四五頁。

(72) 武田康裕「体制移行に伴う国際危機とその予防――中国と北朝鮮を事例として」西原正編『日本の外交・安全保障政策オプション』日本国際交流センター、一九九八年。Robert M. Fishman, "Rethinking State and Regime: Southern Europe's Transition to Democracy," *World Politics*, Vol.42, No.3, April 1990.

(73) 加茂具樹前掲書『現代中国政治と人民代表大会』。

(74) 中岡まり前掲論文「中国共産党政権の正当性の強化」。

(75) 楊宏山「中国政治改革的成効与展望――以政治合法性為視角」徐湘林編『漸進政治改革中的政党、政府与社会』北

京：中信出版社、二〇〇四年。なお、例えば、趙虎吉「後発展国家政治合法性的二元化与政治発展邏輯」謝慶奎編『政治改革与政府転型』北京：社会科学文献出版社、二〇〇九年。謝慶奎『政治改革与政府創新』北京：中信出版社、二〇〇三年も「合法性」との関連で論じられている。

(76)「中共中央関於党的各級代表大会和代表会議的決議（一九四八年九月）」中央檔案館『中共中央文件選集』（第一七冊）、北京：中共中央党校出版社、一九九二年。

(77) この点、ヴィヴィアン・シュー（Vivienne Shue）は、主に現代の共産党の統治を対象とし、共産党の正統化（Legitimation）の論理は三つの構成要素――「思想の真理」、「慈善心」、「国家の栄光」からなるとしている。これらの要素は本書のとは異なるものの、共産党が統治の正統化のために、議会における優勢以外の要素を求めているということを示唆している。Vivienne Shue, "Legitimacy Crisis in China?", Peter Hays Gries and Stanley Rosen eds., *Chinese Politics: State, Society and the Market*, New York: Routledge, 2010, pp.41-68.

(78) この「正統化（Legitimation）」、「非正統化（Delegitimation）」の議論については、前出のデーヴィッド・ビーサム（David Beetham）の研究を参照。Beetham, *op.cit.* なお、テリー・イーグルトン（Terry Eagleton）によれば、「イデオロギー」の「正当化の手続きには、すくなくとも六つの異なる戦略が関係」している。すなわち「支配的権力は自己を正当化するために、支配的権力になじむ信念や価値を〈促進〉し、そのような信念なり価値観を自明のもの、不可避なものにみせかけるべく〈自然化〉し〈普遍化〉し、支配的権力に挑戦してくるかもしれない思想を〈侮蔑〉し、競合する思想形式を、ふつう、なんらかの暗黙の、だが体系的な論理によって〈排除〉し、そうして支配的権力につごうのよいようなやりかたで社会的現実を〈歪曲〉する」ということである（以上、〈〉括弧は原文に基づく）。イーグルトンによれば、イデオロギーが支配者と被支配階級を「共犯関係に巻きこむ」ものとしており、これが「支配階級の権限強化に奉仕する」という。つまり、被支配者側の「願望や欲望を積極的に形成」するのである。そうして、支配者あるいは潜在的勝利者は、敵対者あるいは潜在的な反対者の思想を「排除」し、自らを肯定していくとしている。こうした過程は上記のDelegitimationや、共産党の権力の確立にも通じるところがあり、またイデオロギーの浸透のさせかたを検証する上でも興味深い指摘である。テリー・イーグルトン（大橋洋一訳）『イデオロギーとは何か』平凡社、一九九九年、二九、四七、七二、七九頁。（原書：Terry Eagleton, *Ideology: An Introduction*, London: Longman, 1994.）

(79) Robert. D Putnam, *op.cit.*

(80) 国際的な承認によって主権が強化されるということを論じたものとしては、Stephen D. Krasner, *Sovereignty: Organized Hypocrisy*, Princeton: Princeton University Press, 1999. Stephen D. Krasner, eds., *Problematic Sovereignty: Contested Rules and Political Possibilities*, New York: Columbia University Press, 2001. Stephen D. Krasner, *Power, the State, and Sovereignty: Essays on international relations*, New York: Routledge, 2009, pp.179-210. が挙げられる。

第一章 「人民代表会議」制度の目指す機能

――中国共産党の「指導」・「正統性」――

中華民国期の政治体制を分析している金子肇によれば、「一国の統治形態を論ずる場合」、「その分析の核心は、何よりも三権分立の態様、とりわけ立法権と執行権の関係如何という点にある」とされる(1)。

序章で論じたように、本書は一九四〇年代末の中国の政治体制を、「覇権型権威主義」(Hegemonic Authoritarianism)や「選挙権威主義」(Electoral Authoritarianism)に限りなく近いものであったのではないかという仮説に基づいて検証することを意図している。

これらを検証するためには、上述の金子肇が指摘するように、立法権と執行権と党の関係、さらには議会そのものの制度上の問題に着目する必要があろう。

そこで本章では、加茂具樹による共産党の「領導」実現手段に関する議論を手がかりに、共産党が新しい国作りを行うにあたって、党と国家との間の「指導」・「被指導」という権力関係を実現するために、どのような手段を活用したのかを再検討する(2)。

さらに議会制度そのものにも焦点をあて、当時の議会制度を一般化する上での重要な視角、もしくは共産党が選挙と議会を掌握する上での手段(①選挙委員会・選挙資格審査の掌握の有無、②差額選挙か等額選挙か、③地域代表制か職能代表制か、④直接選挙か間接選挙か、⑤一院制か二院制か、⑥一元代表制か二元代表制か、⑦直接参政か諮問機関か)を提示した上で、共産党が当時の人民代表会議制度にどのような機能を持たせようとしていたのかを検討する。

第一節　国家に対する「指導」の実現手段

高原明生、加茂具樹によれば、中国では意識的に「指導」と「領導」が使い分けられており、その中でも「領導」とは「指揮命令」を意味するものであるとしている[3]。

さらに加茂具樹は、共産党が国家に対して「領導」・「被領導」を実現するための二つの方法として、「領導する意思の表明」と、「領導する能力の保持」を挙げている。「領導する意思の表明」とは、文字通り「党が領導の意志を表明」し、これを「憲法や党規約に明記」することを意味するとしている。

第二の共産党の国家に対する「領導する能力の保持」、すなわち「領導」の実現手段の中には、（1）行政機関などの国家権力の執行機関に対して党の意思を伝達するために、それらの「領導」組織の内部に党グループ（原文「党組」）を組織する[4]、（2）人民解放軍を共産党の軍隊と位置づけるなど（党軍化）、国家の武装力を党の「領導」のもとにおく、（3）国家の権力機関である「人民代表大会」（以下、括弧略）に対して、党の「領導」を実現する、という三点が挙げられている。

特に（3）は、「国家に対する党の領導は、議案として提出された党の意思」が人民代表大会で「決議や決定といった国家の意思に何の障害もなく置き換えられることで、はじめて現実となる」ためである。

加茂具樹によれば、これによって、「人民が党の意思を国家の意思として執行することを要求している」という構図を作り上げ、党の意思を執行させること、および党が国家を「領導」することに対する「正当性」を調達している。

これらは一九四〇年代末に成立した人民代表会議制度に類似する点がある。「領導の意志の表明」については、第二章で見るように、共産党は確かに内戦勝利の展望が見えてきた、一九四七年一二月の段階で、「統一戦線は、中国共産党の確固たる指導のもとにおかなければならない」と明言するようになった(5)。

国家に対する「指導（領導）」の実現手段の（1）については、資料上の制約から全ての党グループの実態について把握することは困難であるが、確かに管見の資料からも、あらゆる組織に党グループを設置していった実態を見ることができる(6)。

（2）に関しても、共産党は特に国民との内戦に勝利して以降は、中国大陸において唯一無二の軍事力を保持する党として存在している。人民政協の開催過程においては、共産党は「民主党派」（以下、括弧略）による軍事力の保持の禁止にも言及していた。同時に、第七章で見るように人民解放軍・人民革命軍事委員会・中央人民政府の人事において共産党員が過半数以上（時によってはほぼ独占状態）を占めることによって、共産党はその武装力を完全に党の「指導」下に置くことを可能としていた。かつ、これらは「中国人民政治協商会議組織法」、「中華人民共和国中央人民政府組織法」などの法令によっても保証されていた。

（3）についても同様に、共産党は人民代表会議制度において、徹底して「指導」を堅持しようとし、これに対する「正統性」を調達しようとしていた。

ただし、まさにこれから政権を掌握するべく活動していた共産党には自ずと限界もあった。まず、根本的な問題として、共産党は根拠地における経験を活かしつつ広大な国家を統治する能力を獲得するところから始めざるを得なかった。

さらに、この時期の共産党が党の意思を「何の障害もなく」国家の意思に置き換えることができるような能力・構造を有していた可能性は限りなく低い。むしろ、革命を達成したばかりの共産党にとっては、これから国家を統治するための制度を全力で創り上げようとしていたと考える方が妥当であろう。

なお、一九四〇年代末の場合、「党の意思」を代表するものとして最も重要であったのは、党——なかんずく毛沢東の理論であった。したがって、第二章で見るような毛沢東を中心とする共産党の「連合独裁」から「人民民主独裁」への理論上の転換は、中国の政治制度そのものにも重大な影響を及ぼすものであったと考えられる。

第二節 「指導する能力」の核心

一・「正統性」調達のための制度構築

加茂具樹によれば、共産党が「領導する能力」を発揮するためには、上記の三つの手段のうち、共産党と人民代表大会との間に「領導・被領導の権力関係が存在している」ことが最も核心的であるとされている。その理由としては、人民代表大会が「憲法において各級の最高国家権力機関と位置づけられて」おり、これによって「党が国家を領導することの正当性が制度的に保障されている」ためであるとしている。

これはほぼ人民代表会議についても同様のことが言えそうである。丸山眞男が指摘したように、特に「旧支配階級の打倒に成功した瞬間の革命政権」は、「暴力ないし暴力の威嚇を以て被治者を支配してもそこからは被治者の自発的な服従」を生むことができないためである[7]。共産党が党の結成以来、議会という機関を一貫して重要視していたのはそのためであると筆者は考えている。

二．実態としての「正統性」調達

加茂具樹は、共産党は党の「意思を国家の意思として国家機関に執行させるため」に、「国家機関幹部の任免権を掌握」している。しかし、共産党は「国家機関幹部の推薦権を有しているだけにすぎず」、共産党が「推薦する幹部を国家の意思として承認する手続きの場」が人民代表大会であるとしている。

一九四〇年代末の中国について言えば、確かに内戦勝利は、共産党にとって中国を統治する上での前提条件であったが、西村成雄が指摘するように、当時の中国大陸社会には、一九四六年一月の政治協商会議や、「連合政府」に対する「正統性」承認の「磁場」がなお機能していたために、共産党もまたこれを無視することができなかった(8)。筆者も内戦に勝利した共産党と言えども、軍事力のみでは、統治を安定的に再生産することができず、何らかの統治の「正統性」を調達する制度上の手段を必要としていたと考えている。

であるがゆえに、当時の共産党も、全ての人事や決議を人民代表会議という公式の制度化を通して認めさせるという過程を経る必要があった。

第三節　「人民代表会議」に対する「指導」の実現手段

加茂具樹は、人民代表大会に対する「領導」（本書の場合、人民代表会議に対する「指導」）を実現することは、共産党にとって国家に対する「領導の意思を実現するための核心的な」手段であるとしている。

では共産党はどのようにしてこれを為し得ているのか。加茂具樹によれば、三つの方法があるとしている。すなわち、(一)全国人民代表大会常務委員会委員長、副委員長、秘書長などの意思決定組織と実務活動組織の幹部を党員とする、(二)全国人民代表大会代表の党員の比率を代表総数の過半数以上とする、(三)全国人民代表大会および常務委員会の意思決定と実務活動に党の意思を伝達するための党グループを配置するというものである。

筆者もこの三点に同意するものであるが、歴史資料を繙いていけば、いくつかの重要な別の手段が見えてくる。すなわち、(四)人民代表会議開催準備過程を共産党が掌握する(「人民代表会議」招集・開催権の掌握)、(五)憲法またはそれに準ずる重要決議・法案の起草権を掌握するという二点である。

一.「人民代表会議」の「指導」幹部の中での優位性の確保

第一の手段、意思決定組織の幹部を党員とすること、すなわち国家と党の上層部の人事的融合と一体化については、確かに共産党は最も主要な組織においては、これを実現しようとしてきた。本書で事例として取り上げる、人民政協、華北臨時人民代表大会、石家荘市人民代表大会について言えば、これらの機関によって最終的に選出・組織される各級人民政府の主席や市長などの、首長の座は共産党員が当選することがほぼ既定路線として定められていた。ただし、副主席や副市長は一部、非共産党員に分配されていた。

二.党員代表の過半数以上の確保

第二の手段、すなわち代表の過半数以上を党員で占めるということについては、確かに一九四〇年代末の人民代表会議制度においても同じことが言える。また、人民代表会議によって選出される政策決定に重要な権限を有する人民政府委員会においては、三分の二以上の委員を党員で占めることすらあった。

三．「人民代表会議」機関における党グループの設置

一九四〇年代末においても、人民代表会議の「意思決定機関と実務活動機関」に党グループを設置していた。これは現代と同様に党グループが、共産党の意志を「国家の意思に換えることを一層確実なものとするために」、「党員のみならず非党員代表に対しても党の意思を支持するように説得する必要」があったためである。これが第三の手段である。

しかし、一九四〇年代末の人民代表会議制度における党グループに対して期待されていた役割は、対非党員というよりは、党内における意思統一という意味合いが強かった。

四．「人民代表会議」招集・開催権の掌握

さらに、筆者の考える第四の手段が、共産党による議会の招集・開催権の掌握である。これは共産党にとっては至極当然のことであったようであり、根拠地時代から一貫していた。

共産党によって人民代表会議が準備・招集されるということは、自らの意向に沿った準備ができるということ、開催過程そのものを共産党の主導下で行うことができるということとなる。これにより、人員配分や重要法案・決議に関して、共産党が主導することができ、自らにとって有利に進めることができた。

五．重要決議・法案の起草権の掌握

「憲法制定権力」や「制憲権」は誰によって与えられ、また誰（あるいはどの機関）が行使するべきか、ということ

については、法学者の間でも議論されており、必ずしも決着がついているとは言えない。しかし、カール・シュミット（Carl Schmitt）が「憲法制定権力は政治的意思であり、この意思の力または権威により、自己の政治的実存の態様と形式についての具体的な全体決定を下すことができる、すなわち政治統一体の実存を全体として決定することができるのである(9)」と言うように、国家の基本的条件を定めた根本法としての憲法を制定する者は、絶大なる権力を有することになる(10)。

一九四〇年代末の中国について言えば、正式な憲法は存在しなかったものの、綱領や施政方針など、いわば各級における政治的目標を規定した重要な決議が採択された。問題は、これらの綱領や施政方針の草案の起草は全て共産党を中心に行われており、非党員にとっては根本的な修正が困難であったという事実である。

さらには、上述のようにあらゆる人民政協・人民代表会議・人民代表大会においては、共産党員が過半数を占めていたために、採択に持ち込まれた場合、原案通りに議決されることが可能であった。ゆえに、共産党は一貫して「憲法制定権力」またはそれに準ずる重要決議・法案の起草権を掌握していたと考えられる。こうした権力は、絶大な影響力を発揮するのに有効であった。

さらに一九四〇年代末の共産党は、上級が下級を指導し、下級は上級に従うという方針を取っていた（民主集中制）。また少数は多数に服従するものとされており、こうした政策が議会政治において共産党の権力の掌握に絶大な効果を発揮した。実はこうした方針はソ連憲法にも同様の傾向が見られるが、これは第二章でも見ていくように、ソ連共産党規約にあったものを、共産党が国内政治に応用していったためである。

第四節　選挙と議会を掌握する上での七つの手段

このようにして見ると、上記の国家に対する「指導」の実現手段の（一）～（五）のうち、特に第二の手段、すなわち議会での過半数以上の議席の掌握が重要であると言えよう。人民代表会議も人民代表大会も議会である以上、形式的であれ投票数の多寡がものを言う。であるとするならば、（三）と（四）は、（二）があるからこそ達成可能となるからである[11]。

では実際には、人数上の優勢を確保するために、選挙および議会の開催過程でどのような手段が取られているのか。筆者はこれまでの研究成果から、以下の七つの手段が採られていたと考えている。すなわち、①選挙委員会と選挙資格審査の掌握の有無、②差額選挙か等額選挙か、③地域代表制か職能代表制[12]か、④直接選挙か間接選挙か、⑤一院制か二院制[13]か、⑥一元代表制か二元代表制[14]か、⑦直接参政か諮問機関か、⑧定期開催か否かである[15]（なお、以上の点は今後様々な議会制度を分析する上での視角にもなると筆者は考えている）。

ではそれぞれの具体的な内容と定義はいかなるものか。

①の選挙委員会と選挙資格審査の掌握の有無とは、文字通り選挙の前段階において、その準備や実際の選挙活動をある主体が支配しているのかどうかを意味する。共産党政権下の議会の選挙委員会委員の大多数は通常、共産党員が占めてきた。また、ほとんどの選挙法には選挙権・被選挙権を有する者の資格についての規定があった。これは、資格の要件の決定と実際の資格審査を共産党が掌握することを意味する。

②差額選挙か等額選挙かについて。差額選挙とは立候補者数が定数より多い選挙、等額選挙とは候補と当選者が同

数であり、信任投票のみの選挙を指す。[16]したがって、ある政権者が自らの意向通りに代表者を決定したいのならば、等額選挙の方が有利となる。

③地域代表制か職能代表制かについて。地域代表制とは地域を単位とした選挙区から、職能代表制とは職業別団体から、それぞれ代表を選出し議会に送る制度のことを指す。アレンド・レイプハルト（Arend Lijphart）は代議政治について多数決型とコンセンサス型の類型から論じ、このうち後者が職能代表制に近く、コーポラティズムとつながるとし、またコーポラティズムには「権威主義」型もあることを示唆した。[17]同様に、フィリップ・シュミッター（Philippe C. Schmitter）とゲルハルト・レームブルッフ（Gerhard Lehmbruch）は「権威主義」国における国家コーポラティズムの存在を指摘している。[18]レイプハルトが言うように、職能代表制に近い民主制度も存在するため、必ずしも職能代表制＝非民主的とは言えない。しかし、ある政権者に近い団体でかため、逆に意に沿わない団体を排除した場合、より職能代表制が政権者にとっては有利となる。職能代表制は「権威主義体制」構築にとっても有効な手段なのである。

一方、地域代表制についても①と②、前述の（五）の党グループの活躍を組み合わせれば、こちらも政権の意向に従わせるのは可能ではある。しかし、職能代表制に比べて煩雑であり、制御が難しいことは間違いない。いずれの場合においても、前提として①のように、どのようなグループ・階層が選挙権を有し、また逆に剥奪されたかは重要な要素となる。さらに、世界的に見て職能代表制議会は一般的に諮問機関にとどまる傾向があるということもここで指摘しておく必要があろう。[19]

④直接選挙か間接選挙か（特に重層的間接民主。これを共産党は「複選」と呼んでいた）について。直接選挙とは文字通り、有権者が直接候補者に投票し、代表を選出する制度である。ここで言う間接選挙とはいわゆるアメリカの選挙

人制度とは異なる。特に中国の場合、地方末端の代表は直接投票し選出するが、行政レベルの一つ上の代表は、その一つ下の行政レベルの代表の中から選出される。こうして中央政府レベルにいたるまでには何層にもわたって間接選挙が実施されることとなる。むろん、本来的には直接選挙の方が民意を反映させやすい。であるがゆえに、共産党も自らの制度こそが「直接民主」に近いと度々謳っているのであろう。しかし、そこにおける「民主」とは、通常我々の考えるものとは内容が異なる。

いずれにせよ、間接民主の場合、いわば複数のフィルターを通すことになり、結果的に上層になるにつれ、意向通りの代表を送り込むことが可能となる。

さらに、前述の（三）と関連して、共産党の政権下においては、議会は直接首長を選出するわけではなく、主席団・政府委員会といった間接的な組織への投票に限定されていた。こうした言わば常務委員会のような組織は議会閉会中の常設機関と位置づけられており、またここで首長を含めた行政の人事が話し合われた。これにより、議論をよりブラックボックス化させ、少人数の議論によって議会からの監視なしに日常の行政を運営でき、また共産党の意向を反映させやすかったとも言える。

以上は選挙制度に関わる問題であるが、以下に挙げる四点は議会制度としての問題である。

⑤の二院制か一院制かについて。二院制とは日本の衆参両院のように、二つの議院によってそれぞれ議決がなされる制度、一院制とは、韓国のように一つの議院のみによって立法府が構成される制度である。これは本来的にはどちらが民主的とは言えない。ただし、当初から議会を制御する意思を持っていたとすれば、一院制の方がより管理はしやすいとも考えられる。少なくとも共産党の政権下においては、一九五四年に全国人民代表大会が成立し、政治協商会議が諮問機関になるまでは、基本的に一院制が採用されていた[(20)]。

⑥の一元代表制か二元代表制かについて。一元代表制とは議院内閣制とほぼ同義であり、議会代表を選出し、多数党から首長を選出する方法である。他方、二元代表制とは選挙者の直接選挙によって議会と行政の首長双方とも選出する方法である。これも本来的にはどちらが民主的とは言えない。ただし、二元代表制の場合、首長と議会との間で緊張関係がある。立法府と行政のトップを別々に直接選挙するよりは、もし立法府における人員掌握が可能であることが前提であれば、その中において行政のトップを決める方がより容易に権力を掌握できるとも言える。

⑦の直接参政か諮問機関かについて。直接参政とは議院における決議がそのまま政治に反映される状態、諮問機関とは議院における決議（意見）はあくまで参考意見とされる状態である。本来的には議会はそれ自体が立法府として政治に関与する存在である。しかし、かつて人民代表大会が「ラバースタンプ」、政治協商会議が「花瓶」と揶揄されていたことを考えれば、両機関はそれほど強い権力を期待されておらず、むしろ共産党の意向を反映させ、これを正当化することに重点が置かれていた[21]。

なお、本来であれば、八つ目の手段として、定期開催か否かについても検証する必要がある。定期開催の方が民主的であることが断言できるからである。ただし特に本研究が対象とする時期は、共産党にとっての政治情勢が不安定であったため、何をもって「定期開催」とすべきか判断が難しいため、ここでは分析の対象とはしない[22]。

いずれにせよ、共産党は上述の①～⑦を駆使して議会や選挙結果を掌握していったと思われる。そこで、以下ではどのような議論を経て、こうした議会制度が構築されていったのか、結成以来の共産党内の議論を歴史的に見ていく。

註

（1）金子肇「戦後の憲政実施と立法院改革」姫田光義編『戦後中国国民政府史の研究――一九四五―一九四九年』中央大

学出版部、二〇〇一年、一三三頁。
(2) 以下、特に断らない限り、ここにおける加茂具樹の議論については、加茂具樹『現代中国政治と人民代表大会――人代の機能改革と「領導・被領導」関係の変化』慶應義塾大学出版会、二〇〇六年、二五～六九頁を参照。
(3) 高原明生「中国共産党と市場経済化――党＝国家、党＝企業関係と中央＝地方関係の展開」『立教法学』第五二号、一九九九年三月、一八三頁。加茂具樹前掲書『現代中国政治と人民代表大会』一九頁。なお、加茂具樹によれば「指導」が「領導」に転換されたのは一九五六年九月の中国共産党第八期全国代表大会での劉少奇（当時、共産党副主席）の政治報告においてであるとしている。
(4) 加茂具樹以外に、党グループについて言及したものとして、例えば毛里和子『現代中国政治〔新版〕』名古屋大学出版会、二〇〇四年、一四二～一五〇頁、唐亮『現代中国の党政関係』慶応義塾大学出版会、一九九七年、七～三四頁および三五～七〇頁、Hsiao Pen "Separating the Party from the Government", Carol Lee Hamrin & Suisheng Zhao eds., *Decision-Making in Deng's China: Perspectives From Insiders*, Armonk, New York: M.E. Sharpe 1995, pp.163-168などがある。唐亮によれば、党グループの任務は「各党各組織の指導機関内で党員を指導し、党の影響力を強め、党の政策の実現をはかることにある」のであり、党グループは共産党の行政機関に対する「指導」において、大きな役割を果たしてきたと指摘している。以下、特に断らない限り、この「党組」を、「党グループ」と表記する。
(5) 「当面の情勢とわれわれの任務」日本国際問題研究所中国部会編『新中国資料集成』（第一巻）、日本国際問題研究所、一九六三年、五八〇頁。
(6) 例えば、『石家荘地区志』によれば、一九四九年から「政権機関と大衆団体部門に党グループが設置」されていったことが記されている。石家荘地区地方志編纂委員会編『石家荘地区志』北京：文化芸術出版社、一九九四年、五七八頁。
(7) 丸山眞男『丸山眞男集』（第五巻）、岩波書店、一九九五年、一五三頁。
(8) 西村成雄編『二〇世紀中国政治史研究』放送大学教育振興会、二〇一一年、一四〇～一六五頁。
(9) カール・シュミット（阿部照哉・村上義弘訳）『憲法論』みすず書房、一九七四年、九八頁。
(10) なお、「憲法制定権力」の議論については、その他に奥田剣志郎「憲法制定権力論における法的思考と政治的思考について」『青山法学論集』第三二巻第三・四号、一九九一年三月、高見勝利「『憲法制定権力』考」樋口陽一・高橋和之『現

代立憲主義の展開』（下）、有斐閣、一九九三年、山本浩三「憲法制定権力論」『同志社法学』四二巻一号、一九九〇年五月を参照。

(11) この点、加茂具樹も現代の全国人民代表大会制度においては、共産党員または共産党を支持する人物が代表として当選するために、立候補の制限、選出過程での制限など、共産党による「働きかけ」があるとしている。

(12) 中国における職能代表制の議論については後述する。

(13) これに関する議論については、以下を参照。国立国会図書館「二院制をめぐる論点」*ISSUE BRIEF*, No.429、二〇〇三年八月 <http://www.ndl.go.jp/jp/diet/publication/issue/0429.pdf#search='%E4%BA%8C%E9%99%A2%E5%88%B6+%E4%B8%80%E9%99%A2%E5%88%B6'>（二〇一四年七月三〇日アクセス）。

(14) 大森弥『分権改革と地方議会〔新版〕』ぎょうせい、二〇〇二年、八七～一一〇頁。「分権時代の地方議会改革――改革派首長からの提言」二〇〇八年七月 <http://www.tkfd.or.jp/files/doc/2008-4.pdf#search='%E4%B8%80%E5%85%83%83%E4%BB%A3%E8%A1%A8%E5%88%B6+%E4%BA%8C%E5%85%83%E4%BB%A3%E8%A1%A8%E5%88%B6'>（二〇一四年八月一日アクセス）。

(15) このうち、①・②・④・⑦についてはこれまでの主に筆者の議会史研究によって得られたものである。

(16) 加茂具樹前掲書『現代中国政治と人民代表大会』四一頁。ただし、加茂具樹によれば差額であっても立候補者数が制限されている。

(17) Arend Lijphart, *Patterns of Democracy: Government Forms and Performance in Thirty-Six Countries*, London: Yale University Press, 1999.（邦訳：粕谷祐子『民主主義対民主主義――多数決型とコンセンサス型の三六ヶ国比較研究』勁草書房、二〇〇五年）

(18) Philippe C. Schmitter and Gerhard Lehmbruch eds., *Trends toward Corporatist Intermediation*, London: SAGE Publications, 1979.（邦訳：山口定『現代コーポラティズム――団体統合主義の政治とその理論』木鐸社、一九八四年）

(19) 秋庭隆編『日本大百科全書一二』小学館、一九八六年、二二四頁。なお二〇一五年に、中国共産党中央は「社会主義協商民主の建設を強めることに関する意見」というものを発した。この「意見」の中では、政策決定に専門家を加え、様々な意見を述べさせる仕組みを強化するとされている。むろんその実効性に関して疑問は残るが、「協商民主」が現在の共産党にも着目されているという意味で、今後の動向が注目される。「中共中央印発『関於加強社会主義協商民主建設的意見』」『人民日報』二〇一五年二月一〇日、「試される中国式民主制度——「協商民主」習指導部が導入へ」『朝日新聞』二〇一五年三月一〇日。

(20) ただし、現在まで続く人民代表大会・政治協商会議を、二院制と見なすことができるかどうかは別途議論が必要であろう。

(21) ただし例えば加茂具樹「現代中国における民意機関の政治的役割——代理者、諫言者、代表者。そして共演。」『アジア経済』第五四巻第四号、二〇一三年一二月によれば、こうした考え方には近年変化が見られるとしている。

(22) 何俊志『従蘇維埃到人民代表大会制——中国共産党関於現代代議制的構想与実践』上海：復旦大学出版社、二〇一一年、三二一九頁。

第二章　「人民代表会議」制度創成の歴史的文脈

はじめに

かつて「権威主義」あるいは「全体主義」と言われていた（る）国家でさえ、自らが真に「デモクラシー」を体現していると主張していた（る）[1]。中国も同様に「人民民主」の名のもと、自らが最も「デモクラシー」を実行していると主張している。ではこうしたレトリックはいかようにして生まれ、また成り立ち得ているのか。

以上のような問題を検討するために、本章ではまず、世界の議会史および国民政府の統治地域における議会制度を確認する。その上で、共産党が特にソ連の経験を引き続いた上で、根拠地においてどのような「憲政事業」を展開していったのか、党結成以来の共産党の代議機関に関する議論を分析することにより、その歴史的淵源と共産党内の議論の特質をも明らかにする。さらには内戦の勝利と統治の「正統性」調達の権利を得た共産党が、どのような政権構想を練り上げ、またこれを人民代表会議制度に反映させていったのかについて見ていく[2]。

第一節　世界史における議会制度の系譜

近代において、「デモクラシー」の先駆的存在となったのが周知の通りイギリスである。議会制の起源は「君主が課税の必要から招集した身分制議会」にあり、この「身分制議会が機能的に変質することで、近代的な議会制デモクラシーの起源となった」。これには「市民が自らの政治的主張を実現するために、代表者を選び、代表者による決定を自らのものと見なすというフィクション（擬制）の必要が生じた」ためであった(3)。

こうした「デモクラシー」に転機が訪れたのはアメリカとフランスにおける二つの革命においてであった。両国はともに共和制国家となったが(4)、特にフランスは第一共和制において、「初歩的な社会主義的内容を盛った政策」を採用した。さらにパリ・コミューンは「立法部と執行部を統一したプロレタリア独裁の先駆的形態」として共産主義者に回顧されることになる(5)。

その後、第一次世界大戦後のドイツにおいて、ワイマール憲法が制定されると、地方経営評議会およびライヒ経営評議会は、「全ての重要な職業集団がその経済的および社会的重要性に応じて代表されているように、これを構成するものとする」と規定され(6)、ここから職能代表制の道が開けた。職能代表制は、「議会制民主主義」における対立激化を克服する手段として注目されたのである(7)。この西洋を発端とする「議会制民主主義」への対抗概念としての「ブルジョア民主主義」批判は、その後も「社会主義」を標榜する国家において一貫していくことになる。

こうした中、ロシアでは二月革命と十月革命を経て、ウラジーミル・イリイチ・レーニン（Vladimir Ilyich Lenin）による革命政府が樹立される。また一九一八年には「ロシア社会主義連邦ソビエト共和国憲法」が公布される。ここでは労働者・兵士・農民によって「ソビエト」が構築されること、「全ロシア・ソビエト大会」が議会の機能を担い最高権力と見なされること、同大会によって選出される「中央執行委員会」が「全ロシア・ソビエト大会」閉会中の「最高権力」となること、「全ロシア・ソビエト大会」は「中央執行委員会」によって開催されることなどが決められていた。さらに中央執行委員会から任命される人民委員会議（部）が日常業務を執行すると規定されおり、後の中国にも見られるような「議行合一」が採用されていた(8)。

このように、「社会主義」国における議会制は、（似て非なるものという意味で）あたかも一卵性双生児のように西欧における議会制民主主義と源流を同一にしながらも、そうした西欧の「民主主義」へのアンチテーゼを背景として、分裂して誕生することになった。そして、「ブルジョア民主主義」批判を基本とする「社会主義」的解釈に基づいて、議会運営を行うようになる。

まさにこうした流れを引き継いだのが後述するように、他でもない中国共産党であった。

第二節　清末・中華民国期における議会制度の系譜

一．清末の議会政治構想

ただ、こうした「社会主義」的解釈に基づく「議会制民主主義」は中国では決して主流というわけではなかった。そこで、以下では共産党政権に至るまでの議会制度の系譜を一瞥していきたい。

清末には、将来的に省議会・国会開設を準備するために、諮議局・資政院を設置した。これはあくまで省政や国政への諮問機関にすぎなかったが、ここに集結したエリートたちは、憲法制定と国会の開設を清朝政府に要求するようになり、後に清朝から離反していき、辛亥革命へとつながっていく(9)。

諮議局・資政院があくまで諮問機関にすぎないこと、国会開設に向けて二段階が想定されていたことは、後の共産党政権下の議会制度と共通している。

二．中華民国初期の議会政治構想

辛亥革命により中国では曲がりなりにも共和制の道が開かれた。当時制定された「中華民国臨時約法」では衆議院・参議院の二院制からなる、議院内閣制が想定されていた。しかしその後、国民党党首である宋教仁の暗殺、国民党による武装闘争と袁世凱による鎮圧などを経て、実質的な袁世凱の独裁へと向かっていくこととなる。ただし、こうした中でも一九一二年一二月には第一回国会選挙が行われたことは注目に値する(10)。

なお、一九二三年には共産党によって国民会議が提唱されることになるが、これについては次節で詳細に見ていく。その後、中国における議会は国民革命を経て、国民大会という形によって国民政府の統治下において構想されることとなる。

三．立法院・国民大会

孫文はいわゆる「五権憲法」において、立法院を国民大会と並ぶ「民意」を代表する機関として想定していた。しかし、この両者の権限をどのように分配するのかについては、様々な議論が行われていた。金子肇によれば、あくまで孫文の想定に基づくのであれば、「法律の創制・複決権を有し、選挙権・罷免権を通じて政府の統治・行政を監督する国民大会が、通常われわれが理解するところの『立法権』を行使する『議会』としての役目を果たし、立法院は国民大会と『立法権』を分掌しつつも、あくまで国民大会が最終的に確定する法律を、技術的・専門的な観点から立案・作成していく政府事務機関」となるはずであった(11)。

このような憲政期の立法院と国民大会との関係について本格的に議論されるようになったのは、「五五憲草」においてである。ここでは立法院の組織・権限は、「ほぼ孫文の機能分離論に忠実な形で考えられ」、「基本的に国民大会によってその委員を選出され」、「こと法律案に関しては、必ず国民大会による複決権の掣肘下に置かれていた(12)」。

当時において注目すべきは、「国民大会組織法」と「国民大会代表選挙法」がこの時に公布されていたが、このうち選挙法は、「当然代表」とそれ以外の代表とを区別し、「当然代表」を除いた一二〇〇名は、「区域選挙」と「職域選挙」において選出されるという規定を設けていたことである(13)。ここから「当然代表」を除けば、職能代表制と地域代表制が併用される制度であったということが分かる。

四．国民参政会

「五五憲草」の公布後、その修正について議論されたのは国民参政会においてであった。この国民参政会は国民党・共産党・民主党派の参政員によって構成されていたが、それぞれの「選出母体は各省市地域の公私の機関あるいは団体、また『文化団体、経済団体』にあり、政党としての政治参加は排除されていた」。したがって、実質的には職能代表制に近い取り扱いであったということが分かる。

ただし、国民参政会の職権には「立法権」はなく、また政府に対する拘束力もなく、単に「建議権」「諮詢」「参考」という法的位置のみであった(14)。国民参政会もやはり諮問機関にすぎなかったのである。とは言え、西村成雄が指摘している通り、「国民参政会を政治的プラットフォームとした憲政運動の新たな展開過程」が示されることとなり、国民参政会およびここで議論されたものは、「民主的政治統合論を内在させた、抗日ナショナリズムとその運動という社会的潮流の、新たな政治的磁場」を形成していたという意味で、見過ごし難い影響力もあった。[15]

また、野沢豊が論じるように、国民参政会は「国民会議の変質に応じて」組織されたものであり、後に「国民参政会にかわって政治協商会議が対置される」可能性を秘めていた。[16]

第三節　中国共産党による議会制度に関する議論の系譜

一．共産党の議会制度構想の淵源

では、共産党はどのように議会制度を認識・議論し、また展開していったであろうか。

共産党政権下における、職能代表制など議会制度に関する考え方の論拠および淵源は「社会主義」理論に求められそうである。特に理論面について中国に影響を与えたのはG・D・H・コール（G.D.H. Cole）の「ギルド社会主義」に関する議論である。[17] この「ギルド社会主義」は「社会主義」理論である「サンディカリズム」[18] の影響を受け、自治権を持つ職能別に組織された労働組合・消費組合・協会などの団体（ギルド）による多元的機能集団を基礎に再編成された、ナショナル・コミューンによる現存の階級国家の克服を主張したものである。ここで注目しておきたいのは、両概念はともに一般的な西洋の「議会制民主主義」へのアンチテーゼとして芽生えたものであるということである。

こうした西洋的な「議会制民主主義」に対して一線を引くという姿勢は、共産党内においてはこの後も一貫することになる。

「ギルド社会主義」は森川裕貫の研究にあるように、章士釗や張東蓀らによって紹介され、その際職能代表制の導入可能性について模索された[19]。

後述するように、共産党は「ギルド社会主義」を当初は否定していたが、国民会議の開催を構想する段階から、職能代表制として肯定へ転ずることになる[20]。これには二つの可能性が考えられる。すなわち、共産党は西洋の「民主主義」に代わる真の「民主」を目指していたか、あるいは彼らにとって職能代表制の方がより都合がよかったかということである。

実践的影響については、ワイマール憲法下の経済会議、さらにはソ連憲法との親和性が強いようである[21]。特に後者については、ソビエト大会が最高権力機関であること、大会閉会中は中央執行委員会が代わること、中央執行委員会から幹部会を選出すること、行政は人民委員会議が担当するが、中央執行委員会の下部組織であること、上級ソビエト権力機関の決定は絶対であることなどの規定や、選挙権を有する者として農民、労働者、兵士、逆に有さない者として不労所得で暮らしている者、革命前の警察・憲兵隊・秘密警察・旧ロシア皇族、精神病者、破廉恥罪によって有罪とされた者を挙げるなど、後の共産党の組織法・選挙法と極めて類似する内容が含まれる。これらの規定は意図は別としても、「権威主義体制」確立に絶大な効果を発揮した。

ではそもそも（中国）共産党にとって、選挙・議会とは何であったのか。共産党は一貫して議会の開催を重要視していくが、なにゆえ彼らはそれほどまでに議会もしくは選挙を必要としていたのであろうか。

まず前提として、共産党は議会を国家建設（あるいは国民国家化）のための政府を組織する場と見なしていたようである。これは一九二四年時点で同党が「国民会議のみが、真に国民を代表することができ、憲法も制定することができるし、新政府を建設して中国を統一することができるのである」と述べていたこと[22]、一九四九年でも、政治協商会議という議会によってのみ、政府を組織するということを繰り返していたことからも分かる。

ただし政府組織↓国家建設のためには、「国民」からの支持の獲得が絶対的に必要となる。なぜならば「国民」を代表した政権のみが政府を組織することができると考えられ、また共産党もそのように主張していたからである。まさにこのような民意の獲得をアピールする場が議会であった（広義の目的）。

しかし、同時に国家建設あるいは政府の組織のためには、共産党にとっては「革命」が必要であった。なぜならば彼らにとっては、日中戦争中は日本を、国共内戦中は国民政府を排除して初めてそれらが可能となるからである。実はここにも彼らにとって議会を開催する意義があった。すなわち「革命」に勝利するために、共産党はリクルートと「動員」を必要としていたが、議会はこれらを達成するための経路としても存在していたからである（狭義の目的）[23]。

そしてこのような議会開催による国民の同意の獲得と、その過程における動員・リクルートが、最終的には共産党権力の強化・安定にもつながっていったと推察される。

ではこうした方法はどのように構築されていったのか。以下、結成以来の共産党内の議論を見ていくが、一九二一～一九四九年までの共産党内における議会構想を整理・分析するために、以下の四つの時期に区分する。第一期：国民会議提唱期（一九二一～一九二七年）、第二期：国民党との決別、共産党の議会制議論の形成期（一九二八～一九三四年）、第三期：反日闘争、議会制議論に関する相対的穏健期（一九三五～一九四五年）、第四期：終戦後、議会制度議論の完成期（一九四六～一九四九年）。

二．国民会議提唱期（一九二二～一九二七年）

第一期について。上述のように共産党は当初、「ギルド社会主義」を否定する立場であった[24]。しかし一九二三年七月に国民会議を提唱する時に、職能代表制を認める。この時共産党が想定した職能団体は、商会、工会、農会、学生会などであった[25]。その後、瞿秋白は一九二六年二月に、国民会議に参加できる職能団体として「小商人」・「教育会」・「婦人団体」に加えて「軍」・「政府」代表も含めた[26]。他方、毛沢東は共産党の「敵」として、「軍閥・官僚・買弁階級・大地主・反動的知識階級」や「大ブルジョアジー」を挙げ、また「中産階級」、「右翼」も警戒対象とし、味方は「小ブルジョアジー、半プロレタリアート、プロレタリアート」であると主張していた[27]。

「上海特別市市民代表会議政府組織条例」は、こうした党内における議論を「条例」の形としてまとめたものであった。同条例では選挙権を持たない者の条件が初めて具体的に示された。すなわち、代表を選出できる団体として工場、手工業工会、店員工会、農民協会、商会、兵営、学校、学生会、自由職業団体（例えば新聞記者連合会、律師公会、医師公会、会計師公会、教職員連合会）、代表を選出できない団体として学術団体、慈善団体、紅十字会、教育研究団体、宗教団体、同郷会などの非職業団体、選挙権を持たない者として中華民国籍を持たない者、帝国主義あるいは軍閥に奉仕したことがある者、国民政府に刑事上の宣告を受けて公民権を剥奪され未だ復権していない者、かつて反革命の主張をした者、洋奴、工賊、土豪劣紳、貪官汚吏、学閥、土販（アヘン商人）が挙げられていた。この中には、後まで継続的に使われ、曖昧であるがゆえに、選挙権の剥奪者が無制限に拡大しかねない、「反革命」や「公民権」を剥奪された者という要件が加わっていた[28]。

三　国民党との決別、共産党の議会制議論の形成期（一九二八～一九三四年）

その後、上海クーデターを経て、共産党と国民党が分裂するにいたり、共産党は議会制度構想についても修正を迫られることになる。そこで、共産党は自らの支配地域において独自の構想を打ち出していく（第二期）。

まず、一九二八年七月の決議では、「ソヴィエトの正式名称」を「労農兵代表者会議」とした上で代表の大多数が「労働者と貧民」から構成され、共産党は「ソヴィエトの思想上の指導者」とされた[29]。

一九二九年六月には、「民主集中制」概念が登場し、ここからトップダウン式の「民主」の道が開かれた[30]。

一九三〇年九月には選挙権・被選挙権を剥奪される者として、「反革命分子」・「精神病患者」・「公民権を剥奪されている者」などが挙げられた。これらの要件はソ連憲法にも含まれ、かつ一九四〇年代末にも登場するものである。こうした要件には、選挙権の有無に関して共産党の意思が働く可能性があった。さらに、同資料では代表の人数・割合を事前に確定することが明言されている。ただし、具体的方法についてはこの時期の資料からは読み取ることができない[31]。

また、同大会は「中華ソヴィエト共和国憲法大綱」を制定しており、ここでは「政権に参加」することができない者として、「軍閥・官僚・地主・豪紳・資本家・富農・僧侶および全ての搾取者と反革命分子」を挙げている[32]。また同大綱では、「労農民主独裁政権」を打ちたて、さらには帝国主義を中国から追い出した後には、「プロレタリア独裁」を実現することを明記されていた。

一九三三年八月の段階にいたると、選挙権剥奪者はより拡大され、「国民党政府」を含んだ「反動政府」と「反動分子」、さらにはその家族すらも対象となった。また選挙民登録・代表資格については事前に審査が行われることとされた。ここでも代表の構成比率は基本的に共産党が指定しているが、特に「紅軍代表」は中央政府レベルの代表ですら同団体の中から直接選出することが可能とされた。また、下の行政クラスの代表から上の行政クラスの代表が選出されることが規定され、ここからボトムアップ式の重層的間接民主が採用されることになる(33)。

一九三三年一二月の「中華ソヴィエト共和国地方ソヴィエト暫行組織法（草案）」においては、各行政クラスの全体代表者会議によって構成される「ソヴィエト」が「最高政権機関」とされ、さらにここで選出される「主席団」が代表者会議閉会期間中の「最高政権機関」であるとした。その上で、上級の命令には「絶対服従」とされ、選挙民の意見を伝達することも可能ではあるが、あくまで重きは上級の意思を「伝達」することにあるとされた(34)。こうした方針もあってか、主席団には共産党の主要人物が多く選出された(35)。

四．反日闘争、議会制議論に関する相対的穏健期（一九三五～一九四五年）

ただし一九三五年に入ると、共産党はコミンテルンの指示に基づき、日本の侵略に抵抗するために「国防政府」を組織することを中国の全国民に呼びかけ、「抗日民族統一戦線」を提唱するにいたる。したがってこの時期は議会制度構想についても相対的に穏健な路線を選択していくことになる（第三期）。特に「西安事件」を経て第二次国共合作が可能になってからは、蒋介石に対抗するためにもそうした方針がより強調されていく(36)。

すなわち共産党は一九三五年一二月の時点ですでに、「反日・反帝国奴に共鳴」する「革命的知識分子」ならば選挙権・被選挙権を有することができるとして、その範囲を拡大していた(37)。

さらに「西安事件」後の一九三七年五月には林伯渠(38)がこの時期の「各級議会議員の直接選挙は、ソヴィエトの多層的、ピラミッド型の選挙とは異なっている」と発言し、重層的間接民主に距離を置くような表現も見られる(39)。また林伯渠は一九三九年一月には少数ではあるが地主・商人・富農をも選出議員として想定するかのような発言も行っていた。ただし、この時期の林伯渠の発言の中においては、「民主集中制」、「少数は多数に服従」、「下級は上級に服従」という表現も見られる。[40]

しかし、選挙に参加できる範囲は、その後も相対的に穏健路線と捉えられる発言や規定が続く。例えば陝甘寧辺区参議会の選挙条例では、「選挙と被選挙に参与できない者」として「売国行為」のあった者・「有罪判決」を受けた者・「精神病者」としており、これ以外の例えば国民党員や「反革命」の人物は参与できるとも取れる要件となった。[41]

そして一九四〇年八月には、「三三制」が提唱されることとなる。[42]「三三制」とは、毛沢東によれば「共産党員が三分の一を占め、党外の左派の進歩的な人々が三分の一を占め、左でも右でもない中間派が三分の一を占める」ことを指す。[43]しかも共産党の部分については、三分の一よりも「少なくてもよい」とされ、残りの三分の二の部分についても、国民党中間派・左派、民族ブルジョアジー、少数の右派代表、進歩的地主の「参加を許しても」よいとされ、「買弁・大ブルジョアジーおよび封建的大地主の専制主義を除去するだけにとどめ」、「漢奸を除いた全ての資本家・地主の人権、参政権、財産権および言論・集会・結社の自由をも保証」するとまで明言していた。[44]毛沢東もこの時期、「反共でない小ブルジョアジー・進歩的地方有力者の代表を参加させるべきであり、反共でない国民党員の参加をゆるさなければならない」と指摘しており、後と比べてかなりゆるい要件が考えられていた。[45]さらにこのような「三三制」は、各地方で徹底するよう指示が出されていた。[46]

後の「三三制」が共産党、党外左派、中間派でそれぞれ三分の一ずつ占めると考えられ、また実際の選挙結果ではほぼ三分の二が共産党と、共産党に近い人物が選出されたことを考えれば、相対的ではあるがこの時期の共産党の方針がいかに柔軟であるかが理解できる。

こうした中、「陜甘寧辺区施政綱領」は「地主の土地所有権」も保証し[47]、また実際に陜甘寧辺区の参議会において、地主が選ばれることすらあった[48]。これらの諸政策は、国民党への対抗や、共産党の「正統性」の保持のための戦略という意味合いが強かったが、共産党は憲政実施を求める勢力を共産党の側に引き入れることに努めていった。ただし、共産党の想定によれば、「三三制」実施の場合においても、共産党の指導権は保証されるということであった。また実際の選挙結果が「三三制」を反映させていたのかどうかは別の問題であった。例えば謝覚哉は一九四二年一月の段階で、「三三制」を徹底させるべく、なぜこの制度が必要かを説明したが[50]、こうした発言自体が一九四〇年の共産党の指示から二年を経てもいまだに「三三制」が徹底されていない実態を浮き彫りにしている。これを受けてか豫鄂辺区における「施政綱領」では、共産党員が三分の一を超えた場合は、「自発的辞退」すら促している[51]。

第四節　中国共産党と中国国民党の「正統性」の相克

一．中国解放区人民代表会議

その後、日中戦争の終結と政治協商会議、さらには国民党との内戦を経て共産党による人民代表会議制度の創成とこれによる政権構築へと舞台は移っていくことになる（第四期）。

毛沢東は日中戦争中の一九四〇年一月にはすでに、「新民主主義論」を発表し、ここから「連合独裁」を提唱するようになっていった[52]。これを受けて一九四四年九月には、重慶で開かれた国民参政会第三期第三次会議において、共産党代表の林伯渠が、国民党の一党独裁を廃止し、「連合政府」を樹立することを提案した。しかし、一九四五年三月、蒋介石は林伯渠の提案を拒否すると同時に、同年一一月に国民大会を開催することを宣言した。しかし、中間派の人々は当時、共産党が主張する「連合政府」に賛同しており、そのため、ここから「連合政府」に対する「正統性」の磁場が生じていくこととなる。

「連合政府」の樹立が国民党に拒否された共産党は、国民大会に対抗するためにも、独自の会議・大会を開催する必要に迫られた。

そこで毛沢東は一九四五年四月には、第七回全国代表大会において、延安で「中国解放区人民代表会議」（以下、括弧略）を開催するという新しい提案を行った。中国解放区人民代表会議は、重慶において国共会談が行われ、国民大会の開催が延期されたことにより、最終的には中止されることとなった。しかし、国民党・国民政府による国民大会に対抗して、共産党が人民代表会議・人民代表大会の開催を試みるという事例は、この中国解放区人民代表会議以降においても、恒常的に見られるようになる。そのことからも、共産党は国民党との「正統性」の相克を常に意識していたということが理解できる。[53]

なおこの時、周恩来はむしろ地域代表を主として、団体代表はこれを補填するものとして取り扱っているのは注目に値する。[54] また、代表の資格要件としては「抗戦に功労があり」、「大衆の間に信望があり、社会的には名声があり」、「闘争の経歴があり」、「工作経験のある」「代表的人物」としており、これまでの要件と性質を異にしている。[55] ただし、「三三制」の原則に基づき、重層的間接選挙を採用するという点については継続されている。

二 政治協商会議

一九四五年一〇月一〇日、国共両党は紆余曲折を経た後、重慶会談の結果、「双十協定」を結び、政治協商会議

（以下、政協）が開催されることが取り決められた。背景には、長い間の戦乱に疲れ果てた中国においては、平和裏に国共間の政治的問題を解決する世論が主流となっていたことと、米ソ両国も中国において再び内戦が勃発することを望んでいなかったということがあった。「政治協商会議は、中国の政治的民主主義の発展と、支配の『正統性』を調達する重要な環になることが予測され」たのである。[56]

特に政協において採択された「和平建国綱領案」は、総則第一項に「三民主義を遵奉し、建国の最高指導原則とする」ことが明記された。[57]このような状況下で、いわゆる「平和と民主主義の新段階」と呼ばれるような情勢が誕生し、全国的に政協に対する期待が現れ、「その民衆的磁場のなかに各党派が整序されるという状況が現出」していった。[58]

しかし、国民党第六期二中全会は、政協の諸決議に対して、「中華民国憲法草案」[59]に基づかなければならないことを表明した。また、この頃から国民党と共産党の決裂が進んでいくこととなる。

三．国民大会選挙

国民党第六期二中全会は、「個人独裁」を招くなどとして、激しい批判を受けた。このため、「五五憲草」の修正審議は共産党と民主同盟の代表を除いて行われた。ただし、当時制憲国民大会に参加していた青年党やアメリカからの要求により、また蒋介石も独裁という批判を免れ、同時に「正統性」の流出をも防ぐために、中華民国憲法は当初の一九三六年に制定された「五五憲草」よりは「議会制民主主義」に近づいた内容になっていた。[60]

中華民国憲法の注目すべき点は、国民大会などの代表を直接選挙によって選出すると規定したことと、実際にこれが執り行われたことであろう。これ以降、中国大陸においては国政に携わる機関に対する直接選挙は現代にいたるまで行われるにはいたっていない（例外として石家荘の事例があるが、これについては第六章で論じる。また後の全国人民代表大会選挙においては末端のみを直接選挙するという、間接選挙の方式を採用している)。

またこの時国民党中央は全国を六つの地域選挙区と職業団体区に分け、それぞれの候補者を審査した。地域代表制と職能代表制の併用である。しかし、すでに多くの論者によって指摘されているように、実際の運用の過程では様々な弊害が生じていた[61]。

国民党は選挙の実施によって、「正統性」を調達するどころか、むしろ流出させることになった。この頃、国民政府は財政経済政策にも失敗しており、これにより政治的な孤立をより強めていった[62]。

第五節　内戦の勝利と中国共産党の政権構想の展開

国共内戦は一九四六年頃から本格化し、初めは国民党軍が優勢であったが、一九四七年後半になると、人民解放軍は攻勢に転じ、一九四八年九月には共産党は全国政権の樹立を視野に入れ始めた。同年末頃には、共産党はいわゆる「三大戦役[63]」を発動し、長春、瀋陽、錦州などの主要都市を陥落させていった。その後も、共産党は一九四九年一月には北平、四月に南京、五月に杭州・上海を接収し、内戦の勝敗は事実上確定した。

では、このような国内情勢の中で、共産党は議会制度を含む政権構想をどのように練り上げていったのであろうか。また、共産党の理論はどのような変化を遂げたのか。これらを検討することは、共産党の権力の浸透度合いと、政権の目的・目標を測る上で重要な意味を持つ。

表－1 共産党の政権構想の比較

	連合政府論（1945年4月）	中国人民解放軍宣言・当面の情勢とわれわれの任務（1947年10月、12月）	人民民主独裁論（1949年7月）	草案（1949年8月）	共同綱領（1949年9月）
中国内外の状況	WWII終結直前	内戦勃発後	内戦勝利確定	内戦勝利直前	中国成立直前
民主党派の状況	中間路線	左傾化	共産党の政策の受容	共産党の政策の受容	共産党の政策の受容
国体	連合独裁	連合独裁	人民民主独裁	人民民主独裁すなわち連合政府制度	人民民主独裁
政体	連合政府（民主集中制）	連合政府（人民民主制度）	人民民主主義	民主集中制の人民代表大会による連合政府	人民代表大会による人民民主主義
政権参加階級	一部大地主・大買弁階級等を含めた、全ての抗日諸党派	大地主、大資産家階級を排除した、中農・中資産家階級を含む愛国分子	労働者階級と共産党が指導する、農民階級、小資産家階級、民族資産家階級	労働者階級・共産党が指導する、労働者階級、農民階級、小資産家階級、民族資産家階級、愛国分子	「労農同盟を基礎とし、労働者階級を指導者とした」、労働者階級、農民階級、小資産家階級、民族資産家階級、愛国民主人士
共産党の指導・優位性	国民党・共産党・民主同盟・無党無派によって構成される中央政府（指導には触れず・優位性なし）	統一戦線は共産党の「確固たる指導のもとにおかれなければならない」（共産党優位）	労働者階級と共産党によって「（人民民主）独裁を実行する」。民族資産家階級は「国家権力のなかで主要な地位を占めるべきでない」（共産党優位）	労働者階級・共産党を「指導者とし、労農同盟を基礎とする人民民主独裁」（共産党優位）	「労働者階級が指導する、労農同盟を基礎とした」人民民主独裁（共産党優位）
中央人民政府について	臨時政府	記述なし	臨時政府を経ず直接成立	臨時政府を経ず直接成立	臨時政府を経ず直接成立
連邦制	連邦制	連邦制	記述なし	連邦制	区域自治

（出所）「論連合政府」毛沢東文献資料研究会編『毛沢東集』（第9巻）、北望社、1971年、183-275頁、「中国人民解放軍宣言」日本国際問題研究所中国部会編『新中国資料集成』（第1巻）、日本国際問題研究所、1963年、509-513頁、「毛沢東主席『当面の情勢とわれわれの任務』」前掲『新中国資料集成』（第1巻）、569-582頁、「論人民民主独裁」前掲『毛沢東集』（第10巻）、1971年、291-307頁、平野正「プロレタリアートの革命指導権の承認から『指導』の承認へ――第三勢力の政治的転換（三）」『西南学院大学文理論集』第22巻第1号、1981年8月、107-136頁、中国人民政治協商会議全国委員会文史資料研究委員会編『五星紅旗従這里昇起――中国人民政治協商会議誕生記事暨資料選編』北京、文史資料出版社、1984年、479-491頁、葉漢明（中村元哉訳）「周辺を経由して権威への復帰――香港における中国民主同盟、1946～1949年」横山宏章・久保亨・川島真編『周辺から見た20世紀中国――日・韓・台湾・中の対話』中国書店、2002年、193～219頁、「周恩来起草的『新民主主義的共同綱領』（草稿初稿）」『党的文献』総第92期、2003年2月、3～14頁を基に筆者作成。

一・「連合政府論」

表-1は、一九四五年の「連合政府論」、一九四七年の「人民解放軍宣言」と「当面の情勢とわれわれの任務」、一九四九年の「人民民主独裁論」、中国成立直前の共同綱領の草案と共同綱領における共産党の言説を対比したものである。

政協の構想は毛沢東の「連合政府論」に遡る[64]。上記の時期区分では第四期にあたるが、この時、共産党は国民党と協調する必要があり、また民主党派も「中間路線」を目指していたため、共産党は当然自らの指導的地位について触れていない。中央政府についても「国民党・共産党・民主同盟・無党無派によって構成される」と述べているように、国民党を含めた複数の政党が平等な地位を持って政権に参加することを主張している。

ただし、「将来のプロレタリア社会主義革命のために奮闘する」とも述べており[65]、当時からいずれは共産党による「一党独裁体制」へと移行することを示唆していた。

二・「人民解放軍宣言」と「当面の情勢とわれわれの任務」

政協の諸決議は国民党によって破棄され、また内戦が勃発したために、実行可能性を失うこととなるが、共産党の政協開催の主張はその後も継続する。政協開催という理念は訓政システムを批判するシンボル的機能を果たし、これが政協に対する「政治的磁場」を形成していった[66]。政協路線の継続による、「正統性」の調達という要素がそこにはあった。そして、共産党は内戦に勝利するためにも、大衆や民主党派からの支持獲得を必要としており、ゆえに共産党は政協開催ないしは「連合政府」の主張を撤回しなかった。

しかし、一九四七年の「中国人民解放軍宣言」や「当面の情勢とわれわれの任務」においては、「連合政府」を継続して主張しつつも、統一戦線を「中国共産党の確固たる指導のもとにおかなければならない」としているように[67]、すでにこの時期に共産党の政権構想は、各党が平等な権利を持った制度から、共産党の指導権を優先させる制度の確立へと変化しつつあった。

内戦によって国民党との決別が決定的になったこと、さらに国民党の失政に対する民主党派の批判が高まり、共産党への支持が強まって彼らの「左傾化」が進みつつあったことが、その主な要因として考えられる[68]。

三．「人民民主独裁論」以降

その後、内戦の勝利が確実となった時期に開催された中国共産党第七期二中全会（一九四九年三月）において、毛沢東は「都市が農村を指導する時期」がきたとし、「プロレタリアートの指導」について触れ、将来的な「社会主義」の展望を示した[69]。

また、一九四九年七月の「人民民主独裁論[70]」では、「労働者階級と共産党の指導のもとに」「人民民主独裁を実行する」としており、一九四七年と比べてさらに踏み込んで共産党の優位性を強調するようになった。「人民民主独裁論」では「連合政府」という記述は見あたらず、「階級の消滅」にまで言及しており、政権に参加する階級も「連合政府論」と比べれば縮小されている。また「民族ブルジョアジーは革命の指導者にはなれず、国家政権において主要な地位を占めることはできない」とも述べており、一部の階級を排除し、より「プロレタリア独裁」を明確に志向する主張となっている。

暫定的な中央人民政府を経ずに直接人民政府を設立するという構想は、これに関連して提出されたと考えられる。

この主張により、人民政協によって選出された中央人民政府は、理論上、中国の大多数の人民によって支持される政権となった(71)。

これらの議論は、共同綱領の作成過程に引き継がれることになる。あえて結論を先に述べるならば、共産党（特に毛沢東）は、草案の作成から共同綱領にかけて、策定当初よりも「プロレタリア独裁」への移行を強調するようになる。

このような傾向は、毛沢東の「社会主義」体制に対する積極的な姿勢が、いよいよ明瞭に発揮され始めたことを示している。すなわち、毛沢東は一九四七年に中国民主同盟が解散させられた時に、すでに「中国共産党を除いて、いずれも政治舞台から離れるべき」であると主張しており(72)、毛沢東自身は他党の政権参加に関して、もともとはより限定的な主張の持ち主であった(73)。同様の傾向は、毛沢東が共同綱領の草案を修正する段階においても顕著に見られるのである。

ただし、この時期の共産党が経済建設を重視していたということも指摘しておく必要がある。毛沢東自身、都市における「闘争」に勝利しなければ「われわれは権力を維持することができない(74)」と述べていることからも明らかなように、都市における経済政策などの失敗は共産党の「正統性」を揺るがしかねないものであった。

このため、共産党はブルジョアジーの全面的な排除に踏み切ることができなかった。このような姿勢は「権威主義体制」を構築する上で、経済的な部分での「正統性」の喪失が、致命傷にもなりかねないと毛沢東や共産党が意識していたことを示している。

表-1は、このような共産党の思想の変化を如実に示していると言えよう。ここから、共産党の構想は「連合独裁」→階級の限定化→「人民民主独裁」→共産党による政権→「プロレタリア独裁」という段階をたどることを想定していたことが分かる。

　このように、共産党は内外の状況に合わせて、その戦略を変更してきた。したがって、人民代表会議制度も、理論上の変化の影響を大きく受けてきたものと思われる。すなわち、当初こそ共産党は一九四五年までの相対的な穏健路線を引き継いではいたが、国民党との決別が決定的となり、また内戦における勝利が明確化するにつれて、自らの権力の強化を志向するようになっていったのである。

第六節　「人民代表会議」制度と「人民代表大会」制度

　では当時共産党は人民代表会議制度をどのようなものと考えていたのであろうか。特に、人民代表会議制度と人民代表大会制度の違いはどのように認識していたのであろうか。

　共産党の理解においては、「人民代表会議」制度と「人民代表大会」制度はそれぞれ違ったものを意味していた。むしろ当初は、各界人民代表会議ですらも人民代表会議と区別されていた。

　結論から先に述べれば、共産党は最終的に、人民政協や地方の人民代表会議（華北・石家荘市については名称は大会）・各界人民代表会議を制度的に近いもの、すなわち人民代表会議制度として一括りにし、人民代表大会への「臨時的」な機関と位置づけていった。そして、このような人民代表会議制度への取り組みの中に、上述の一九四一年五月の「陝甘寧辺区施政綱領」において導入された、「三三制」が取り込まれることとなっていった。以下、毛沢東と共産党による人民代表会議の提案と構想について見ていく。

一．毛沢東による「人民代表会議」制度の提案

一九四八年五月一日、共産党は「メーデー・スローガン」を発表し、中央政権へ向けて人民政協開催に取り組んでいく。[75]毛沢東はすでにこの時期から、基層社会における人民代表会議の開催に言及していた。[76]味岡徹によれば、これは「農村では土地改革を迅速かつ広範に進めるために、土地改革に積極的な農民を中心とした地方政権機関を作る必要が生じた」ためであった。

共産党の構想では人民代表会議は、本来であれば末端から積み上げ、全国的な会議・大会へつなげていくものであった。共産党自身も早い段階においては「下から上へ」という方針でこれに臨む予定であった。一方、人民政協は下層における選挙を通して設立されるものではなく、全国の著名人たちや各団体の代表を招聘して開催したものである。したがって、まず初めに華北臨時人民代表大会を開催し（一九四八年八月）、その後市レベルの人民代表会議（大会）と各界人民代表会議（一九四九年七月前後開催）、そして人民政協の開催（一九四九年九月）という順序は、共産党の本来の考え方とは矛盾するようにも見える。

華北臨時人民代表大会に関しては、戦争支援を有利に進めるためと、全国的会議の予行演習のために早くから開催したという意味合いが強かったようである。[77]人民政協については、共産党としてはおそらく、当初は下層から積み重ねることを望んでいたが、最終的には中央政府の設立を急いだために、全国的な地方の人民代表会議の開催を間に合わせることができなかったためであると考えられる。[78]

その後、毛沢東は一九四八年九月の政治局拡大会議においても、「人民代表会議制度」について触れ、過去の「ソビエト代表大会制度」を批判した上で、「人民代表会議」という名称を用いるように指定した。[79]この「ソビエト代表

大会制度」は、おそらく一九三〇年代の「全国ソビエト代表大会制度」のことを指すものと思われる。

二.「人民代表会議」に関する決定・指示

毛沢東の主張を受けて、共産党は一九四八年後半に、地方の「代表大会」・「代表会議」・「代表会」に関する二つの重要な指示を提出した。その一つが、九月一三日の「中共中央による党の各級代表大会および代表会議を招集することに関する決議」[80]（以下、「決議」）であり、もう一つは、一一月三〇日の「〔共産党〕中央による新たに解放された都市において各界代表会を組織することに関する指示」[81]（以下、「指示」）である。

まず「決議」は、党内における「民主生活の不足によって」、「大衆から乖離する官僚主義的現象を生み出し」、またもう一方で「極端な民主の現象あるいは無政府の現象を引き起こしている」ため、以下のような決定を下している。（1）「党の各級代表大会および代表会議を開催し、中央の指示と各種活動について討論して、党の各級委員会を選挙する」。（2）「党の代表大会および代表会議」には「党章が規定する権力を全て与え、侵犯するべきではない」。「しかし、同時に必ず少数は多数に服従し、下級が上級に服従し、もって党内の統一と規律を保持するようにしなければならない」。「党章を遵守せず、規律を破壊し、党内の正当な秩序を破壊する分子に対しては、必ず処罰を加える」。（3）「党の下級組織の代表大会、委員会および代表会議の重要な決議は、党の上級組織に上申し、批准を受けてから、執行する」。党の上級組織は、「党の下級組織の代表大会、委員会および代表会議の決定を修正する権利を持ち、これらの決議の全てあるいは一部の執行を停止させる権利を持つ」。

まずここで気がつく点は、第一に、「決議」は全ての代表に発言権を持たせることを示唆しているが、最終的には少数が多数に服従するという部分に変更はないということである。また、規律や秩序を乱す者に対する厳しい姿勢も見ることができる。これは人数上の優勢が絶対的であるということを共産党自身が自ら公言していることとなる。「秩序を乱す者」であるかどうかの判断は、当然中央の共産党あるいは地方の共産党が行うものと思われる。

第二に、「決議」からは上級組織の下級組織に対する強い権限を見ることができるが、では最上級の組織はどの機関によって監視あるいは監督されるのかについては規定されていない。これは最上級機関、すなわち中央人民政府や中央人民政府委員会、さらにはここで優勢を有することとなる共産党に、ほぼ完全な自由裁量権が認められていることになる。これはまさに、現代の中国の人民代表大会制度にまで通じる問題である。

他方、「指示」に関しては、石家荘、洛陽、済南などの具体的な都市名を挙げ、「広大な大衆との連係が足りない」と批判している。特に「指示」は石家荘市の幹部に対して、「大衆組織」を「人民政権の支柱や党の情報源とし」、「軽率に工場の職工大会、都市の貧民大会を開催し」、「その結果、我々と大衆を乖離させている」と痛烈に批判している。

その上で「指示」は「大衆との連携」のために「各界代表会の成立」を促している。その方法とは、(1) 都市解放後、「各界代表会を党と政権指導機関が大衆とつながる上での最も重要な組織」とする。(2)「代表会」代表は「招請することとし」、解放軍が「人選を確定し、労働人民および革命知識分子によって多数を占めるようにする」。「ある人物が調査の結果、反動分子であることが判明した場合」、これを「拒絶する」。(3)「各界代表会の職権は、軍事管制委員会や臨時市人民政府によって付与される」。各政策は、「各界の代表へ報告し、討論と提案を経て」、「軍事管制委員会と市政府によって最後の決定を行い、実施する」。(4)「各界代表会は市人民代表会議が招集される前の臨時的政府の協議機関とし、政府を拘束する権利を有しない」。(5)「各界代表会議は人民代表会議の雛形である」。

この「指示」はいくつかの重要な事実を示している。第一に、大衆に対する統治の「正統性」調達のために、「各界代表会」があるということ。第二に、それにもかかわらず、「各界代表会」はあくまで臨時的なものであり、軍事管制委員会や石家荘市人民政府によって職権が付与され、かつ政府に対する拘束権を持たないということ。第三に、「各界代表会」は「臨時的」なものであるということから、将来これは人民代表会議に代替させられるということ。しかし、人民代表会議も本来であれば「人民代表大会」に向けての臨時的会議にすぎない。これらを統合すれば、共産党は少なくともこの時点では地方においては、各界人民代表会議→人民代表会議→人民代表大会という、三つの段階を想定していたことになる。

三．「各界人民代表会議」・「人民代表会議」・「人民代表大会」

実は各界人民代表会議と人民代表会議の違いは、共産党の中でも確たる区別があったわけではない。しかも、最終的には各界人民代表会議と人民代表会議は同等のものとして扱われることとなる。「各界」という名称と関係資料から筆者が判断するに、本来的には各界人民代表会議とは各団体などにおいて代表を選出し、残りの部分を共産党が招請するもの、人民代表会議とは団体選挙および招請と普通選挙を両方行うもの、人民代表大会とは代表を全て普通選挙によって選出するものと考えられていたようである(82)。

しかし、少なくとも一九四〇年代末においては、上述の区分のうち、本来的な意味での人民代表会議と同質のものは華北あるいは石家荘市を除いては開催されることはなく（この両者は名称上は「大会」ではあった）、むしろ各界人民代表会議の方が一般的になる。しかも、各地域の各界人民代表会議は人民代表会議を経ることなく、一九五〇年代に直接人民代表大会へと転換していくこととなる。

むしろ一九四九年一月八日中国共産党中央政治局会議における毛沢東の指示では、「人民代表会議」を「普遍的」

なものとするべく、「臨時」という言葉を使用しないことが示唆されている。[83]したがって、この頃から、人民代表会議を人民代表大会へと直接つなげる方針に変更していったと思われる。

おそらく共産党にとって、各界人民代表会議は共産党の統治に悪影響を及ぼさないための「安全弁」として考えられていたのではなかろうか。事実、各界人民代表会議は、中央および地方の共産党が最も警戒し、かつ最も配慮するブルジョアジーが多く存在する、北京、天津、上海などで開催されていく。「各界」という名称であれば、全ての代表は共産党の意向通りに招聘することができ、また団体の構成比にのみ気を配ればよくなる。これに対して普通選挙も含まれる人民代表会議は、時間を要し、かつ不確定な部分が含まれるのである。したがって、各界人民代表会議の方が共産党にとっては有利であったのではなかろうか。

また人数比率についても、共産党は当初から各地域の人民代表会議においては、「共産党員および依拠することができる左翼分子」によって二分の一を超えさせ、これによって「決議の通過を保証するべきである」としており、さらに「中間分子および必ず引き入れることができる少数の右翼であるが反動ではない分子には、三分の一前後の数字を占めさせることができ、これによって反動派を孤立させ、政令の遂行と大衆の発動に利させ、かつ問題を発見し、積極分子を見つける」としていた。したがって共産党も、議会における人数上の優勢の重要性を認識した上で、過半数は絶対的に獲得する予定であった。[84]

実際に華北や石家荘で開催された人民代表会議や人民政協の代表の配分を見ると、当初の「三三制」の解釈とは異なり、三分の二が共産党と、共産党に近い人物、場合によっては三分の二に近い代表が共産党員のみによって占められるという事例さえあった。実は、第三章でも見るように共産党中央はアナスタス・ミコヤン（Anastas Ivanovich Mikoyan）に対しても同様のことを示唆していた。各会議における共産党の人数上の優勢は不動であったのである。

おわりに

以上、本章では共産党の立法・議会構想の特質を、その淵源から分析してきた。

この結果、共産党政権下における議会制度・構想の理論・思想面では「サンディカリズム」、「ギルド社会主義」、「国家コーポラティズム」、実践面では主にソ連憲法の影響を受けていた可能性が高いことが分かった。「ギルド社会主義」については、共産党は当初は否定する立場であったが、後に職能代表制として採用され、一時期は地域代表制を明確に否定さえしていた。

そして、共産党が成立した一九二一年から一九四九年まで、以下の点でほぼ一貫していた。すなわち、西欧の「民主主義」へのアンチテーゼとしての議会にこだわっており、ゆえに職能代表制を主とし、資格要件は共産党が設定し、同時に資格審査権をも掌握していた。また下級は上級に絶対的に服従しなければならず、重層的な間接選挙とも相まって集権化に絶大な効果を発揮していた。そこにおいて立法機関は最高権力機関と位置づけられ、閉会中は各級代議機関で選出される代表団が代替することになっていた。したがって行政機関はその下位にあり、かつどちらの機関においても共産党の意志が優先された。

一方、選挙権を有する者については環境に応じて柔軟に対応しており、時期によっては地主・ブルジョアジー・国民党員も参加可能であった。ただし全体的には「反革命」者やすでに公民権を剥奪された者、精神病者が選挙権を有しないのは一貫していた。共産党は特に「正統性」を欲している時、あるいは動員が必要な時に、比較的緩やかな選挙制度を採用し、広い範囲に選挙権を付与する傾向があった。

これは共産党の中では議会が広義には政府組織→国家建設、狭義には革命のための動員とリクルートの経路と考えられていたためであろう。

そして最終的に国民党との内戦の勝利が見えてくる中で、共産党の政治理論にも変質が見られ、これが議会構想にも強く影響を与えていくことになる。そこには、国内もさることながら、国際的な政治情勢も関わっていた。

では、こうした議会や政権に関する構想は、実際に国外と国内のどのような情勢の影響を受けて構築されていったのか。そして、その際にどのような議論が行われたのか。第三章においては国外、特にソ連との議論、第四章においては国内における議論について見ていく。

註

(1) 苅部直・宇野重規・中本義彦編『政治学をつかむ』有斐閣、二〇一一年、五一頁。
(2) 以下、共産党の根拠地における議会制度をめぐる議論については、張希坡『人民代表大会制度創建史』北京：中共党史出版社、二〇〇九年。福島正夫『中国の人民民主政権』東京大学出版会、一九六五年。石井明「中国解放区人民代表会議について」『アジア研究』一九巻三号、一九七二年一〇月。今井駿「辺区政権と地主階級」野沢豊・田中正俊編『抗日戦争』講座中国近現代史（第六巻）、東京大学出版会、一九七八年。蜂屋亮子「中華蘇維埃共和国憲法と中華蘇維埃共和国憲法大綱」『アジア研究』二八巻一号、一九八一年四月。井上久士「辺区（抗日根拠地）の形成と展開」池田誠編『抗日戦争と中国民衆』法律文化社、一九八七年。西村成雄「中国抗日根拠地──危機と社会空間の再調整」大江志乃夫編『抵抗と屈従』岩波講座近代日本と植民地六、岩波書店、一九九三年。味岡徹「共産党根拠地の憲政事業」中央大学人文科学研究所編『中華民国の模索と苦境──一九二八～一九四九』中央大学出版部、二〇一〇年。Andrew J. Nathan "Political Rights in Chinese Constitutions," in Randle Edwards, Louis Henkin and Andrew J. Nathan, *Human Rights in Contemporary China*, New York: Columbia University Press, 1986.（邦訳：斉藤惠彦・興梠一郎『中国の人権──その歴史と思想と現実と』有信堂、一九九〇年）を参照した。なお、ここで言う「憲政事業」の定義については、味岡徹前掲論文を参照のこと。
(3) 苅部直・宇野重規・中本義彦前掲書『政治学をつかむ』四七頁。
(4) 同上、四八頁。
(5) 河合秀和『比較政治・入門――国際情報を整理する〔改訂版〕』有斐閣、二〇〇九年、一〇六頁。
(6) 高田敏・初宿正典編『ドイツ憲法集〔第四版〕』信山社出版、二〇〇五年、一四七頁。
(7) 佐藤立夫「ドイツにおける職能代表の展開過程」『比較法学』第六巻第一号、一九七〇年五月。
(8) ノーボスチ通信社編『新ソ連憲法・資料集』ありえす書房、一九七八年、五〇～七八頁。なお、毛里和子によれば、「議行合一」とは、「すべての権力を立法府に集中した」システムを言う。毛里和子『現代中国政治〔新版〕』名古屋大学出版会、二〇〇四年。
(9) 久保亨・土田哲夫・高田幸男・井上久士『現代中国の歴史――両岸三地一〇〇年のあゆみ』東京大学出版会、二〇〇八年、三〇頁。
(10) 久保・土田・高田・井上前掲書『現代中国の歴史』三〇～三一頁。ただし、この時は有権者四〇〇〇万人の男子制限選挙であった。
(11) 金子肇「戦後の憲政事業と立法院改革」姫田光義編『戦後中国国民政府史の研究』中央大学出版部、二〇〇一年、一三五頁。
(12) 金子肇前掲論文「戦後の憲政事業と立法院改革」一三六頁。
(13) 西村成雄・国分良成『党と国家――政治体制の軌跡』叢書中国的問題群一、岩波書店、二〇〇九年、三四頁。
(14) 西村成雄『二〇世紀中国政治史研究』放送大学教育振興会、二〇一一年、一二四～一二五頁。
(15) 西村成雄前掲書『二〇世紀中国政治史研究』一三六～一三七頁。
(16) 野沢豊「中国における統一戦線の形成過程――第一次国共合作と国民会議」『思想』第四七七号、一九六四年三月、二七三頁。
(17) G.D.H. Cole, *Social Theory*, London : Methuen & Co.Ltd., 1920. 押村高・谷喬夫『藤原保信著作集――二〇世紀の政治

理論』新評論、二〇〇六年。

(18) 労働組合主義。組合を唯一の階級的組織と見なして、政党や選挙、議会などの政治運動を排斥し、「搾取」のない自由な新しい社会体制を実現するという思想。渡邊静夫編『日本大百科全書一〇』小学館、一九八六年、三九三頁。

(19) 森川裕貫『政論家の矜持——中華民国期における章士釗と張東蓀の政治思想』現代中国地域研究叢書一〇、勁草書房、二〇一五年。なお、同研究にあるように、この時章士釗は「軍」という職業単位も含まれることを主張している。実は後の共産党政権下においてもこの「軍」という単位は代議機関の職能代表の単位として一貫して盛り込まれることとなり、その点において興味深い。

(20) 共産党における職能代表制議論の萌芽と国民会議については以下の研究を参照。野沢豊前掲論文。金子肇「一九二〇年代前半における各省「法団」勢力と北京政府」横山英編『中国の近代化と地方政治』勁草書房、一九八五年。金子肇「上海資本家階級と国民党統治(一九二七～二九)——馮少山追放の政治史的意義」『史学研究』第一七六号、一九八七年七月。横山英「国民革命期における中国共産党の政治的統合構想」横山英・曽田三郎編『中国の近代化と政治的統合』渓水社、一九九二年。柳鏞泰「国民会議召集論の形成と展開——職能代表制の模索」『近きに在りて』第四一号、二〇〇二年六月。孫宏云「孫中山的民権思想与職業代表制」『広東社会科学』二〇〇七年第一期、二〇〇七年一月。孫宏云「平民政権与職業代表制——鄧演達関於中国革命与政権的構想」『中国政法大学学報』第四期、二〇〇八年三月。魏文享「職業団体与職業代表制下的〝民意〟建構——以一九三一年国民会議為中心」『近代史研究』二〇一一年第三期、二〇一一年五月。

(21) 「ロシア社会主義連邦ソビエト共和国憲法(基本法)」ノーボスチ通信社前掲書『新ソ連憲法・資料集』五〇～七八頁。

(22) 「中共中央時局についての主張(第二次)(一九二三年七月)」日本国際問題研究所中国部会編『中国共産党史資料集』(第一巻)、勁草書房、一九七〇～七五年、二七五～二七九頁(本資料集は、以下『党史資料集』第〇巻と略記)。

(23) 事実、注(6)の研究にあるように、根拠地において議会は動員のための手段にもなっていた。また、同様のことは時代は違えど、田原史起・鈴木隆の研究にも示されており、極めて示唆的である。特に現代の「権威主義体制」においても、自らの政権を持続させるために、エリートとのパワーシェアリングや一般市民の懐柔が取られているという点は、この時期の共産党の政策とも共通性があると考えられ、興味深い。田原史起『中国農村の権力構造——建国初期のエリート再編』御茶の水書房、二〇〇四年。鈴木隆『中国共産党の支配と権力――党と新興の社会経済エリート』慶應義塾大学出版会、二〇一二年。

(24)「共産主義とギルド社会主義（一九二二年一一月一一日）」『党史資料集』第一巻、七五〜八二頁。

(25)「中共中央時局についての主張（第二次）（一九二三年七月）」『党史資料集』第一巻、二七五〜二七九頁。

(26) 瞿秋白「国民は国民会議のためにたたかえ――張作霖・呉佩孚が連合して国民軍を攻めている政局と民衆（一九二六年二月一〇日）」『党史資料集』第二巻、一四五〜一四七頁。

(27) 毛沢東「中国社会各階級の分析（一九二六年二月一日）」『党史資料集』第二巻、一〇三〜一一二頁。

なお、後の議論との整合性のためにも、ここであらかじめ「ブルジョアジー」の定義について確認しておく。共産党による解釈によれば、「大ブルジョアジー」とは「官僚ブルジョアジーあるいは買弁ブルジョアジー」のことで、「植民地半植民地国家において帝国主義の侵略勢力に従属しており、農村の封建勢力と密接な関係を有し、国家政権と結合した、反動的かつ立ち遅れた社会集団」を指す。また、「小ブルジョアジー」とは「一定の生産の必需品あるいは少量の財産を持っており、他者からの搾取を受けておらず、また他者を搾取してはおらず、主に自分の労働によって生計を立てている階級」、「民族ブルジョアジー」とは、「植民地、半植民地、もしくは民族的に独立した国家において、官僚買弁ブルジョアジーと区別され、帝国主義との結びつきが少なく、中小ブルジョアジーの身分を代表するブルジョアジー」のことを言うとされている（宋春編『新編中国統一戦線大辞典』長春：東北師範大学出版社、一九八八年、五〜六、九、一〇頁）。

後に詳しく見ていくように、共産党は一九四〇年代末においては、基本的には「大ブルジョアジー」を除く、「小ブルジョアジー」、「民族ブルジョアジー」、「自由（主義）ブルジョアジー」とは連合できると考えていた（このうち、「自由（主義）ブルジョアジー」については関連資料を見る限り、その定義は定かではない）。ただし、大ブルジョアジーに関しては、彼らの資産を没収しないとするなど、時期によっては最小限の配慮を示すこともあった。また、「民族ブルジョアジー」に対しては、彼らは政権に入れないとするなど、警戒対象とすることもあった。いずれにせよ、後に見ていくように共産党はブルジョアジーに対して「配慮」を示していくことになるが、この場合の連合対象の中に含まれるのは、上記の「小ブルジョアジー」、「民族ブルジョアジー」、「自由（主義）ブルジョアジー」であったと考えられる。

(28)「上海特別市市民代表会議政府組織条例」『人民週刊』第四九期、一九二七年四月。

(29)「中共六全大会ソヴィエト政権組織問題についての決議（一九二八年七月）」『党史資料集』第四巻、六四～八一頁。なお、味岡徹によれば、江西省の共産党は一九二七年には「ソビエト臨時組織法」を制定し、この中で「選挙条例」が組み込まれ、「産業労働者、手工業労働者、雇農、佃農、半自耕農、自耕農、兵士、教職員らが選挙権、被選挙権」を持つ一方で、「地主らは除外され」ていたことを指摘している。味岡徹前掲論文「共産党根拠地の憲政事業」、八四～八五頁。

(30)「中共六期二中全会組織問題決議（一九二九年六月）」『党史資料集』第四巻、三七九～四〇四頁。

(31)「中国労農兵会議（ソヴィエト）第一回全国代表大会選挙条例（一九三〇年九月一二日）」『党史資料集』第五巻、七八～八一頁。

(32)「第一回全国ソヴィエト代表大会中華ソヴィエト共和国憲法大綱（一九三一年一一月七日）」『党史資料集』第五巻、四五〇～四五五頁。

(33)「中華ソヴィエト共和国臨時中央政府中央執行委員会ソヴィエト暫行選挙法、およびその実施についての決議（一九三三年八月九日）」『党史資料集』第六巻、三五五～三六四頁。

(34)「中華ソヴィエト共和国地方ソヴィエト暫行組織法（草案）（一九三三年一二月一二日）」『党史資料集』第六巻、四九四～五三一頁。

(35)「中華ソヴィエト共和国臨時中央政府中央執行委員会布告第一号――第二回全国ソヴィエト代表大会および中央執行委員会第一回会議の結果について（一九三四年二月三日）」『党史資料集』第七巻、一三七～一三九頁。

(36) 特に国民政府は延期されていた国民大会を一九三七年一一月に開催することを決定し、同年夏には日本の占領地域を除いて国民大会代表の選出を完了した。同選挙は、国民党寄りの代表が多く選出されるように設計されていたが、これが実現すれば国民党政権の「正統性」が強化され、逆に共産党政権の「正統性」が弱められることを意味していた。味岡徹前掲論文「共産党根拠地の憲政事業」八九頁。

(37)「中共中央政治局会議（瓦窰堡会議）当面の政治情勢と党の任務についての決議（一九三五年一二月二五日）」『党史資料集』第八巻、二四～四一頁。

(38) 共産党員。当時、陝甘寧辺区政府主席。後に中国共産党中央政治局委員、中央人民政府秘書長、全国人民代表大会常務委員会副委員長などを歴任。馬洪武・王徳宝・孫其明編『中国革命史辞典』北京：檔案出版社、一九八八年、八三二頁。

(39) 林伯渠「ソヴィエトから民主共和制度へ（一九三七年五月三一日）」『党史資料集』第八巻、四二七〜四三四頁。
(40) 林伯渠「(第一期第一回陝甘寧辺区参議会) 陝甘寧辺区政府の工作報告（一九三九年一月）」『党史資料集』第九巻、四一〇〜四四六頁。
(41) 「第一期第一回陝甘寧辺区参議会　陝甘寧辺区選挙条例（一九三九年一月）」『党史資料集』第九巻、四五三〜四五四頁。
(42) 「中共中央北方分局　晋察冀辺区の当面の施政綱領（一九四〇年八月一三日）」『党史資料集』第一〇巻、二八七〜二九一頁。
(43) 中共中央文献編輯委員会編『毛沢東選集』(第二巻)、北京：人民出版社、一九九一年、七四二頁。
(44) 「中共中央書記処　蘇北の政権ならびに民意機関の樹立についての指示（一九四〇年一二月一一日）」『党史資料集』第一〇巻、三四一〜三四二頁。
(45) 毛沢東「政策を論ず（一九四〇年一二月二五日）」『党史資料集』第一〇巻、三四九〜三五六頁。
(46) 例えば、「(中国共産党陝甘寧) 辺区中央局「三三制」の選挙運動を徹底的に実施することについて各級党委員会に与える指示（一九四一年一月三〇日）」『党史資料集』第一〇巻、三七二〜三八〇頁など。
(47) 中国科学院歴史研究所第三所『陝甘寧辺区参議会文献彙輯』北京：科学出版社、一九五八年、一〇五頁。
(48) 中国科学院歴史研究所第三所前掲書『陝甘寧辺区参議会文献彙輯』七九頁。
(49) 共産党員。当時、陝甘寧辺区中央局副書記兼辺区政府秘書長、および陝甘寧辺区参議会副議長。後に中国共産党中央法制委員会副主任、華北人民政府委員会委員兼司法部長、最高人民法院院長、全国政治協商会議副主席などを歴任。馬・王・孫前掲書『中国革命史辞典』、九三二頁。
(50) 謝覚哉「三三制の理論と実際（一九四二年一月）」『党史資料集』第一一巻、一三〜二五頁。
(51) 「豫鄂辺区第一期第一回人民代表大会豫鄂辺区施政綱領（一九四二年三月二二日）」『党史資料集』第一一巻、八五〜九〇頁。
(52) 「新民主主義論」『党史資料集』第一〇巻、一六九〜二〇七頁。なお、この「新民主主義論」においては、政権に参加できる階級として、「プロレタリアート、農民、知識人、小ブルジョアジー」が挙げられている。
(53) 共産党員。当時、中国共産党中央政治局委員、書記処書記。後に中国人民解放軍総参謀長、中央人民政府総理、国務院総理、外交部長、中国共産党中央副主席、全国政治協商会議副主席などを歴任。馬・王・孫前掲書『中国革命史辞典』、八四八頁。

(54) 周恩来「『中国解放区人民代表会議選挙事項についての決議』草案についての説明(一九四五年七月一三日)」『党史資料集』第一二巻、四四三〜四五〇頁。

(55)「中国解放区人民代表会議準備会全体会議　中国解放区人民代表会議選挙事項についての決議草案(一九四五年七月一三日)」『党史資料集』第一二巻、四四〇〜四四二頁。

(56) 西村成雄『中国ナショナリズムと民主主義――二〇世紀中国政治史の新たな視界』研文出版、一九九一年、二二五頁。

(57)「和平建国綱領」歴史文献社編『政協文献』出版地不明：歴史文献社、一九四六年、七九〜八五頁。

(58) 西村成雄前掲書『中国ナショナリズムと民主主義』二四〇頁。なお、この「平和と民主主義の新段階」という言葉については、「天津講話」と並んで後に文化大革命で劉少奇が批判される材料の一つとなるが、これについては後述する。ところで、政治協商会議における議会制度に関する議論では、国民大会に代わって立法院を「国家最高の立法機関」として、「選挙民が直接これを選挙し、その職権は各民主国家の議会に相当する」と位置づけられていた。金子肇はこれを、「西欧的三権分立論への傾斜」と評価している。金子肇前掲論文「戦後の憲政事業と立法院改革」一三九頁。

(59) 三権分立と比較した場合、総統の権限が強く、立法院の権限が弱いことが最大の特徴であった。中村元哉『戦後中国の憲政実施と言論の自由一九四五―四九』東京大学出版会、二〇〇四年、一一頁。

(60) 久保・土田・高田・井上前掲書『現代中国の歴史』一三二頁、中村元哉前掲書『戦後中国の憲政実施と言論の自由』一二一〜一二三頁。

(61) 例えば選挙民の登記では、ある地域では保甲長が勝手に「自由登録」するということがあった。また候補者に関しては、これをノミネートする権限は最終的に党中央が握っていた。実際の投票においても、国民大会代表の投票用紙は単記法であったが、識字率の低さから、漢字で候補者の名前を記入することができない投票者もおり、「代筆」が行われ、政治的に利用されるということがあった。さらに、国民党省幹部による開票後の票数分配、棄権者の選挙権証や票の買収などが公然と行われていた。西村・国分前掲書『党と国家』八五〜八七頁。

(62) 久保・土田・高田・井上前掲書『現代中国の歴史』一三三頁。

(63) 一九四八年九月～一一月の遼瀋戦役、一九四八年一一月～一九四九年一月の淮海戦役、一九四八年一二月～四九年一月の平津戦役を総称したもの。馬・王・孫前掲書『中国革命史辞典』四六七～四六九頁。姫田光義・阿部治平・石井明・岡部牧夫・久保亨・中野達・前田利昭・丸山伸朗『中国二〇世紀史』東京大学出版会、一九九三年、一八一頁。
(64) 「論連合政府」毛沢東文献資料研究会編『毛沢東集』（第九巻）、北望社、一九七一年、一八三～二七五頁。
(65) 同上、二二三頁。
(66) 西村成雄前掲書『二〇世紀中国政治史研究』一五三頁。
(67) 「当面の情勢とわれわれの任務」日本国際問題研究所中国部会編『新中国資料集成』（第一巻）、日本国際問題研究所、一九六三年、五八〇頁。
(68) 葉漢明（中村元哉訳）「周辺を経由して権威への復帰――香港における中国民主同盟、一九四六―一九四九年」横山宏章・久保亨・川島真編『周辺から見た二〇世紀中国――日・韓・台湾・中の対話』中国書店、二〇〇二年、一九三～二一九頁。
(69) 「中国共産党第七期二中全会における毛沢東主席の報告」日本国際問題研究所中国部会前掲書『新中国資料集成』（第二巻）、四二八頁。
(70) 「論人民民主専政――紀念中国共産党二十八周年」毛沢東文献資料研究会前掲書『毛沢東集』（第一〇巻）、二九一～三〇七頁。
(71) 林石父「論新政協与新中国」『群衆』（香港版）第一二七期、一九四九年六月、五九五～五九六頁。
(72) A・M・列多夫斯基（馬貴凡訳）「毛沢東同斯大林往来書信中的両份電報」『中共党史研究』第八〇期、二〇〇一年三月、六〇頁。
(73) ただし、毛沢東の考え方はスターリンによって撤回させられたという経緯がある。ここには、国外、特にソ連からの外的制約を読み取ることができる。詳細については第三章で論じる。秦立海「解読歴史的真実――一九四七至一九四八年毛沢東与斯大林両封往来電報之研究――」『中共党史研究』第九二期、二〇〇三年二月。
(74) 前掲「中国共産党第七期二中全会における毛沢東主席の報告」日本国際問題研究所中国部会前掲書『新中国資料集成』（第二巻）四三四頁。

(75)「中国共産党中央委員会発布記念〝五一〟労働節口号（一九四八年四月三〇日）」中央統戦部・中央檔案館『中共中央解放戦争時期統一戦線選編』北京：檔案出版社、一九八八年、一九五～一九七頁。
(76)「在晋綏幹部会議上的講話」『人民日報（晋冀魯豫版）』一九四八年五月一〇日。
(77)「伝達華北局関於石家荘工作幾個問題的決定（一九四八年七月二三日）」石家荘市檔案館所蔵石家荘市委員会檔案『市委会議記録（二）』（檔案管理番号：一―一―二（二））。詳細は第五章で論じる。
(78) 第三章においても論じるように、共産党は本来は長い年月をかけて中央人民政府を組織する予定であったが、ソ連の意向により、早められたという側面もあった。
(79)「在中共中央政治局会議上的報告和総結（一九四八年九月）」中共中央文献研究室『毛沢東文集』（第五巻）、北京：人民出版社、一九九六年、一三一～一五〇頁。
(80)「中共中央関於党的各級代表大会和代表会議的決議（一九四八年九月）」中央檔案館編『中共中央文件選集』（第一七冊）、北京：中共中央党校出版社、一九九二年、三五〇～三五五頁。
(81)「中央関於新解放城市中組織各界代表会的指示（一九四八年一一月三〇日）」中央檔案館前掲書『中共中央文件選集』（第一七冊）、五二九～五三三頁。
(82)「中央関於人民代表大会同各界人民代表会議的区別問題給東北局的指示（一九四九年九月二三日）」中央檔案館前掲書『中共中央文件選集』（第一八冊）、四五八～四五九頁。
(83) 楊尚昆『楊尚昆日記』（上）、北京：中央文献出版社、二〇〇一年、一〇頁。
(84)「中央関於召開県的各界代表会議問題的指示（一九四九年九月七）」中央檔案館前掲書『中共中央文件選集』（第一八冊）、四四六頁。

第三章　「人民代表会議」制度創成をめぐる国外要因
――国共内戦期の中ソ関係――

はじめに

「中国革命が徹底した勝利を取得したあかつきには、ソ連やユーゴスラヴィアのように、全ての政党は、中共を除いて、いずれも政治舞台から降りるべきであり、これによって中国革命は大いに強固なものにすることができる」[1]。

これは毛沢東がヨシフ・スターリン（Joseph Vissarionovich Stalin）に宛てた電報である。仮にこの文書が反右派闘争の時期に発せられたものであった場合、これを読む者の多くは驚かないであろう。ただしこの文書が、実は中華人民共和国が成立する直前のものであったとすればどうであろうか[2]。

この電報は一九四七年一一月三〇日づけで送られたものであり、その原文は当初『*Far Eastern Affairs*』（一九九五年第二期および同年第三期）において、中国語の翻訳版は『党的文献』（一九九五年第六期および一九九六年第一期、同年第三期）において公開された[3]。定説では一九四七年は、毛沢東がまだ「連合政府」を堅持していた時期と見なされていたため、当時中国国内では大きな反響を呼んだ[4]。大陸の中国人研究者の中には、定説と違うこと、この前後の毛沢東の発言とは明らかに性質が異なること、中国の中央檔案館にはこの資料が存在しないこと、さらにはこの資料自体が中ソ関係悪化後に作成されていることから、資料の存在や内容そのものを疑う者もいた。[5]

これらの批判を受けて、『*Far Eastern Affairs*』（二〇〇〇年第六期）や、『中共党史研究』（二〇〇一年第二期および二〇〇二年第一期）において、アーカイブスナンバーを記した、原資料の全文が公開された。[6] これにより上記の毛沢東の電報が実在することが確定した。しかし、もしそうであるとすれば、次のような疑問が必然的に浮かび上がってくる。すなわち、なぜ毛沢東は一九四七年一一月の時点で上述のような発言を行ったのか、スターリンはこれに対してどう反応したのかということである。後者について結論から先に言えば、スターリンは当時反対の意を示していた。

では、次のスターリンの発言はどうであろうか。「〔連合政府では〕一党が責任を負うものではなく、各党が責任を持つものであり、このような政府では国家の機密を保証することができない」。「もし人民による普通選挙の結果、〔中国〕共産党が多数を占めた場合、君たちは一党による政府を組織することができる」。[7] 一九四七年に毛沢東の発言を諌めたはずのスターリンが、そのわずか二年後にこれと全く違った発言をしたのはどういうことであろう。第八章で見るように、中国共産党の国内政治に関する方針は、[8] 中華人民共和国の成立前に転換し、「プロレタリア独裁」を志向するようになっていくが、実はこのような転換の背景には、スターリンの上述の発言に見られるようなソ連の影響が色濃く反映されているのではなかろうか。

そこで本章では、以上の仮説から出発し、中国成立直前、具体的には一九四七年から一九四九年の間のソ連の中国国内政治に関わる議論を分析し、この時期にソ連が中国共産党をどのように認識し、それに基づいてどのような政治戦略を提起したのか、そしてそれを根拠としていかなる要求を提起しようとしていたのか、またその要求がこの間に変化していたとするなら、変化の要因とは何かについて考察したい。

その上で、このようなソ連からの要求に対して、中国共産党がどのように反応し、自国内の政策に反映させていったのか、あるいは反映させていなかったのかを検討する。最後に、こうした中ソ関係の推移の過程で、中国共産党はどのように自らの革命に対してソ連からの同意を得、国内の統治の「正統性」を強化していったのかを検討したい。これは、中国における「中間の道」や「第三の道」が対外関係によって修正を迫られていく過程とも捉えられよう(9)。

ここで先行研究について紹介しておきたい。一九四〇年代末の中ソ関係は、中国内外で戦後一貫して注目されてきた研究テーマである。しかし、これまでの研究では主に中国共産党の対外政策、特に「ソ連一辺倒」の選択について論じられ、この時期の中ソ関係が中国国内政治に与えた影響については、あまり注目されることはなかった。当然、先行研究では中国共産党がこれらを通して、どのように国際的あるいは国内の「正統性」を強化しようとしたのかについても論じられていない。これはおそらく、中国共産党の方針が中華人民共和国の成立直前に転換していったことが、これまで認識されることがなかったためであると思われる。

例えば大陸では楊奎松、沈志華、薛銜天などによる詳細な研究があるが、やはり上述の点については論じられていない(10)。この傾向は中国以外の地域における研究についても同様である(11)。

楊奎松がくしくもその著書において「戦後中国の革命の道には、内部的な要因と、外部的な要因がある(12)」と指摘しているように、当時の中国内政の変化は、これら「内部的な要因」と「外部的要因」を同時に検討する必要があるであろう(13)。したがって、この時期の中ソ間における中国国内政治に関する議論を見ることは、中国国内における諸政策の転換を考察する上でも極めて重要な意義があると考えられる。

最後に、本章で使用する資料について触れておく。近年多くの資料、回想録が公開されているものの、松村史紀も指摘しているようにやはりまだ断片的である。しかし、その中にあって最も詳細な資料はソ連側によって公開されたものであるとされる。そこで本稿では、一定の限界を認識した上で、近年公開されたソ連側の資料、および師哲など

による回想録を利用する。(14)

第一節　冷戦の発生と中国国内政治をめぐる理論的軋轢

一．冷戦の発生と中国への影響

すでに多くの研究によって示されているように、第二次世界大戦中における、米英ソのいわゆる反枢軸の「大同盟」は、一九四四年をピークとして下降線を描く。一九四六年三月五日のチャーチルによる「鉄のカーテン演説」、一九四七年三月一二日の「トルーマン宣言」、一九四七年九月のコミンフォルム結成、東西ドイツ分断は、東西関係のひび割れを引き起こし、戦後の国際情勢は緊迫していった。(15)ただし、中国においては、民衆が平和を渇望しており、また諸外国も中国における内戦を望んでいなかったために、アメリカの仲介を受けながら「双十協定」を締結し、一九四六年には「連合政府」に基づく政治協商会議を開催するにいたった。(16)

この時期、ソ連も中国における内戦の勃発を望んでおらず、スターリンは毛沢東に重慶会談を受け入れるように指示している。(17)沈志華はその背景として、過去の中国共産党の遵義会議における決議などにより、スターリンは毛沢東の革命手法に疑問を持っていたこと、このために少なくとも表面的には国民政府を支持することによって、中国における権益を確保しようとしたことなどを挙げている。(18)

青山瑠妙によれば、中国共産党は当初冷戦意識が薄かったが、冷戦の進展に伴い陣営の選択を迫られ、これが中国共産党にとっての制約要因となっていったとしている。[19] また中国国内においても、中国共産党と中国国民党の対立が先鋭化し、一九四六年夏には国共内戦が全面化していた。

前述の一九四七年一一月の毛沢東の電報はまさに、このような時期に発せられたものである。毛沢東の発言はこの前後に発表された、「中国人民解放軍宣言」[20] や「当面の情勢とわれわれの任務」[21] の内容と明らかに異なっているため、例えば『斯大林与中国』の翻訳者は、これにわざわざ注をつけ、「史実と全く符合しない」とまで述べている。[22]

毛沢東がなぜこの時期にこのような発言を行ったのかについては、資料の制約により、中国の学界においてもいまだに確たる結論が出ていない。楊奎松は、毛沢東は兼ねてからブルジョアジーに警戒心を抱いていたために、民主同盟の解散をきっかけに、考えが変わったのではないかと主張している。[23] 一方、馬貴凡は内戦によって中国共産党の連合する相手がいなくなったためであると解釈しており、その他にもユーゴスラヴィア（以下、ユーゴ）による事実上の一党独裁が、フランスの三党制よりも有利であるように中国共産党には見えたということ、「連合政府」自体も中国国民党との決裂により、転換せざるを得なかったことを理由として挙げている。[24] 他にも、薛銜天は、ソ連は当時一党独裁国家であったが、中国共産党はむしろ民族ブルジョアジーを含んだ政権を組織しようとしていたために、これについてスターリンの意向を探ろうとしたためであると主張している。[25]

以上の諸点に対して、筆者は同意する部分はあるものの、少し違った考えを持っている。第一に、毛沢東が一九四七年一一月一八日に呉玉章に宛てた電報によると、[26] 呉玉章は毛沢東に対して、憲法草案（原文「憲草」）の発表を打診し、ここで「労農民主独裁」[27] を基本原則とするように提案していた。毛沢東はこれを否定もせず、王明、謝覚哉に呉玉章の意見を伝達している。[28] 毛沢東の真意はこれのみでは具体的には読み取ることができないが、党内にも一九四七年の時点でこのような考え方を持つ者がいたことを端的に示している。

第二に、民主党派に対しても、中国共産党は一九四八年一月には「中間派に対して、彼らの言論や行動において動揺性や誤った観点がどれほどあろうが、口頭による善意の批判の態度を採用するべきである」[29]と指摘しており、また同年三月にも第三の道を主張する者は「アメリカ反動派の支持する第二の反民主政権である」[30]とすら断言している。この時点で、中国共産党はすでに民主党派に対して厳しい姿勢を示すようになっており、その意味で毛沢東のスターリン宛の電報と内容的に矛盾しない。

第三に、中国大陸の研究者は毛沢東の電報とその前後の主張を対比し、その矛盾点を指摘しているが[31]、筆者はそもそも「連合政府論」と「中国人民解放軍宣言」を比べた場合、その内容は必ずしも同一のものではないと考えている[32]。なぜならば、同宣言や同年の「当面の情勢とわれわれの任務」においては、統一戦線を「中国共産党の確固たる指導のもとにおかなければならない[33]」としていることからも分かるように、この時期すでに中国共産党の構想は、各党が平等な権利を持って政権に参加する制度から脱却しつつあったことを示しているからである。これは中国国民党との連合すら示唆し、各党の平等な権利を主張していた「連合政府論」とは明らかに内容が異なる[34]。このことからも、一九四七年の毛沢東の電報と、その前後の毛沢東あるいは中国共産党の主張が完全に矛盾していないことが分かる。さらに言えば、第四章で見るように、黄克誠は、当時毛沢東は、一貫して階級闘争を主要矛盾と捉えていたと指摘しており、この点も示唆的である。

二．毛沢東とスターリンによる政治制度をめぐる議論

ではこれに対してスターリンは当時どのように反応したのか。スターリンは以下のように返答した。

我々はこの考え方には同意できない。我々は中国の各在野政党は中国市民の中間階層を代表しており、かつ彼らは〔中国〕国民党集団に反対しており、長期にわたって存在することができると考えている。中共は彼らと合作し、中国の反動派と帝国主義列強に反対し、同時に自分の指導権、すなわち指導的地位を確保しなければならない。これらの政党の一部の代表は中国の人民民主政府に参加させる必要がある。また政府自身も連合政府であることを宣言し、これによってその市民における基礎を拡大し、帝国主義者およびその代理人である〔中国〕国民党を孤立させなければならない。中国人民解放軍が勝利を取得した後の中国政府のことを考えなければならず、その政策に基づき、少なくとも勝利後の一時期（この一時期というものがどれほどの長さであるかは現在確定することは困難である）においては、民族革命民主政府であるべきで、共産主義政府であるべきではない。

これは、しばらく全ての土地の国有化を実行せず、土地私有制を廃止せず、全ての大小商工ブルジョアジーの財産を没収せず、大地主のみならず労働を雇用して生活する中小地主の財産も没収しないということを意味している。これらの改革を実行するまでにさらに一段階待たなければならない。

私は以下のことをあなたに伝えるべきであろう。すなわち、ユーゴスラヴィアにおいても、共産党以外に、人民戦線のその他の党も加入しているということである。(35)

スターリンがいかに強い口調で毛沢東の考えを否定しているかが分かる。毛沢東はこの直後に、スターリンの電報に対して「完全に同意する」と述べたが、少なくとも当時毛沢東とスターリンとの間に、中国の国内政治に関する意見の相違があったことを示している。このような意見の相違は、スターリンの中国共産党に対する疑念へと発展していき、やがて中ソ双方にとって重要な議題となる。

ソ連の中国に対する疑念の遠因となったものがユーゴとソ連との間における意見対立である。[36]ユーゴの共産党は大戦中から英米の物資補給に頼っており、他の東欧諸国と比べて独自色を示していた。戦後ユーゴは、ソ連と一時蜜月の関係を築いたが、ユーゴの指導者であるヨシップ・ブロズ・ティトー（Josip Broz Tito）が、アメリカのマーシャル・プランを受け入れる姿勢を採り、独自の「社会主義」路線を取り始めたことによって、一九四八年五月頃には対立が表面化し、六月末にはついにコミンフォルムを除名されるにいたった。

ソ連がこの事態に対して最も恐れたのは、ユーゴの姿勢が他の東欧諸国に伝播し、ソ連の支配が掘り崩されることであった。西側との対立が激化する中で、そのようなことが起こればソ連にとっては致命的な損失となりかねなかったからである。そこで、ソ連は東欧全域で締めつけを強化し、各国の国益や民族主義的傾向を抑圧し、アジアでも画一的な「社会主義」路線を押しつけるようになった。この過程でソ連に忠実ではない指導者たちは「ティトー主義者」などの烙印を押され、粛清されるようになった。[37]

ソ連の懐疑は中国共産党にも向けられていた。ソ連が中国共産党に対して最も懸念していたことは毛沢東のティトー化、すなわち西側陣営への傾斜であった。事実、ソ連には毛沢東を「アジアのティトー」と見る者もいたようである。[38]

確かに毛沢東は、ユーゴの革命の手法に影響を受けており、大戦中もユーゴと同様に英米の援助を期待していた。[39]ただし、楊奎松によれば、これはあくまで日本という共通の敵を前にして、英米から援助を受けることによって中国共産党の指導的地位を高めるという目的のためであった。[40]ユーゴの共産党の勝利を目のあたりにした中国共産党は、ユーゴとティトーの勝利を幾度も持ち出しており、毛沢東にいたっては、ティトーの方法を模倣して、中国において解放委員会ないしは解放軍を組織する構想をも提出していた。[41]

毛沢東のこのような言動は、スターリンにティトー化の疑念を抱かせるのには十分であったであろう。一九四七年一一月の毛沢東のスターリンへの電報が、あえてユーゴを引き合いに出していたことも、さらにスターリンの疑惑を強めさせる結果となったのかもしれない。

ソ連の中国共産党に対する不信の理由はもう一つあった。そもそもスターリンはユーゴが背信したのは、農民と小ブルジョアジーがプロレタリアートを凌駕したためであると考えていた。このため、以前にもソ連共産党はユーゴ共産党に対して、共産党国家における農民の地位の問題について問題提起していた[42]。したがって、スターリンは中国においても、農民政権による独裁体制が成立するのではないかという疑念を持ったと考えられる。実際、後述するように、後にアナスタス・ミコヤン（Anastas Ivanovich Mikoyan）が訪中した時もソ連側はこの問題について取り上げている。

ところでこの頃、毛沢東は再三にわたり、訪ソの打診をしている[43]。しかし、いずれもスターリンによって何かしらの理由をつけて延期させられていた[44]。これは、スターリンが当時、毛沢東に対して疑念を持っていたと同時に、松村史紀の指摘するように、中国共産党による過度のソ連接近を拒んでいたためであると思われる[45]。

実は、中国共産党指導部は当時、ソ連とユーゴの確執を認識していなかったようである[46]。しかし、一九四八年七月下旬頃にこれを知ると、中国共産党は直ちにソ連の方針に同意することを表明し、「反動的資産階級民族主義」を批判していった[47]。同時にこの頃から、中国共産党はソ連への忠誠をアピールするようになり、毛沢東は訪ソ実現を今まで以上に切望し、中ソ双方の共通認識を確立しようと努力するようになる。後の毛沢東の過剰なまでのスターリンへの「忠誠」の表明の伏線はこの頃にあったと考えられる。そして、このようなソ連への「忠誠」のアピールは、ソ連から何かしらの助言や提案があった場合、中国共産党の方針を転換させる力を持っていた。

その後、毛沢東は、一九四八年八月二八日づけの電報にて、「いくつかの問題について教えを請いたい」として、七項目の問題を挙げた。このうち第一項目には「小さな民主党派、民主団体（および民主人士）との関係について、政治協商会議を開催することに関する問題について」、第二項目には、「東方の革命勢力と連合することについて、東方（およびその他）の各共産党との関係の問題について」触れられており、毛沢東はこれらについて「協議を行い、我々の政治方針をソ連と完全に一致させる」という意欲を強調した。(48)

これに対して、ソ連側では一九四九年一月一四日に、ソ連共産党中央委員会政治局が開催され、毛沢東の訪ソを延期する代わりに、ミコヤンを中国に派遣することが決定された。(49)

他方、この頃中国国内では、内戦における中国共産党の勝利はもはや不動のものとなりつつあった。このような状況下において、蔣介石はこうした情勢に鑑み、中国共産党との和平交渉を希求するようになり、米ソに和平交渉の仲介役を依頼した。(50)これを受けて、中ソ間では、中国国内政治に関して、いくつかの重要な意見交換がなされた。

まずスターリンは、中国国民党からの和平交渉の打診を受けて、蔣介石からの依頼を中国共産党に伝え、中国共産党の意向を聞いている。毛沢東はこれに対して、一月一三日づけのスターリン宛ての電報の中で、以下のように述べている。「もし現在、張治中、邵力子などと和平交渉を進め、彼らの名義で我々と連合政府を組織すれば」、「まさにアメリカの望みを叶えることとなる」。「これを行えば、中国人民、各民主党派、各人民団体、人民解放軍各部隊、ひいては中国共産党内部に必ず大きな混乱をもたらすこととなり、我々が現在堅持する完全なる正義の立場に必ず巨大な損害を与えることとなる」(51)。この発言は、毛沢東がいかに中国国民党の和平交渉に警戒心を抱いていたかを示している。

これに対して、一月一四日のスターリンの電報では以下のような興味深い発言を行っている。

もし〔中国〕国民党がこれらの条件[52]を受け入れた場合、その時は〔中国〕共産党はどのような行動を取るべきか？

第一に、軍事行動を停止せず、連合の中央政府機構を組織すべきであり、〔政治〕協商会議において五分の三の議席を〔中国〕共産党に残し、政府内においては三分の二の部長の職位を〔中国〕共産党に残し、その他の議席と部長の職位をその他の民主党派と〔中国〕国民党に分配するように計画するべきである。

第二に、総理の職位、総司令の職位、さらにできるだけ総統の職位も〔中国〕共産党が就くべきである。

第三に、〔政治〕協商会議によって宣言されるという方法をもって組織された連合政府を中国の唯一の政府とし、その他の中国政府の職能を持つ政府を宣言しようとたくらむ、いかなる武装反乱集団および自封《ママ》集団〔当該地域における実質的支配を自認する集団の意〕に対しても、取締りを行うべきである。

最後に、連合政府によってあなた方の軍隊と〔中国〕国民党の軍隊に対して命令を発し、これらの軍隊が連合政府に忠誠を尽くすことを宣誓することを要求し、すでに宣誓した軍隊が軍事行動を直ちに停止するよう要求し、宣誓を拒絶する軍隊に対しては、軍事行動を継続して採用するべきである。[53]

スターリンはこの時、中国共産党の指導的地位について具体的な数字まで挙げて、助言を与えている。ただし、スターリンは当時引き続き政権には民主党のみならず、中国国民党が含まれると考えていたことは注目に値する。[54]これに対して毛沢東は一四日の返答で「我々はあなた方と完全に一致した[55]」と述べ、スターリンの意見を全面的に支持することを表明した。驚くべきことにスターリンが述べた数字は、後に中国共産党が人民政協を開催する段階になって、まさにその通りに達成されることとなるのである。

三　ミコヤン訪中時における激論

では、ミコヤンの訪中では中ソ間でどのようなことが話し合われたのであろうか。ミコヤンは訪中するにあたり、スターリンやその他の政治局委員と会談し、中国側が提出すると思われる、いくつかの問題について指示を仰いだ[56]。これには主に二つの問題が含まれていたようである。第一に、毛沢東による一党政権を示唆するような考え方について、第二に南京政府による和平調停についてであった。ミコヤンによれば、前者については、当時中国共産党はスターリンの意見を聞いた後に、すでに「その他資産階級政党への対応を変えていた[57]」。

師哲[58]の回想録によれば、ミコヤンは一月二六日にモスクワを飛行機で発ち、大連、石家荘を経て、三一日には当時中国共産党指導者がいた西柏波に到着した[59]。ミコヤンは訪中後、中国共産党指導者と様々な問題について議論を行ったが、ここでは本論の目的から中国の内政に関わる部分に絞って検証していきたい[60]。

ミコヤンとの会談のうち、最初の二日間は毛沢東によって中国革命の歴史と中国共産党内の派閥闘争に関する紹介が行われた。ミコヤンはこの時、南京や上海などの大工業都市をいつ手に入れるのかと問うたところ、毛沢東は「大都市に幹部がいない」ことを理由に、「中国を完全に掌握するのにあと、一、二年必要である」と述べた。しかし、ミコヤンはこれに対してむしろ「これらの大都市において中共幹部を養成するべきであり、これによって無産階級の基礎を築くべきである」という意見を述べた。ミコヤンにとっては毛沢東が「農業地区を重視しすぎ、大都市を占領することを避けている」こと、「共産党員の無産階級の成分の問題を重視しておらず、中国共産党はさらに農民に注意を払い、都市や労働者階級に対してあまり関心を持っていなかった」ことが不満だったようである[61]。

ミコヤンはさらに「革命政府をできるだけ早く成立させるべきである」と説得したが、これに対して毛沢東は「政府を組織することは急ぐべきではなく」、「むしろ政府がない方がどちらかと言えば有利である」と述べ、その理由として「もし政府があれば、連合を持ち出さねばならず、これは〔中国〕共産党が自己のあらゆる行為をその他の党派に対して責任を持たなければならなくなることを意味しており、むしろ複雑なものとなってしまう」と主張した[62]。毛沢東の発言は、彼がこの時いかに民主党派に警戒心を持っているかを示している[63]。

また二月四～六日にかけて、政治協商会議についても報告がなされている。ここで興味深いのは、政治協商会議の議席の三分の二が中国共産党に属すること、華北政府を基礎にして中央政府を準備すること、将来の政府においては、「共産主義者と左派民主党派」で三分の二を占めるとはっきりと明言されていることである。最後の一点に関しては、「共産主義者は形式的にはそれほど多くの議席を占めないが、実際には政府の中で多数派になる」と述べられており、その理由としては「仮面をかぶった共産主義者が一連の地位を占めるからである」とされている。第七章でも見るように、他党の中に中国共産党員が紛れ込んでいたことがここにも示唆されている[64]。

毛沢東とミコヤンの会談でさらに興味深いのは、「中国革命の路線」に関する議論である。この時、ミコヤンは「将来の中国の連合政府は、中国共産党の指導下における労働者階級と農民の独裁だと標榜しなければならない」と述べたのに対し、毛沢東はむしろ、過去にこうした方針を採った結果「あらゆる民族資本を没収するという政策を採ってしまった」こと、「知識分子からの反発を買わない」ことを理由に、「ソビエト政権と異なる新民主主義」を主張している。毛沢東は「我々は自分たちの政権を新民主主義と呼んでいるが、それは前衛としての〔中国〕共産党に代表されるプロレタリアの指導下に労働者と農民が連合するのを基礎としている」とし、あくまで「労農独裁」としないこと、あくまで両階級の「連合」が「基礎」であって、ゆえに他の所属の人物たちとも連合できる余地を残した言い回しをしている[65]。少なくともこの時点では毛沢東は「プロレタリア独裁」から一定の距離を置いた、相対的に穏健な政治方針に傾いていたことを示している。ゆえに幅広い階級との連合を示唆しており、また二月六日の会談では、「民族ブルジョアジーの反発を買わないためにも」、「私的工業資本とその企業を没収することはしない」としている。第四章で見るように、この延長線上（一九四九年三月）に劉少奇の「天津講話」があったことを踏まえれば、納得のいく話ではある。すなわち、当時中国共産党は農村よりも都市を重視するようになり、ゆえに相対的にブルジョアジーや「知識分子」に配慮する方向へと舵を切っていたのである。あるいはスターリンの以前の発言も念頭にあったのかもしれない。

では何をきっかけにして毛沢東の政治方針はその後また立ち戻ったのか。これにもやはり、スターリンを含むソ連の意向が一因としてあった(66)。

なお、ミコヤンと毛沢東の会談の中では、その他にモンゴルと新疆など、辺境の問題についても話し合われた。モンゴルの問題とは、具体的には外モンゴルの独立についてであるが、毛沢東はこの時、外モンゴルと内モンゴルを統一して、中国の領土とすることを主張した。これに対して、ミコヤンは「モンゴル人民共和国は早くから独立権を有している」ことを理由に、これを「不可能」であるとした。ミコヤンによれば、中国共産党はこれを受けて、外モンゴルの問題を以後提出することはなかったとしている。

他方、新疆問題に関しては、毛沢東はソ連の圧迫に対する懸念を表明したが、ミコヤンが「新疆の各民族人民の独立運動を主張せず、まして新疆に対して領土的野心を全く持っておらず、新疆は中国の領土内にあるべきであると考えている」と述べたため、新疆の中国への帰属が初歩的にソ連に認められることとなった。

会談はその他に経済援助の問題について話し合われたが、これについてあまり成果を得られず、劉少奇の訪ソに持ち込まれることとなった。

ミコヤンは以上のような会談日程を終了し、二月七日に帰国の途についた。

以上、本節では大戦後の中ソ関係について、主に中国国内政治に関わる部分を見てきた。戦後冷戦構造が徐々に確立される中で、中国共産党は否応なく陣営の選択を迫られるようになった。しかし、中国共産党の内政に関する言説や、毛沢東のティトー化への恐れから、中ソ間で意見の分岐が生じた。これに対して、中国共産党側は、ソ連を始めとする東側への「忠誠」を誓うようになり、その上で毛沢東の訪ソを実現させ、ソ連の疑念を晴らし、共通認識を持つことを希望するようになっていた。

中国共産党のこのような意思を受けて、ソ連はミコヤンを訪中させることを決定した。ミコヤンの訪中を通して、中国の国内問題に関して議論がなされた。この時、中国共産党はむしろ、ブルジョアジーに配慮する方針を採っており、ミコヤンもしくはソ連と、以前とは別の意見の相違が生じつつあった。中ソ間で一定程度の共通認識ができた。ただし、中国国内政治に関するさらに踏み込んだ内容については、次節で論じるように劉少奇の訪ソ時において話し合われることとなる。

第二節　劉少奇の訪ソと「人民代表会議」制度をめぐる議論

ミコヤンの帰国後も、毛沢東は引き続き、自らソ連を訪問することを希望し、これを打診していた。しかしスターリンの判断によって延期させられ、代わりに劉少奇がソ連を秘密訪問することとなった。当時スターリンは中国共産党がアメリカと密接な関係になり、既得権益を失うことを憂慮する一方で、アメリカを過度に刺激することによって、アメリカに直接中国の内戦に介入させることも懸念していたためであると思われる(67)。

劉少奇はソ連へ出発する直前、毛沢東と会談を行っている。ここでは具体的にどのようなことが話し合われたかは資料の制約上明らかにすることはできないが、劉少奇訪ソ後の方針やソ連との談判の内容について議論されたと思われる[68]。師哲の回想録によれば、劉少奇訪ソの主な任務は、（1）中国革命の過程、性質、任務、その発展と見通し、中国革命の現段階の情況、特徴と歴史的経験、特に武装闘争の重要な意義と実践における経験の紹介、（2）中国革命と世界革命の関係およびその世界革命に対する影響、特に植民地、従属国に対する影響、中国革命が世界革命に対して負うべき義務と、中国革命が国際声援を得られるかどうかについての可否、（3）ソ連の中国革命に対する理解、支持、援助の獲得を挙げていることから、以上の三点について話し合われたと思われる[69]。

一九四九年六月二一日、劉少奇を代表とする中国共産党代表団はソ連へ出発し、二六日にはモスクワに到着した。そしてまさに劉少奇の訪問にタイミングを合わせるように、毛沢東の「人民民主独裁論」が発表された。石井明はこれをソ連への「おみやげ」であると指摘している[70]。確かにスターリンは毛沢東の「ソ連一辺倒」宣言に満足したようである[71]。これによって毛沢東のティトー化に対するスターリンの懸念が、一定程度解消したと思われる。「人民民主独裁論」は、当時の中ソ関係にとっても大変重要なものであったが、同時に実は中国国内政治にも転換を迫るものであった[72]。

師哲の回想録によれば、劉少奇一行はソ連到着後、スターリンらソ連側指導者と五、六回の会談を行った。第一回目の会談では主に、（1）借款、（2）ソ連側による専門家の派遣、（3）専門家の上海への派遣、（4）新疆、（5）中国側の今後の艦隊の保有について話し合われた[73]。これらの項目は中国共産党の今回の訪ソの目的が、主にソ連からの援助の獲得にあることを示している。

しかし、特に（4）の新疆の問題について、スターリンは以下のような興味深い発言を行っている。「新疆を占領する時間を遅らせるべきではない。この遅れはイギリス人の新疆に対する干渉を引き起こすからである」。「新疆は豊富な石油貯蔵量と綿花を有しており、これは中国が必要としているものである」。このため「漢族を移住させるという方法を用いて、漢族を辺境地区に住まわせ、中国辺境の防衛を強めるべきである」(74)。

明らかにミコヤン訪中の時点よりも踏み込んだ内容である。石井明によれば、戦後ソ連は一貫して新疆における資源獲得を目指し、当初は「東トルキスタン人民共和国」の独立運動に間接的な支持を与えていたが、後に中国国民党系の省政府に対して新疆を中国に帰属させるよう勧め、これに基づき国民政府を相手に新疆問題について交渉していた(75)。上述のスターリンの発言は、新疆に関する交渉相手を中国共産党に変更し、新疆における権益を確保しようとしていたことを示している。あるいはイギリスを強く意識していることから、スターリンは中国共産党に中国辺境を防衛させることにより、ソ連の安全保障をも確保しようとしたとも考えられる。

いずれにしても、新疆が中国共産党の政権下に帰属されること、また同地域への漢族の移民政策がソ連に公認されたことになった。第八章においても論じるように、実は連邦制は周恩来によって作成された共同綱領の草稿においても持ち出されていたが、最終的に修正されることになる。

理由の一つとして考えられることは、中ソ間において民族問題に関して合意が得られたことが挙げられよう。すなわち、ソ連や国内少数民族に配慮する必要がなくなったために、連邦制を放棄したのではないかということである。あるいは、外モンゴルのような事態を二度と引き起こさないためにも、事前に法令によって民族の独立を禁止し、これに対する諸外国からの干渉を回避する内容へと修正した可能性もある。

事実、周恩来は人民政協において発言を行った時、民族問題について「イギリス帝国主義によるチベットおよび新疆南部に対する陰謀、アメリカ帝国主義による台湾および海南島に対する陰謀」など、「帝国主義が民族問題を利用して中国の統一にとっての不和の種をまくことを防ぐ」ために連邦制を採用しないと説明している。[76] ここでは台湾問題を民族問題の延長線上で考えられており、現代中国の外交問題を考える上でも興味深い。

では、その後の会談ではどのようなことが話し合われたのであろうか。初日の会談を受けて、中国共産党側はより議論を円滑に進めるために、まずは書面報告を行い、項目別に議論することを提案した。[77]

劉少奇による七月四日の書面報告は、「(一) 中国革命の現在の情勢」、「(二) 新しい政治協商会議と中央政府」、「(三) 外交問題について」、「(四) 中ソ関係の問題について」の四項目からなる。[78] ここでは中国内政に関わる「(二) 新しい政治協商会議と中央政府」の部分を見ていきたい。

「新しい政治協商会議と中央政府」では、「中国革命戦争はすでに基本的な勝利をおさめ、すぐに完全なる勝利をおさめるであろう。今後の任務は、短時間内で内戦を終了させ、蔣介石の〔中国〕国民党残余を粛清し、迅速に国民経済を回復、発展させ、この国家を管理し建設することである」という文章から始まり、以下のように述べている。

「新政協」は「今年の八月に開催し」、これによって「連合政府を成立させる」。この「新政協」は「〔中国〕共産党一党あるいは少数のいくつかの党によって開催されるものではなく、中国のあらゆる民主党派、人民団体と少数民族および海外華僑、合計二三の組織によって共同で準備し開催するものである」。

「新政協」の「準備会」には「合計一三四人の準備委員がいるが、そのうち党員は四三人、我々とともに進むであろう進歩人士は四八人、中間人士は四三人、そのうち中道右派は一二人のみであり、進歩人士の中に一五人の秘密党員がおり、〔中国〕共産党は政協準備委員会に対する絶対的指導（原文「領導」）を保証することができる」。「準備委員会ではそのほかに常務委員会を設立しており、二一人の委員がおり、同様に我が党の指導を保証することができる」。また「新政協」参加者についても、「代表のうち党員は多数を占める予定である」。

「新政協」は「綱領を採択し」、「中央政府を組織し」、「新しい国旗、国歌などを決定する」。「新しい政府、軍事委員会以外に、内閣のもとに、財政経済委員会、文化教育委員会、政法委員会を成立させ」、「各部署を設立する」。「中央政府については、毛沢東同志を主席とし、周恩来同志を内閣総理とする」。

「中国の新民主主義の国家の性質と政権の性質」は、「プロレタリアートを指導者とする、労農同盟を基礎とした人民民主独裁の国家である」。

「中国は遅れている」ため、「現在は引き続き地方政府に比較的大きな自治権を与え、地方の積極性を発揮させざるを得ない」。「過度の中央集権制を実行することは、不正確であり、また有害でもあると我々は考えている」。

この劉少奇による報告では以下の点に注目したい。まず第一に、あえて中国共産党一党による政権ではないということを強調している点である。これはかつてスターリンが中国共産党による一党政権に反対したことに対する中国共産党なりの配慮であろう。必然的に後に成立するであろう政府も「連合政府」となっている。

第二に、ここで述べられたような、中国共産党にとって有利な人事は後に中央人民政府を組織する段階になって実際に実現されるということである。しかも、主席や総理の人事までが既定路線としてすでに決定されていた。中国共産党の人事に対する自信が伺える。

第三に、中国共産党は後に正式に人民政協を開催するにあたって、むしろ集権的な政権を目指すようになり、地方の自治権についても共同綱領では採用されなくなる。しかし、劉少奇の報告ではむしろ正反対の主張をしている。このような観点を変更させる要因の一つが、後のスターリンによる提案であったと思われる。

第四に、劉少奇が「人民民主独裁」の提案をスターリンの前に提示したという事実は、スターリンの同意を得て、党の政治路線の「正統性」を強化しようとしていたことを示している。これは国内統治の権威づけにとっても重要であった。

ところで、師哲の回想録によれば、スターリンは劉少奇との一回目の会談で以下のような重要な提言を行っている。すなわち、スターリンは「現在は共同綱領を用いてよいが、憲法を準備するべきである」と提案し、劉少奇が「これは社会主義的性質の憲法を指すのか」と問うたところ、スターリンは以下のように答えたのである。

そうではなく、私の言うものは現段階の憲法である。敵は二つの言説によって労農大衆に対して宣伝し、あなた方に反対するだろう。一つ目はあなた方は選挙を行っておらず、政府は選挙によって組織されたものではないということ。二つ目は国家に憲法がないということである。政協は選挙されたものではない。人々はあなた方が武力によってその立場をコントロールし、自らこの立場を自任していると言うだろう。そして、共同綱領は全人民を代表して採択されたものではなく、一党によって提出され、その他の党派が同意を与えたものであるとも指摘するだろう。あなた方は敵からこのような武器を取り上げなければならない。

私はあなた方の、共同綱領を国家の基本的憲法とする意見に同意する。憲法の内容は、第一に全人民による普通選挙、第二に企業主、富農の私有財産の承認、第三に外国の中国企業における特権の承認とするべきである。あなた方は一九五四年に選挙を行い、憲法を採択することができると私は考える。

中国にとってもう一つの問題がある。あなた方は現在は連合政府であるが、これは一党が責任を負うことができず、各党が責任を負うものであり、これは国家の機密を保証することが大変困難である。もしあなた方の計画が敵に知られれば、あなた方にとっても不利である。もし人民による普通選挙の結果、〔中国〕共産党が多数を占めた場合、あなた方は一党の政府を組織するべきである。(79)

当時中国共産党は「社会主義」は遠い先のものであると主張していたため、劉少奇による疑問は当然のものと言える。対するスターリンの返答は、仮に師哲の回想の通りであるとすれば、一九四九年の段階で、中国共産党に対して正式な憲法の準備と一党政府の設立を促していることになる。彼はこれを一九五四年頃と主張しているが、いずれにしても、一九四八年時点の発言とは明らかに異なっている。

ではスターリンは当時何を意図していたのか。またなぜ一九四八年と異なることを述べたのか。これを示す資料は現在まだ見つかっていない。これはあくまで筆者の推測にすぎないが、背景には当時の国際環境があるのではなかろうか。すなわち冷戦構造の進展により、ソ連は東側諸国の結束を固めようとしていた(80)。スターリンが望んでいたかどうかは別としても、中国においては中国共産党が軍事的勝利を収めようとしていた。そこでスターリンは中国を共産主義圏に取り込んだ上で、今後の分裂を避けるためにも、中国共産党による安定的な一党政権を望むようになったのではなかろうか。

あるいは、朝鮮半島情勢による間接的な影響も考えられる。すなわち、この時期朝鮮半島の南側ではアメリカ主導による選挙が行われ、アメリカが支援する反共主義者の李承晩が大統領に就任し、一九四八年八月には大韓民国の樹立が宣言されていた。これに対して、北側では同年九月に朝鮮民主主義人民共和国が成立し、共産圏諸国の承認を受けていた。ソ連は極東における安全保障をさらに確たるものとし、同時に極東の利権を確保するために中国共産党による安定的かつ集権的政権を望んでいたのではなかろうか(81)。そうであるがゆえに、スターリンは劉少奇との別の会談において「あなた方は東方および植民地、半植民地の活動を多く行い、この方面における役割と影響をより発揮して欲しい(82)」と述べたとも考えられる。

ところで、スターリンは上述の劉少奇の報告に対し、直接書き込みをしていたが、特に中央政府について「各省政府は成立するのか」、あるいは主席についても「これは事実上の総統か」ということに注意を払っていた。

また、その後の会談においても、スターリンは「各省に省政府があるのか」、「各省政府および東北などの地域の政府は将来の中央政府に服従するのか」、「将来中央政府は各省および各地域政府の主要な人員を承認したり、入れ換えたりする権利を有するのか」、「毛沢東を中央政府主席とするようであるが、主席は総統に相当するのか」、「主席と内閣の関係はどのようなものであるか」と問うており、地方と中央との関係、あるいは中央における集権的な体制に対して、関心を持っていることを示している。(83) 中国共産党側はこれらに対して基本的にスターリンの意に沿うような回答をしている。(84)

注目したいのは、共同綱領の草案がこうしたスターリンの要求に沿うような形で修正されていること、そして劉少奇の帰国日がまさに周恩来による共同綱領の草稿が完成した時期とほぼ重なるということである。(85)

劉少奇は帰国後、毛沢東にソ連における会談について報告を行っており、草稿について党内で議論する場にも参加している。(86) 第八章において見るように、草案の修正には毛沢東の極めて強い影響力が伺える。したがって、共同綱領の修正は、ソ連との会談さらには劉少奇による事後報告を反映させて行われた可能性が極めて高いのである。毛沢東がもともと、中国共産党一党による独自的な政権を考えていたことに鑑みれば、スターリンの中国共産党に対する一党体制の期待と、毛沢東の構想が共鳴したこと、さらにはスターリンの要求に沿うことは中国共産党にとって「忠誠」をアピールすることができることなどの理由で草稿が修正されていったと考えられる。したがって、当時の中国共産党は、ソ連からの一定の圧力を受けつつ、自らの手によって中国の政治体制の方向性を決定づけていったのである。

ただし、共同綱領の修正が劉少奇の本意であったのかどうかについては定かではない。師哲の回想録によれば、劉少奇の訪ソ中、七月二七日に開催されたレセプションにおいて、スターリンは自己批判を行った後、劉少奇との乾杯を促したが、劉少奇は最後までこれを固辞し、スターリンを含めたソ連側の代表者を困惑させた(87)。師哲の回想録はここから数十年を経た後に作成されたこと、さらに彼が毛沢東の側近であったことを考えれば、事の真偽は定かではない。しかし、仮に劉少奇が乾杯しないことによって何かしらの意思表示をしていたとすれば、以下の理由が考えられる。すなわち、第一にくしくも、訪ソ直前の一九四九年三月に天津を訪問し、ブルジョアジーへの配慮を明言した劉少奇が、スターリンによって、より中央集権的な政権を目指すように指導されたこと、第二に、スターリンは手のひらを返すようにかつてと違うことを主張しており、しかもそれがソ連の一方的な事情によるものであるということである。

いずれにせよ、一九四九年に入って中国共産党とソ連との間では、中国国内政治に関して様々な意見が交わされ、これによって得た結論によって、中国共産党も国内政策を変更していったと考えられる。中国共産党はこれによってソ連による共産党国家としての承認を目指し、また最終的にこれを獲得することとなった。そして、中国共産党は国際面のみならず、国内の統治に対する「正統性」を強化することとなった。

おわりに

中国国内における完全な内戦の勝利を目前にし、新しい中国政府の成立を準備していた中国共産党にとって、国際面のみならず対内的な統治の「正統性」を調達することは決定的に重要であった。同時に国際的にもソ連によって中国革命に対する同意を得ることによって、マルクス・レーニン主義を標榜する党としての対外的「正統性」を強化することも急務であった。

本章では一九四九年代末の中ソ関係において、主にソ連が中国内政に関してどのように認識し、いかなる見解を示していたのか、それに対して中国共産党はどのように反応し、中国国内政治にどのように反映させていったのかを検証した。そしてこれらを通して、当時の中ソ間における議論が中国共産党の「正統性」を強化する上でいかなる意味を持っていたのかを論じた。

ソ連の中国内政に対する最終的な見解とはすなわち、連邦制の放棄、人民政協および中央人民政府における人事、地方に対する中央の集権、中央集権的な体制への前進であった。ソ連のこうした見解もしくは要求の背景としては、冷戦構造の形成、そのもとでのユーゴの離反、朝鮮の分断などの国際状況に対応して、自国の安全保障を確保し、東側陣営の結束を固めることを喫緊の課題として認識していたからだと思われる。

こうして最終的にソ連一辺倒を選択した中国共産党であったが、ただしソ連側の認識を絶対的に正しいものと考え、それに基づくあらゆる要求に忠実に従った形で中国共産党が政策を転換したとは言いがたい。なぜなら中国共産党独自の認識と判断によって政策転換を行っていった面も確かに存在するからである。そして、このように自国の政策を転換することにおいて、ソ連からの要求を一定程度受容し、中国共産党は国内の統治の「正統性」を強化することに成功した。その意味において、一九四七〜一九四九年の毛沢東の過剰なまでの「忠誠」のアピールの意味も理解できる。

では、実際に国内においてはどのような議論がなされていたのか。次章では党内における議論を象徴する、劉少奇による「天津講話」を手掛かりに、中国国内における政治経済政策をめぐる議論を見ていく。

註

（1）「毛沢東一九四七年十一月三十日給斯大林的電報全文」『中共党史研究』第八五期、二〇〇二年一月、八六頁。

（2）本章では、中華民国もしくは他の国名との区別から、引用を除き中華人民共和国という名称を用いる。

（3）Andrei Ledovsky, "Mikoyan's Secret Mission to China in January and February 1949" *Far Eastern Affairs*, 1995(2), pp.72-94. Andrei Ledovsky, "Mikoyan's Secret Mission to China in January and February 1949（Conclusion）" *Far Eastern Affairs*, 1995(3), pp.74-90.「米高揚与毛沢東的秘密談判（一九四九年一—二月）（上）」『党的文献』第四八期、一九九五年一一月。「米高揚与毛沢東的秘密談判（一九四九年一—二月）（中）」『党的文献』第四九期、一九九六年一月。「米高揚与毛沢東的秘密談判（一九四九年一—二月）（下）」『党的文献』第五一期、一九九六年五月。

（4）中国国内における反響に関しては、馬貴凡「毛沢東致斯大林電之我見」『中共党史研究』第七二期、一九九九年六月および、秦立海「解読歴史的真実——一九四七至一九四八年毛沢東与斯大林両封往来電報之研究——」『中共党史研究』第九二期、二〇〇三年二月にその一端が記されている。

（5）この資料の存在を疑うものとして、例えば張士義「米高揚〝報告〟質疑」『当代中国史研究』第三五期、一九九四年一月。田松年「与民主党派長期合作是中国共産党堅定不移的基本政策——従媒体所伝毛沢東和斯大林的両封往来電報談起」『党的文献』一九九九年第五期、一九九九年九月。沈正楽「米高揚〝報告〟中関於毛沢東的一個重要思想質疑」『中共党史研究』一九九九年第六期、一九九九年一一月がある。

（6）Andrei Ledovsky, "Two Cables from Correspondence Between Mao Zedong and Joseph Stalin" *Far Eastern Affairs*, 2000 (6), pp.89-96.「毛沢東同斯大林往来書信中的両份電報」『中共党史研究』第八〇期、二〇〇一年三月。前掲「毛沢東一九四七年十一月三十日給斯大林的電報全文」。また、この時期の毛沢東とスターリンとのやりとり、およびミコヤン訪中に関する一次資料は、二〇〇五年にAPRF（Archive of the President of the Russian Federation）からロシア語で、二〇〇七年にはその英文訳が刊行されている。A.M. Ледовский, P.A. Мировицкая, B.C. Мясников (Составители), *Русско-китайские отношения вXX веке. T.V: Советско-китайские отношения. 1946-*февраль *1950 гг. Кн. 2: 1949-Февраль 1950 гг.* Отв. ред. С. Л. Тихвинский. М.: Памятники исторической мысли, 2005 г. Sergey Radchenko and David Wolff, "To the Summit via Proxy-summits: New Evidence from Soviet and Chinese Archives on Mao's Long

March to Moscow, 1949" Christian F. Ostermann eds., *Cold War International History Project Bulletin* (*Issue 16*), Washington, DC: Woodrow Wilson International Center for Scholars, 2007. なお、ロシア語の資料については、宇都宮大学国際学部准教授、松村史紀に資料の提供と翻訳の協力をしていただいた。本一次資料に関しては、以下 *PKO-V-2* と省略する。

(7) 李海文編『在歴史巨人身辺——師哲回憶録』北京：中央文献出版社、一九九一年、四〇八～四〇九頁。李海文編『師哲口述：中蘇関係見証録』北京：当代中国出版社、二〇〇五年、一九～二〇頁。

(8) 本章ではソ連やユーゴスラビアの共産党の区別のため、引用を除き「中国共産党」を省略せず用いることにする。なお、中国国民党に関しても同様である。

(9) 南塚信吾・古田元夫・加納格・奥村哲『人びとの社会主義』二一世紀歴史学の創造（第五巻）、有志舎、二〇一三年、一五頁。

(10) 楊奎松『毛沢東与莫斯科的恩恩怨怨』南昌：広西人民出版社、一九九九年。同『中華人民共和国建国史研究』（二・外交）、南昌：広西人民出版社、二〇〇九年。沈志華『毛沢東、斯大林与朝鮮戦争』広州：広東人民出版社、二〇〇七年。薛銜天『民国時期中蘇関係史』（下）、北京：中共党史出版社、二〇〇九年。

(11) 例えば石井明『中ソ関係史の研究（一九四五—一九五〇）』東京大学出版会、一九九〇年。高橋伸夫『中国革命と国際環境——中国共産党の国際情勢認識とソ連　一九三七年～一九六〇年』慶應義塾大学出版会、一九九六年。林賢参「建国前夜における毛沢東の対米戦略——『黄華・スチュアート会談』を中心に」『アジア研究』第四九巻第四号、二〇〇三年一〇月。青山瑠妙『現代中国の外交』慶應義塾大学出版会、二〇〇七年。松村史紀「ミコヤン秘密訪中考（一九四九年一月—二月）——中国革命と戦争をめぐる秩序設計」松村史紀・森川裕二・徐顕芬『東アジア地域の立体像と中国』早稲田大学現代中国研究所、二〇一一年。Odd Arne Westad, *Decisive Encounters: The Chinese Civil war, 1946–1950*, Stanford: Stanford University Press, 2003. Hua-yu Li, *Mao and the Economic Stalinization of China, 1948–1953*, Lanham: Rowman & Littlefield Publishers, 2006.

(12) 楊奎松前掲書『中華人民共和国建国史研究』九頁。

(13) この点、ロバート・パットナムは国内政治と国際関係は密接につながっていると指摘しており、極めて示唆的であろう。

Robert. D Putnam, "Diplomacy and Domestic Politics: The Logic of Two-Level Games," *International Organization*, Vol.42 No.3, June 1988, pp.427-460.

（14）李海文前掲書『在歴史巨人身辺』。同『師哲口述』。沈志華『蘇聯歴史檔案選編』北京：社会科学文献出版社、二〇〇二年。*PKO-V-2*。

（15）R・W・スチーブンスン（滝田賢治訳）『デタントの成立と変容』中央大学出版部、一九八九年、二九～三〇頁。（原書：Richard W. Stevenson, *The Rise and Fall of Detente: Relaxations of Tension in U.S.-Soviet Relations, 1953-84*, Basingstoke: Macmillan, 1985.）石井修『国際政治史としての二〇世紀』有信堂、二〇〇〇年、一五四～一六〇頁。以下の国際政治における冷戦構造の確立過程や、この時期の国際情勢については、同書を参照。

（16）姫田光義『中国現代史の争点』日中出版、一九七七年、五四～九九頁。久保亨・土田哲夫・高田幸男・井上久士『現代中国の歴史――両岸三地一〇〇年のあゆみ』東京大学出版会、二〇〇八年、一三〇～一三一頁。

（17）久保・土田・高田・井上前掲書『現代中国の歴史』一三一頁、楊奎松前掲書『毛沢東与莫斯科的恩恩怨怨』一七七頁。

（18）沈志華前掲書『毛沢東、斯大林与朝鮮戦争』四七～四八頁。

（19）青山瑠妙前掲書『現代中国の外交』七九頁。

（20）「中国人民解放軍宣言」日本国際問題研究所中国部会編『新中国資料集成』（第一巻）、日本国際問題研究所、一九六三年、五〇九～五一三頁。

（21）「当面の情勢とわれわれの任務」日本国際問題研究所中国部会前掲書『新中国資料集成』（第一巻）、五六九～五八二頁。

（22）A・M・列多夫斯基（陳春華・劉存寛訳）『斯大林与中国』北京：新華出版社、二〇〇一年、六一頁。

（23）楊奎松前掲書『毛沢東与莫斯科的恩恩怨怨』二一五～二一六頁。

（24）馬貴凡前掲論文「毛沢東致斯大林電之我見」九〇～九一頁。

（25）薛銜天前掲書『民国時期中蘇関係史』（下）、二三八頁。

（26）当時、中国共産党中央委員会委員、中国共産党中央法律委員会委員を兼任。中共中央文献研究室編『毛沢東書信選集』北京：人民出版社、一九八三年、二八九頁。

（27）早期の中国共産党指導者の一人。一九二九年、全国総工会宣伝部長。一九三〇年には、いわゆる李立三路線に反対し、

失脚させ、一九三一年、中国共産党総書記。同年六月、モスクワにいき、中山大学教授、中国共産党国際代表。一九三五年、コミンテルン執行委員会委員、執行委員会書記局員候補。一九三八年に帰国、一九四五年、中国共産党中央委員会委員。一時、統一戦線工作部長、中央法律委員会主任。一九四九年一〇月、政務院政治法律委員会副主任兼法制委員会主任委員、最高人民法院委員。霞関会編『現代中国人名辞典――一九六六年版』江南書院、一九六六年、四三五～四三六頁。

(28)「致呉玉章」中共中央文献研究室前掲書『毛沢東書信選集』二九〇～二九一頁。なお、『毛沢東書信選集』二八九頁によれば、王明と謝覚哉はそれぞれ、当時中国共産党中央法律委員会委員を担当。

(29)「中央関於対中間派和中産階級右翼分子政策的指示」中央統戦部・中央檔案館編『中共中央解放戦争時期統一戦線文件選編』北京：檔案出版社、一九八八年、一八三頁。

(30)「中共中央発言人評民盟三中全会及国民党革命委員会宣言」中央統戦部・中央檔案館前掲書『中共中央解放戦争時期統一戦線文件選編』一九二～一九三頁。

(31) 例えば張士義前掲論文「米高揚〝報告〟質疑」など。

(32) 詳細は、第二章を参照。

(33)「当面の情勢とわれわれの任務」日本国際問題研究所中国部会前掲書『新中国資料集成』(第一巻)、五八〇頁。

(34) 毛沢東文献資料研究会編『毛沢東集』(第九巻)、北望社、一九七一年、一八三～二七五頁。

(35) 前掲「毛沢東同斯大林往来書信中的両份電報」八九頁。

(36) 以下、松岡完『二〇世紀の国際政治』同文館出版、一九九二年、八三～八六頁を参照。

(37) 松岡完前掲書『二〇世紀の国際政治』八四頁、高橋伸夫前掲書『中国革命と国際環境』一〇七～一一〇頁。

(38) 楊奎松前掲書『毛沢東与莫斯科的恩恩怨怨』一四〇頁。

(39) 楊奎松前掲書『毛沢東与莫斯科的恩恩怨怨』一四〇～一五〇頁。

(40) 楊奎松前掲書『毛沢東与莫斯科的恩恩怨怨』一五〇頁。

(41) 楊奎松前掲書『毛沢東与莫斯科的恩恩怨怨』一五〇頁。

(42) 楊奎松前掲書『毛沢東与莫斯科的恩恩怨怨』二一二頁。

(43) Radchenko and Wolff, *op.cit.*, pp.113-129.

(44) この点については、楊奎松前掲書『毛沢東与莫斯科的恩恩怨怨』二一〇～二一二頁に詳しい。
(45) 松村史紀前掲論文「ミコヤン秘密訪中考」。
(46) 楊奎松前掲書『毛沢東与莫斯科的恩恩怨怨』二一〇～二一四頁。
(47) ただし、高橋伸夫前掲書『中国革命と国際環境』によれば、中国共産党はこの時期も一貫して独自色を堅持するように努めていた。
(48) A・M・列多夫斯基前掲書『斯大林与中国』五六～五七頁。
(49) A・M・列多夫斯基前掲書『斯大林与中国』五九頁。
(50) 沈志華前掲書『毛沢東、斯大林与朝鮮戦争』七八～八二頁。
(51) 尼・徳・費徳林・伊・弗・科瓦廖夫編（彭卓吾訳）『毛沢東与斯大林赫魯曉夫交往録』北京：東方出版社、二〇〇四年、六二頁。
(52) ここで言う条件とは、中国国民党の和平交渉に対して、中国共産党が突きつけるべき条件のことを指している。詳しくは尼・徳・費徳林・伊・弗・科瓦廖夫前掲書『毛沢東与斯大林赫魯曉夫交往録』六五頁参照。
(53) 尼・徳・費徳林・伊・弗・科瓦廖夫前掲書『毛沢東与斯大林赫魯曉夫交往録』六六頁。
(54) なお、スターリンは一九四九年一月二六日づけの電報においても、民族ブルジョアジーを排除せず、帝国主義への闘争に協力するべく味方に引き入れるべきという発言を行っている。"Document no.41 Cable, Stalin to Kovalev, 26 April 1949", Radchenko and Wolff, *op.cit.*, p.161.
(55) 尼・徳・費徳林・伊・弗・科瓦廖夫前掲書『毛沢東与斯大林赫魯曉夫交往録』六七頁。
(56) A・M・列多夫斯基前掲書『斯大林与中国』六〇頁。
(57) A・M・列多夫斯基前掲書『斯大林与中国』六一頁。
(58) 中央書記処辦公室主任、政治秘書室主任、中国共産党中央編訳局局長、俄語学院院長などを歴任。毛沢東の秘書としても有名であり、後には劉少奇とともに通訳としてソ連を訪問。李海文前掲書『師哲口述』。
(59) 李海文前掲書『在歴史巨人身辺』三七二頁。
(60) ミコヤン訪中の詳細な研究については、松村史紀前掲論文「ミコヤン秘密訪中考」および薛銜天前掲書『民国時期中蘇関係史』（下）、二二八～二四二頁に詳しい。
(61) A・M・列多夫斯基前掲書『斯大林与中国』六五～六六頁。
(62) A・M・列多夫斯基前掲書『斯大林与中国』六六頁。
(63) ただし中国共産党はこの後、一九四九年三月に七期二中全会を開催し、農村から都市へと政策の重点を移すことを決定した。この点、ミコヤンは中国共産党がソ連の意見を聞いた上で、変更していった可能性を指摘している。また政府の成立時期についても、ミコヤンは「周知のように、政府が成立したのは九月三〇日である」とし、ソ連の提案によって時期が早まったことを示唆している。A・M・列多夫斯基前掲書『斯大林与中国』六七頁。
(64) *PKO-V-2*, No.433, c.70-71, No.437, c.84-85.
(65) *PKO-V-2*, No.434, 76-77.
(66) この点、山口信治は「一九四九年の時点で、中国共産党にとってスターリンの意向は無視することのできないものであった」と指摘している。山口信治「中国共産党の新民主主義段階構想と国際環境、一九四九―一九五〇」『国際情勢紀要』第八一号、二〇一一年二月。
(67) 松村史紀前掲論文「ミコヤン秘密訪中考」、沈志華前掲書『毛沢東、斯大林与朝鮮戦争』九一頁。
(68) 李海文前掲書『師哲口述』六頁。
(69) 李海文前掲書『師哲口述』三頁。
(70) 石井明前掲書『中ソ関係史の研究』二三二頁。
(71) 沈志華前掲書『毛沢東、斯大林与朝鮮戦争』九六頁。
(72) 詳細は、第七章、第八章を参照。
(73) この会談については、沈志華編（聞一・丁明訳）「関於劉少奇訪蘇的俄国檔案文献」『党史研究資料』第二四七期、一九九八年二月、三頁にその抜書きが記されている。
(74) 前掲「俄国檔案文献」三頁。
(75) 石井明前掲書『中ソ関係史の研究』一八七～二二四頁。
(76)「関於人民政協的幾個問題」中共中央統一戦線工作部・中共中央文献研究室編『周恩来統一戦線文選』北京：人民出版

社、一九八四年、一三九頁。ただし、第八章で見るように、周恩来が元々「単一性」論者であったかどうかについては疑問の余地がある。

(77) 前掲『師哲口述：中蘇関係見証録』九～一〇頁。

(78) 以下これについては前掲「関於劉少奇訪蘇的俄国檔案文献」を参照。

(79) 李海文前掲書『師哲口述』一九～二〇頁。なお、ここで言う「外国の中国企業における特権」が具体的に何を指すのかは、ここでは明確に示されていないため、不明である。

(80) 高橋伸夫前掲書『中国革命と国際環境』一一八頁。

(81) 沈志華前掲書『毛沢東、斯大林与朝鮮戦争』四三頁。

(82) 李海文前掲書『師哲口述』二三頁。

(83) その他にも、スターリンは「人民民主独裁」について、「過度の中央集権を実行しないように」と言いつつも、「地方政府と中央政府が分裂するようなことが起こらないように注意するべきである」と述べている。「関於中共中央代表団与聯共（布）中央斯大林会談情況給中央的電報」中共中央文献研究室・中央檔案館『建国以来劉少奇文稿』（第一冊）、北京：中央文献出版社、二〇〇五年、三〇頁。

(84) 前掲「関於中共中央代表団与聯共（布）中央斯大林会談情況給中央的電報」三二～三三頁。

(85)『劉少奇年譜』によれば、劉少奇は八月一四日にモスクワを発ち、二五日には瀋陽に、二八日には北京（当時は北平）に到着している。一方、草稿の完成は第六章で見たように、八月二二日である。中共中央文献研究室『劉少奇年譜』（一八九八～一九六九・下巻）、北京：中央文献出版社、一九九六年。「関於周恩来与共同綱領起草過程的一組文献（一九四九年六月—九月）」『党的文献』第九二期、二〇〇三年三月。

(86) 李海文前掲書『師哲口述』三六頁、前掲「関於周恩来与共同綱領起草過程的一組文献（一九四九年六月—九月）」。

(87) 李海文前掲書『師哲口述』二一～二四頁。

第四章　「人民代表会議」制度創成をめぐる国内要因
――党内における政治経済政策の相克と劉少奇の「天津講話」――

はじめに

共産党の権力の浸透、「正統性」の調達の度合い、さらには人民代表会議開催の社会的背景を知るためには、華北・石家荘市・天津における統治の実態を検討するのも一つの方法であろう。

そこで、本章では華北・石家荘・天津の社会・政治・経済的動向について見ていくことにより、共産党による初期の支配の実態を明らかにする。ここで天津を取り上げるのは、劉少奇によって行われた、いわゆる「天津講話」(1)（以下、括弧略）を中心に、中国成立直前の一九四〇年代末における、共産党内の政治経済政策をめぐる論争を検証するためである。(2)

内戦の勝利を目前にする中で、共産党は特に都市における経済政策に関して、党のイデオロギーに基づく政策を採用するべきか、あるいは市場主義的であるべきか、決断を迫られていた。前者は根拠地での経験を活かした均分政策による労働者優位の政策を指すが、しかしこうした方針は都市における企業経営者＝ブルジョアジーの逃亡と、これに伴う企業の倒産を招き、経済全体に悪影響を与えかねない状況になりつつあった。

共産党は経済政策の失敗による中国国民党の下野を目のあたりにしており、また比較的「脆弱」な「革命政権」であるがゆえに、否応無しに「社会主義」的解釈に基づく政策に一定の距離を置き、ブルジョアジーに配慮せざるを得なくなったのである(3)。

本章では、こうした共産党によるブルジョアジーへの配慮として象徴的な劉少奇の天津講話を分析することによって、当時の共産党の経済政策の実態を明らかにする。さらに天津講話に対する論争を手がかりに、共産党内における経済政策の相克についても検証する。これはまさに、共産党がいかにして経済政策を通して大衆の同意=「正統性」を調達しようとしていたのかを検討することに他ならない。

実はこうした劉少奇による天津講話については、これまであまり注目されてこなかった。その理由としては、同講話は当時からすでに高崗を中心とする東北グループからも批判されており、さらに後の文化大革命においては林彪などのグループによって批判されたこととも関係すると思われる。すなわち少なくとも中国においては敏感な問題であるがゆえに、いわゆる「改革開放」政策によってその存在が注目されるまでは検証すらできないものであったと考えられる。

唯一、中国においてこれを正面から取り上げたものとして、李文芳の研究が挙げられるが、「改革開放」を肯定する観点から、天津講話を持ち出しているために、この天津講話を通して当時の共産党が自らの政権運営にどのように活用していったのか、あるいは当時党内でどのような議論が行われていたのかについては、必ずしも明確ではない(4)。

他方、当時のブルジョアジーに対する共産党の政策については、例えば民族資産家階級が集結する民主建国会について論じた水羽信男、共産党の側の視点から論じた楊奎松の研究がある(5)。ただし、前者は共産党からの視点について論じられていない。また後者は共産党が一貫して(民族ブルジョアジーであれ)ブルジョアジーに警戒心を持っていたとしているが、筆者は共産党はそれにもかかわらず、やはりブルジョアジーに一定程度の配慮をせざるを得なかったと考える。したがって、こうした課題を検討することは、必然的に「二つの路線の中間を行なおうとする様々な可能性の模索」が「早晩閉ざされてしまう道」だったのかどうかという点について一定の示唆を与えることができるであろう。(6)

第一節　華北・石家荘の地理的概要と人民代表会議開催状況

ここで華北と石家荘の地理的概要と人民代表会議（大会）の開催状況を見ていく。一九四八年当時の共産党の言説によれば、華北臨時人民代表大会の開催時点の「華北」とは、具体的には共産党の根拠地である晋察冀辺区と晋冀魯豫辺区を統合した地域のことを指す。(7)この時点での共産党が実効支配する華北の総面積は、資料の制約上不明である。ただし、当時まだ天津が占領されていなかったことを踏まえれば、ここで言う「華北」とは、一般的な地域概念としての「華北」とは異なり、共産党が実効支配する、極めて狭い地域のことを指す。(8)

一九四九年時点の情報を参考にすれば、河北省の総面積は一四・二万平方キロメートルであった。(9)また華北の人口は当時の資料によれば、晋察冀辺区と晋冀魯豫辺区を足して四三七九万人であった（一九四八年時点）。(10)統計によれば、当時の中国の総人口は約五億四千万人であったということから、(11)華北は中国の総人口の一二分の一程度ということになる。

次に石家荘市についてだが、関係資料によれば、石家荘地区の面積は当時一万二五九三平方メートルであり、(12)石家荘市市内の面積は三二五五平方メートルであった。(13)人口については、石家荘地区を含めると二六三・三〇万人、(14)石家荘市内だけでは二七万八〇〇〇人ほどであった[15]。前者は当時の華北の総人口の一七分の一ほど、後者は石家荘地区の一〇分の一ほどであった。なお、石家荘市市内については後述するが、石家荘地区に関しては、当時共産党員は六・六万人ほどいたとされる[16]。

では、全国の人民代表会議（大会）の開催状況はどのようなものであったのだろうか[17]。これについて、明確な統計はない。あくまで管見の資料によれば、一九四九年九月までに省レベルでは華北、市レベルでは少なくとも保定、石家荘、太原、西安、上海、北平、大同、宣化、張家口、武漢、南京、天津、杭州が開催済みであったことが確認できる[18]。これらの都市のうち、ほとんどが一九四九年九月直前に開催されている。

一方、華北地域については、一九四九年初めから全国に先駆けて順次、人民代表会議が開催されており[19]、華北（市レベルを含めて）における経験が、そのまま各地域に適用されていったと考えられる。

第二節　接収当時の華北・石家荘における統治の実態

では、接収当初の華北、特に石家荘市において、共産党は当初どのような方針のもと、自らの支配を浸透させようとしたのであろうか。

一九四七年一一月一二日、晋察冀野戦軍は石門を接収し、その二日後の一四日には晋察冀辺区行政委員会によって石門市人民政府が設立された（石門市は一九四八年一月一日に石家荘市に改称。以下、特に断らない限り石家荘市で統一する[20]）。以後、石家荘市では国民党軍の空爆を受けることをのぞけば、軍事的には比較的安定した状況で政権建設が行われていく。

写真－2　晋察冀野戦軍による石家荘攻撃

（出所）中国革命博物館編『中国共産党70年図集』上海：上海人民出版社、1991年、739頁。

上述のように共産党の報告によれば、当時、石家荘市の人口は二八万人ほどであった。このうち、「逃亡地主」・「国民党員」がそれぞれ数万人、これに加えて「特務漢奸」がいたとされるが、それらは一般市民、労働者、貧民の中に紛れ込んでいた。

他方、石家荘市における、共産党員の数はごく少数であった。このため、石家荘接収当初の共産党は外からきた軍隊と幹部に依拠し、外来者として統治を行っていかざるを得なかった[21]。

そこで共産党は、石家荘接収時点での今後の政策として（1）党の方針・政策の宣伝、（2）新石門の建設、（3）社会秩序の安定、（4）生産の発展、（5）国民党の保甲制度の排除を掲げた[22]。

次に、華北臨時人民代表大会・石家荘市人民代表大会の前史と言うべき、当時の華北、特に石家荘市内外における、土地改革、「封建悪覇」の打倒、「敵対勢力」の排除過程を見ていきたい[23]。

「中共晋察冀中央局による土地改革中の過剰な『左』の現象を修正することに関する指示」によると、石家荘市が共産党によって統治される前に、石家荘市付近の農村において土地改革が過激化し、例えば阜平において一三〇人もの地主が生き埋めにされるなど、地主を殺害するという事態が多数発生していた。[24]これに対して劉少奇は土地改革の過激化を是正していく姿勢を示すものの、[25]大衆運動の過激化傾向は農村から都市にそのまま持ち込まれていった。

華北の共産党の報告によれば、石家荘市では当初、現場の共産党幹部の「都市管理の経験が欠乏していたために、労働者、貧民、小ブルジョアジーに依拠して石門を建設するという方針を不正確にも打ち出してしまい」、[26]これによって、闘争大会を通して「大衆」（原文「群衆」）が「保甲長、封建悪覇、漢奸特務」を攻撃することを奨励し、死にいたらしめることすらあったことが指摘されている。[27]

劉少奇はこれに対して、商工業や経済を発展させるためにも、「資本家に対して、大衆が直接手を下してはならない」と主張した。ただし、黄敬によれば、このような状況は人民法院の成立後に改善されたとされている。[28]

また、都市にいた逃亡地主に関しては、彼らをいかにして「帰郷」させるかということが、農村における生産の発展にとって重要な課題であったが、共産党は強制的に帰郷させることはせず、石家荘市に職があり、「悪覇地主」ではなく、かつ戻ることを望まない者については留めおいた。[29]

このように、共産党が地主に配慮するのには理由があった。これは華北地域の地主が商工業者も兼ねていたことと関連していた。すなわち、地主の財産を全て没収するということは、石家荘市の産業全体にも打撃を与えることを意味していたためである。[30]

次に「敵対勢力」に対する政策について見ていく。共産党の規定によれば「敵対勢力」とは、「漢奸、戦犯、特務、汚職官吏、保甲長」および「国民党員」のことを指す。これらに対する財産処理に関しても、当初、過激化してしまう傾向があった。これに対して共産党は、「工業を保護する」という名目のもと、「一般的な国民党員や職員」と、

「戦犯、漢奸、特務」とを区別し、前者の財産は没収しないとした。

他方で、国民党組織の粛清に関しては徹底して行われたようである。共産党は「国民党の解散を宣言し」、国民党員が市政府にきて登録し、「国民党およびその他の反動組織から脱退することを宣言する」ように要求した。その上で、市政府で登録をした国民党員に対しては、その後においても行動を制限し、しばらくの間、公民権を剥奪した。しかし、これにもかかわらず、当初七〇〇〇人ほどの国民党員しか登録しなかった。このため、共産党は登録を行わなかった者に対して逮捕をもってあたることとした。共産党はこの過程ですでに登録していた国民党員を利用し、彼らに内情を告白させるという方法を用いた。その上で登録者のうち、「一般的な党員は公民権を回復し、責任者の地位にあった者および大衆に恨みを抱かれている者には監視を継続した(31)」。

以上、ここでは共産党による接収直後の華北・石家荘市の情況を見てきた。共産党は当初農村や都市において闘争を急進化させてしまい、これによって華北・石家荘市の農業・商工業に打撃を与えた。

特に石家荘市においては、地主は商人でもあったために、地主（商人）を打倒し、財産を没収することは、農業を含めた華北の経済に悪影響を及ぼすものであった。国民党の経済政策の失敗による統治の瓦解を目のあたりにしていた共産党は、強い危機感を持っていた。このため、地主などに公民権を与えるかどうかという問題は、共産党にとって重要かつ困難な問題となっていく。

その一方で、国民党組織の排除や漢奸などの取締りについては厳しく行われており、石家荘市の住民は否応なく「革命」側かそうでない側かの選択を迫られたと考えられる。特に「敵対勢力」に指定されることは、公民権を喪失すると同時に、どこの団体に所属することもできず、敵意にさらされることを意味しており、市民を極めて不安定かつ不利な立場に追い込むものであった。

第三節　天津における統治の実態

一．共産党による接収前の天津

次に天津における統治の実態を見ていく。

天津という地域は、改めて指摘するまでもなく、古くからの経済・政治・軍事の要衝であった[32]。天津は商工業が発展していたために、近代においても戦略的に重要な都市であり、ゆえに天津の経済政策の是非が、政権の運営にも多大なる影響を及ぼす可能性を有していた。

日中戦争時期、天津は日本軍によって統治されていたが、日本の敗戦後は国民党が支配した。そして国共内戦後半の一九四九年一月一五日に共産党が天津を占領し、ここから軍事管制委員会による、いわゆる接管政策が始まる[33]。

ところが当初天津を占領した共産党幹部に待ち受けていたものは、戦闘によって荒廃した都市であった[34]。しかも、天津に入った共産党幹部は、農村での活動が長い党員ばかりであり、工場管理などの知識を全く有していなかったために、これから接収する企業の「旧人員」から、さげすまれることすらあった[35]。

この時期、華北の政治経済政策に関して共産党が苦悩していたというのは前述の通りである。特に天津の共産党にとって懸案であったのが、都心の資本家が共産党による統治を恐れて逃亡をはかり、企業などの経営が成り立たなくなってしまうという事態であった。

これに危機感を持ったのが他でもない中央の共産党指導者であった。特に劉少奇は華北を統治する代表者ということもあって、早くから都市経済の重要性を認識していた。そこで一九四八年一一月時点で、すでに都市における秩序維持を強調し、都市の「機器を破壊してはならない。都市における破壊は農村よりも破壊性が大きく、これは人民の損失である」として、都市における「経済の維持」に注意を呼びかけていた(36)。

しかし、それにもかかわらず石家荘市の経済政策について言えば、その後も混乱は続いた。例えば、共産党中央は一九四八年一一月三〇日の段階でも、石家荘市の幹部に対して「大衆組織」を「人民政権の支柱や党の情報源とし」、「軽率に工場の職工大会、都市の貧民大会を開催し」、「その結果、我々と大衆を隔離させている」と批判していた(37)。一九四八年後半の時点でも、共産党の都市政策は秩序をもたらすまでにはいたっていなかったのである。

写真－3　中国共産党七期二中全会における毛沢東の講話

（出所）中国革命博物館編『中国共産党70年図集』上海：上海人民出版社、1991年、825頁。

では、なぜこれほどまでに中央の共産党幹部は都市の経済政策を重要視していたのであろうか。これは、劉少奇が度々共産党を「李自成(38)」に例えていたことから理解できる。すなわち、当時共産党は都市における経済政策の失敗によって自らが「李自成」のように統治の「正統性」を喪失し、最終的に政権の座を奪われることを危惧していたのである。他でもない国民党の下野の一因がそこにあったからである。(39)「李自成」の名前は、当時最高指導者であった毛沢東も度々取り上げており、同様の危機感は共産党指導者の間で共有されていたことが分かる。(40)

これに対応するように、共産党は経済政策において「資本主義」を許容する態度を取るようになり、同時に政策の重点を農村から都市に置くようになっていった。まさにこうした意向を反映させたのが、共産党の七期二中全会である。また同時期に開催された石家荘市人民代表大会（一九四九年七月開催）において採択された「施政方針」でも、ブルジョアジーに配慮する内容となる。(41)

二. 天津の接収とその後噴出した問題

では実際の天津の接収についてはどうだったのであろうか。(42)おそらく上記のような、石家荘近郊における接収の混乱を受けて——そしてより大都市であるために——石家荘にもまして共産党は注意深く接収政策を行おうとしていった。

劉少奇は天津の占領当日、官僚資本の企業を接収するにあたり、「企業組織のもともとの機構を乱さないよう厳格に注意するように」と指示している。(43)

また、その直前に中央軍事委員会によって発せられた指示によれば、今回の接収は「石家荘の接収初期に犯したような誤りを再び犯さないように」という厳重注意がなされている。(44)

当時、共産党天津市委員会書記であった黄克誠(45)も、天津に入る高級幹部に対して、天津での任務を「敵の粛清」、

「国民党反動の行政、文化軍事機構、公営企業・国家財産」の「接収管理」、「徹底的な改造」、「生産建設」として、接収の方針については、「混乱を避けること」、「必ず穏健であること」「接収を完璧なものとし、破壊を避けること」とした。そして、天津進出後に規律を維持するために、「軍事管制期間内は集中制を実行し、全ての没収・逮捕・殺人あるいは外交事項について、その権力は市委員会に集中させ、いかなる部門あるいは個人も処理を行い、独断専行してはならない」とした。

黄克誠はさらに具体的な原則として、「言動は慎重であること」、「質素で苦難に耐えること」、「緊張して活動を行うこと」、「大衆に深く立ち入ること」を挙げている(46)。

これらは、いかに共産党が慎重に天津の接収を行おうとしていたのかを示している。しかし接収後（あるいはその過程）に生じるであろう別の問題、具体的には労働者に比して、資本家に対してどれほど配慮するべきなのかについては、事前の説明がないまま天津に入った。これが後に大きな混乱を引き起こすこととなる。

なお、実際の天津の接収は、一九四九年一月一五日から本格的に開始されていった。黄克誠の報告によれば、市内の接収業務の期間は、三～七日であったとされている。したがって、遅くとも一月下旬までには接収は完了していた。

黄克誠は、今回の接収は完全なもので、破壊も行われなかったと自賛し、その理由として、幹部への事前の思想活動と、綿密な調査と十分な準備活動を挙げている。しかし、教訓として、「入城と接収を行う幹部は質を重視し、量を重視するべきではない。完全に農村において業務を行っていた区・郷の農民幹部は、都市の接収活動に不向きであった」とも指摘し、「今回の天津の接収の中で、多くの幹部は人々の会計帳簿を読むことができず、英文の簿記を読むことができず、旧人員に我々を軽視させ、我々には人材がいないと言われることになってしまった」という事例を挙げている(47)。今まで農村で活動を行っていた幹部を採用したことによる弊害が生まれつつあったことが分かる。

一方、天津の軍事管制委員会による報告によれば、接収後「労資の紛糾問題」が顕在化していた。すなわち、ブルジョアジーは、「闘争を恐れ、分配を恐れ」、「ある者は労働者を管理する権利を得られるかどうか疑っていた」。ブルジョアジーは全体的に、共産党への政策に懸念を抱いていたようである。他方、労働者は、「職場復帰を要求し」、また一部は「待遇の改善を要求していた」。これに対して現場の幹部は「労働者が目前の利益を獲得することに満足し、労働者の永久的な利益を考慮しない」という状況であった。すなわち、労働者の待遇の改善ばかりを考慮した結果、企業経営そのものを成立させなくし、結果的に失業者を増やすことになっていた。

こうした状況への対策として軍事管制委員会は、「労資紛糾を解決し、全力で生産を回復する」こと、工場の接収管理においては、「元のまま手をつけない（原文「原封不動」）」ことを主な方針とした。しかし、この方針について、労働者は「不満を持っている旧人員をすぐに処理しないこと」、「元のまま手をつけない」ことに対して不満を示し、「改善を要求する」者もいた[48]。

上記の黄克誠や軍事管制委員会の報告が示すように、天津の共産党幹部は接収政策に関しては比較的成功したという見解を示していたが、その完了後においては、また別の問題が生じていた。

このため劉少奇は「接収活動が一段落終え」たために、「現在の任務はいかにしてこの都市を改造・管理・発展させるのかということである」とした[49]。

また薄一波[50]によると、「当時、民族ブルジョアジーは我々の都市政策に疑念を持っており、我々の中にも確かに『左』の気分を持っていた。このため、いかにして民族ブルジョアジーと団結し、また彼らを獲得し、迅速に私営企業の生産を回復し発展させるのかという活動は、速やかな解決が待たれる大問題であった」[51]。

薄一波は北平（後の北京）・天津の工業生産における問題について、当時以下のように毛沢東に報告していたとしている。

都市と農村の交流が隔絶し、対外貿易が断絶し、原料が欠乏し、産品が売れず、通貨が膨張していること以外にも、〔我々の〕活動において公私・労資などの関係をうまく処理していないということも、突出した問題として存在している。「労働者・店員は、我々が工場や店舗の分割を許可し、清算闘争を進めるものと誤解している。天津の解放の一ヶ月以内に、五三回の清算闘争が発生した」。「ブルジョアジーの頭の中には三つの恐怖がある。第一に清算への恐怖、第二に共産党が労働者の利益のみを考慮するという恐怖、第三に今後労働者を管理できなくなり、生産を行うことができなくなることへの恐怖である」。このため、彼らは消極的で、傍観の態度を取り、甚だしきは香港へ逃げる者もいた。天津の統計によれば、当時私営企業で操業をしていたのは、三〇％にも満たなかった。このような状況は転換させせなければならない。労働者・幹部・ブルジョアジーに七期二中全会において確定した都市政策を説明し、労働者の中の曖昧な認識を正し、民族ブルジョアジーに存在する憂慮を取り除く必要があり、これはすでに一刻の猶予もないことである(52)（以上、〔　〕・「　」括弧は原文に基づく）。

同様のことは、天津講話後に作成された天津市委員会による文書の中にも記されている。当時は「できるだけ多くの我々と協力できる自由ブルジョアジーやその代表的人物を獲得」し、「都市の生産事業を回復し発展させる」必要があったにもかかわらず、「認識が曖昧であり、このために業務の方法において厳重な偏向を引き起こした」。

当時毛沢東も、「自由ブルジョアジー」には「革命的な一面」があるために、彼らへの政策は「連合と闘争がある」とし、「連合を主とする」と主張していた。しかし、薄一波によれば天津市の幹部はこれについても「誤りを犯し」ていた。すなわち、「入城前、『ブルジョアジーとの接近を少なくするように』ということを戒めとし、入城以後も長期的に彼らと顔を合わさず、ブルジョアジーを探して座談することもなく、謙虚な気持ちで彼らの意見を聞くこともなく、彼らの困難の解決を手助けしなかった」。また、「労資が紛糾した時においても、常に労働者側の肩を持ち、ブルジョアジー側の営業の前途を十分に考えることもなかった」。

さらに天津市幹部は、「長年農村で活動をしており、都市に対して熟知しておらず、狭い経験主義をあがめ、知らず知らずのうちに農村の活動方式を都市に持ち込んでいた」。このため「労資関係においては冒険主義、平均主義を、職工関係においては闘争形式、整風形式」を持ち込んでいき、「労働者の生活の改善のみに着目し、労働規律には注意しなかった。職工関係においては、待遇の平等に向かい、生産力の発展に注意せず、職員の裕福な生活を目障りに思い、労働者の報復の思想に妥協していった」。

これもあってか、労働者側は、私営企業に対して「労働者の給与の改善」を過剰に要求し、もともとの給与の四～五倍になっていた者もいた。「労働者は翻身〔解放されて生まれ変わるという意味〕を誤解し、高すぎる待遇を要求するだけでなく、労働規律を遵守せず、時間通りに出勤せず、真面目に仕事をせず、工場の規則を遵守せず、会議や娯楽によって生産の時間を占めさせ、工場の売買に干渉し、低予算のコストによって分配を多くしようとし、復職を強制するなどの、悪い現象を引き起こしていた」。

他方ブルジョアジーは、「消極的になり懸念を抱き」、「前途がないと考えるようになり、業務を怠り、中央の生産の回復と発展という中立的な任務の方針に対して、大きな妨害の作用をもたらし」ていた。(53)

中央の共産党幹部にとってみれば、以上のような問題が天津、ひいては中国全土の経済に重大な影響を及ぼすことに懸念を抱いたのであろう。ゆえに、劉少奇を含む中央の共産党幹部は、天津の接収後、現地の共産党幹部が経済政策にまで目を向けなかったことに不満を持っていた。天津講話はまさに、このような共産党幹部の認識のもと、実行された。

三．「天津講話」に見る劉少奇の主張

では、実際の天津講話では、どのような議論が展開されたのであろうか。

（一）天津講話前における中国共産党中央の方針

劉少奇は三月五～一三日の共産党の七期二中全会に参加している。同会議では、前述のように共産党の活動の中心を農村から都市に移すこと、「労働大衆と団結し、知識分子を味方とし、できるだけ多くの、共産党と合作し得る小ブルジョアジー・自由ブルジョアジーおよびその代表的人物を味方と」すること、都市において工業生産を回復・発展させることなどが取り決められた(54)。

劉少奇は同会議で発言を行っており、都市における活動について、「一本槍」（原文「単打一」）というやり方は「必ず変更しなければならず、さもなければ過ちを犯すこととなるであろう」と指摘している(55)。ただし、一方で「労働者は必ず依拠しなければならない」とも述べており、この時点ですでに曖昧な表現を用いている。生産を発展させるためにはブルジョアジーに配慮しなければならないが、党のイデオロギーとしては労働者を優先したいという、相矛盾する選択があり、両者の間で苦悩している様子が伺える。

劉少奇の報告は毛沢東によって「全ての意見に私は同意する」と認定されていた上に(56)、毛自身も同会議において都

写真－4　七期二中全会の様子。劉少奇も中国共産党七期二中全会に参加していた

（出所）中国革命博物館編『中国共産党70年図集』上海：上海人民出版社、1991年、826頁。

市政策を重視することを明言している[57]。したがって、共産党中央の指導者は以上の方針に同意していたものと考えられる。

その後、劉少奇は七期二中全会において決定された共産党の方針を貫徹させるために、共産党中央の委託を受けて、天津の視察と指導を行うこととなった[58]。

劉少奇は四月一〇日には天津に到着し、最初に黄敬市長、天津公用局、天津工業処、天津貿易管理処による報告を聞いた。この時、劉少奇がいくつか意見を述べることはあったが、本格的な講話は一八日から始まった。

劉少奇が講話を行った場所と日程は、以下の通りである。天津市委員会（四月一八日）、対内・対外貿易担当幹部会（二〇日）、「天津の活動に対する指示」の発表（二四日）、天津国営企業の職員に対して（二五日）、天津商工業ブルジョアジーとの座談会（二五日）、天津職工代表大会（二八日）、華北職工代表大会（五月五日）、天津市委員会拡大会議（六日）。その他、日にちは定かではないが、天津の幹部会において劉少奇が幹部の質問に答

えるという場もあった。以下、劉少奇が実際に天津でどのような講話を行ったのかを時系列順に見ていきたい。

（二）天津市委員会（四月一八日）

劉少奇はここでは天津の接収を賞賛しながらも、「現在の任務はいかにして、この都市を改造し、管理し、発展させるかである」とした上で以下のように述べた。「労働者階級に誠心誠意依拠しなければならない」。ただし自由ブルジョアジーは「闘争の対象」ではなく、「団結の対象である」。「もし自由ブルジョアジーを闘争の対象とするのなら、それは路線の誤りである。天津幹部は思想においてこの点についてはっきりしていない」。

劉少奇によれば、自由ブルジョアジーに対して、団結のみで闘争がないのは「右傾機会主義」であり、闘争のみで団結がないのは「左傾機会主義」であるため、自由ブルジョアジーとは「重点はやはり団結」であり、むしろ「自由ブルジョアジーは除外することはできず、彼らを発展させる必要があり、原則の対象がはっきりしていないと、自陣営を乱すこととなり、農村にいて中農を害するのと等しい」。したがって、労働者の給与に関しては、「もともとの給与が低すぎた者は、増加させてよいが」、「その最高額がもともとの給与の五〇％を超えないようにし、あるいは給与が低すぎるために、五〇％を超えなければならない場合、政府によってこれを批准する」とした。

その上で劉少奇は毛沢東の「四面八方」という発言を紹介している。このうち「四面」とは「公私関係、労資関係、城郷関係、内外関係〔それぞれ、公営と私営の関係、労働者と資本家の関係、都市と農村の関係、都市の内外と中国内外の関係の意味〕」を指し、「八方」とはこれら「四面」のいずれにも気を配ることである[59]。この「四面八方」という言葉はこの後の講話にも度々登場することになり、当時の共産党の経済政策にとっても重要な目標となっていく。

（三）対内・対外貿易担当幹部会（四月二〇日）

ここでは、「現在は、公・私営は共同で発展するもの」であり、「国営と私営は対等であり、衝突するものではない」とした。私営企業に対しては、「主導的に彼らとの衝突を避け、彼らと経済的な連盟を行い、彼らと全面的に協力するべき」であるとし、「今日の重点は連合にあり、闘争にはない」と述べた[60]。

（四）「天津の活動に対する指示」（四月二四日）

ここでは、天津を管理し改造するために、「プロレタリアートに依拠し」、「知識分子を勝ち取り」、「我々と協力する自由ブルジョアジーとその代表人物を勝ち取る」か、あるいは「彼らに中立を保持させる」とした。劉少奇はここで政権に協力できる者として、「できるだけ多くのブルジョアジー、民族ブルジョアジー」を挙げており、「自由」とは形容を加えたものであるとしている。

そして、「天津のブルジョアジーは我々プロレタリアートの闘争対象ではないというだけではなく、むしろ団結し勝ち取る対象であ」り、連合は長期にわたるものとした。ただし、ブルジョアジーに対して、「ただ闘争があるだけで連合がないということでもなく、またただ連合だけで闘争しないというわけでもない」として、曖昧な表現を用いている。

その上で、「労資両利（労働者と資本家双方の利益に気を配ること）」について、労働者による資本家への要求が高すぎることを指摘し、工場の規則を守らない、管理者の指揮を聞かないといった行動を戒めている。そして、軍事管制委員会によって公布された、以下のような規定を紹介している。①「全ての公私の工場はできるだけ解放前の労働者・職員の生活水準を保証し、これを下げてはならない」、②「現在は軍事の時期であり、経済は困難であり、労働

写真－5　劉少奇が「天津講話」と前後して天津の塘沽を視察した時の様子

（出所）中国革命博物館編『中国共産党70年図集』上海：上海人民出版社、1991年、827頁。

者の生活を高めることは現在不可能であるが、将来的には必ず高めることは可能であり」、「〔これについて〕労働者に説明を行い、彼らの了解を取る」、③「全ての公私の工場は必ず開業し、努力して生産を進めなければならない」、④「工場と雇用主は、生産の必要のために労働者を雇い、解雇することができるが、全ては必ず生産の必要のためでなければならない」、「政治的な理由で労働者を除名してはならず」、「工会は工場側に労働者の雇用と解雇を強制してはならず、資本家も労働者を雇用・解雇する権利を有しない」、⑤「雇用主は労働者を叩いたり罵ったり虐待してはならないが、労働者は必ず工場の規則を遵守し、指揮に服従しなければならない」、⑥「労働者の会議やその他の活動は必ず労働の時間外に行わなければならない」。

さらに、劉少奇は労資の紛糾が解決できない場合は、公営の場合は上級機関によって解決し、私営の工場は労働局によってこれを解決するとした。

ところで、劉少奇はこの「指示」の中で、いわゆる「資本主義」による「搾取」について、興味深い議論を展開している。すなわち、「資本主義の搾取制度は完全に廃止することはできず、用途」があり、「今日の労働者の苦しみは資本主義が発展したために受けている苦しみではなく、資本主義が発展していないために受けている苦しみであり、現在の中国の条件のもとでは、私的資本主義の搾取は若干の発展があり、国民経済にとって有利なものであり、中国にとっても有利なものであり、労働者にとっても有利なものである」としている。さらに、「一定の歴史的条件において搾取には進歩性があり、拡大することができればよりよい」とまで言っており、「搾取」をむしろ肯定的に捉えている。これは共産党のイデオロギーから言っても、極めて突出した発言であると言えよう。(61)

（五）天津国営企業の職員に対する講話（四月二五日）

ここではまず、天津の国営企業において、かつて職員と労働者の間で紛糾があったことに触れ、過去に職員が労働者を叩いたり、罵ったりしたことに問題があるとし、その背景として「歴史的に資本家が職員を利用して労働者を圧迫したこと」、職員が「労働者を軽く見る傾向があった」ためであると劉少奇は指摘している。

しかし、劉少奇によれば共産党にとっては両方とも「雇用労働者」であり、また「中国人は知識分子が少ない」ために、「必ず職員と労働者は相互に団結」しなければならないとした。その方法としては、職員が、①観点の是正、すなわち過去の肉体労働への軽視を改める、②自己批判、すなわち過ちを認め、その過ちを是正するという二点が挙げられている。なお、②については、もし改正しない場合は、全員で監督を行うとしている。しかし、一方で「寛大に処理」するようにとも述べ、職員に対する配慮も見せている。(62)

（六）天津商工業ブルジョアジーとの座談会（四月二五日）

ここでは現在の主要な問題は「生産の回復と発展であ」り、また「政府は国営生産を発展する必要があるが、私営生産も発展させる必要がある」とし、これこそが「公私兼顧〔公営企業と私営企業の両方を顧みること〕」であるとした。しかも「将来、私営生産が公営を超えたとしても、政府はこれを恐れない」とまで述べている。

さらに「公私合作」についても提案しているが、これについては「合作が多く、合作が長く、公私両利であることを希望する」としつつも、「合作は完全に自由であり決して強制しない」としている。

劉少奇によれば、この座談会で資本家の方から徴税について、三％から一・五％に減額できないかという意見があったようである。これについては戦争中で国家の経費が困難であるとして拒否されたが、内戦が終了すれば負担が軽くなるということも示唆されている。

なお、資本家の中には、自らが「ブルジョアジー」と呼ばれたり、「搾取」という言葉を聞くことを恐れたりする者もいたようであり、当時の彼らの心境を端的に示している。これに対して、劉少奇は「流血革命を経ない」とし、「将来中国の工業生産が過剰となった時、すなわち社会主義を行う時、私的資本の積極性は役目を終える」が、「それは数十年以後のことである」と指摘した。

ただし、闘争については「自然で、客観的なものであり、二つの対立する階級は、必ず闘争を通して初めて両利となる」として、それ自体は否定しなかった。

そして、「搾取」については、「封建的搾取が除去された後では、資本主義の搾取には進歩性がある。今日は工場の開業や労働者への搾取が多すぎるということではなく、むしろ少なすぎる。労働者、農民の苦しみは彼らを搾取する者がいないということであり、あなた方は搾取する能力があり、国家人民に有利であり、誰もが賛成している」。「資本家の搾取は歴史的功績」があり、「今日の資本主義搾取は合法的であり、多ければ多いほどよい」と、さらに踏み込んだ表現をしている。(63)

（七）天津職工代表大会（四月二八日）

ここでは、まず共産党はプロレタリアートの最も忠実な友人であるとし、プロレタリアートの友人として、第一に農民、第二に小ブルジョアジー、第三に民族ブルジョアジーを挙げている。これとは対照的に、劉少奇は「三つの敵」として、「帝国主義、封建主義（その代表は地主階級）、官僚資本家」を挙げ、「国民党はその集中的代表者である」とした。

劉少奇はここでも「重点は連合であり、闘争ではない」とし、以前に天津の共産党幹部が、ブルジョアジーを打倒するというスローガンを出し、彼らの工場・商店を分割し、劣悪な結果を招いたことを批判し、「闘争によってブルジョアジーを消滅させれば、工場は減少し、生産も減退し、労働者が失業する」と注意を促している。ただし、「闘争だけで連合しないというのは誤りであり、連合のみで闘争しないというのも誤りである」ともしており、やはり曖昧な表現が見られる。

「搾取」については、これまでと同様に「奴隷的な搾取制度はすでに排除され、封建的搾取も排除したが、資本主義の搾取は現在はまだ排除できない」とし、「搾取する人間がいることは搾取する人間がいないことよりもよい」という議論を展開している。

その上で、長期的な利益、全体的な利益のために、労働者に対して、資本家に過度の要求をしないようにと戒めている。(64)

（八）華北職工代表大会（五月五日）

劉少奇はここで、「現在は重心を都市に置く」ことを強調し、「都市と農村の関係をよくする必要がある」とした。そして天津において給与が高すぎるために、資本家が恐怖心を持っていることについては、「是正しなければ過ちを犯す」としている。しかし、「資本家のみに配慮し、労働者に配慮しないことも、重大な過ちを犯すであろう」ともしている。劉少奇自身も認めているように、「現在の問題は複雑であり、複雑な原因は四面八方に配慮しなければならない」ためであった。共産党や劉少奇すらも、どちらに重点を置くべきか混乱している様子が見て取れる(65)。

（九）天津市委員会拡大会議において（五月六日）

ここでは劉少奇はまず、天津講話を通して、資本家が喜び、彼らの気持ちが安定したことを報告している。そして、現在の問題は「労働者が喜んでおらず」、幹部も「消極的な態度で抵抗している」ということにあるとし、これについては、説得という手段を用いることとした。

なお、資本家との合作については、「二、三年後、帝国主義、封建主義、官僚資本主義勢力が徹底的に粛清された後も、民族問題においてはブルジョアジーと合作しなければならない」としており、ゆえに「我々はプロレタリアートとブルジョアジーの矛盾を強調しすぎる必要はない」としている。ただし、「現在は政治的に、労働者の地位を高める必要がある」、「いかなる資本家も友人になり得ると考える必要はない」とし、資本家への警戒心を解いてはいない。あくまで彼らを利用することは、生産や経済のためにすぎないということであろうか(66)。

（一〇）幹部会

この他、具体的な日にちが資料には記されてはいないが、劉少奇は幹部会においても発言している。ここでは劉少奇は、一部の幹部が職員のみの話を聞き、労働者の話を聞かない、あるいは労働者の話のみを聞き、職員の話を聞かないという状況について、「ただどちらかの話を聞きさえすればいいというのは誤りである」としている。しかし、ここでは双方が真っ向から対立した時に、どうすればよいのかというところまでに話が及んでいない(67)。結果として天津講話もブルジョアジーへの配慮は盛り込んだものの、曖昧さを残したまま終了することになる。

四.「天津講話」のその後

以上、ここまで劉少奇の天津講話における具体的な内容を見てきた。一連の講話が示しているように、劉少奇はブルジョアジーに対して一定の配慮を示していた。ただし、ブルジョアジーとは「連合」が重点としつつも、「闘争」については完全には否定していなかった。党是として「社会主義」を目指し、プロレタリアートの利益を考慮せざるを得ない共産党としては、当段階では、ここを妥協点とせざるを得なかったのであろう。

劉少奇による天津講話は後に太原・石家荘・張家口・唐山などにも転送されたということから、他の都市にも影響があったと思われる。

天津講話を受けて、天津市の幹部は六月に天津市委員会を開催し、劉少奇の一連の指示に対する議論を行った。ここでは天津接収当初の自らの政策の誤りを認めた上で、①自由ブルジョアジーの政治的革命性と経済的進歩性を利用すること、②連合を主とし闘争を主としないこと、③資本家の積極性を出発点として、各方面の活動を改善すること、④労働者と資本家に正常な関係を打ち立てること、⑤思想的な指導を必ず強め、幹部の思想と大衆の傾向を常に収集し、批判と教育を加えること、⑥無組織・無規律の状態に対して、厳重な批判と教育を加えること、⑦「左」を正すことなどが決定された。ただし、「労働者は決して抑制しない」、「左を正した後は、右傾も厳重に防止する」とも述べている。(68)

では実際に労資関係が極めて紛糾し、現場の共産党幹部が仲裁を行わなければならない状況になった時に、幹部たちはどのように対応したのであろうか。ここからは資料上の制約のために、想像の域を出ないが、現場の共産党幹部は農村出身であること、党是としても、また自らの出自としても、労働者に配慮し、資本家を毛嫌いする傾向にあったことを踏まえれば、労資対立が先鋭化し、現場の労働者たちが自らの待遇の改善を求めて、共産党をつきあげた時、共産党幹部はむしろ労働者に肩入れしていったのではなかろうか。しかも、いわばガイドラインとなるはずであった劉少奇の講話自体が曖昧であったために、現場の幹部はいかようにも解釈できたのである。

少なくとも天津においては、その後も資本家と労働者の対立は解決されることはなかったようである。例えば、一九四九年八月末に天津市の各界人民代表会議が開催された時、労働者は「資本家が口を開けばすぐに批判する」という状況であった。天津市の共産党幹部も労働者の発言の主導権を強調し、資本家間の分裂を利用するかのような主張をしており、必ずしも資本家に配慮しているとは言いがたい状況であった。(69)各界人民代表会議は、本来であれば各界の人物が意見を出し合い、最終的に打開策、解決策を探りあう場であるはずであったが、労資関係はここにいたっても完全には改善されていなかった。

実はこの時期、こうした問題が中央共産党幹部においても重大な論争の種になりつつあった。

劉少奇は一九四九年五月に「天津の責任ある同志が完全に資本家を省みず」、「新聞においても資本家の悪いところだけを挙げ、資本家のよい面について言わ」ず、「党内思想においても私的資本主義の投機性や、破壊性のみを強調し」、「資本主義の制限のみを強調」しており、このために「多くの資本家が操業の停止・廃業あるいは逃亡の準備をしている」。これは「即刻ブルジョアジーを消滅させようとする傾向であり、実際は活動中の『左』傾冒険主義の誤った路線であり、党の政策方針と根本的に相反するものである」と指摘した上で、東北においても私的資本主義および民族ブルジョアジーに対する政策が、まだ解決されていないことを念頭に、以下のように批判している。「聞くところによれば、東北の都市での業務において」、「〔天津と同様の〕傾向があるようであり、東北局が直ちに検討を行い、これを是正することを希望する(70)」。

薄一波によれば、当時東北局の書記であった高崗(71)はこの時、劉少奇の批判を受け入れたが、彼に対して恨みを抱いていたとしている。そして、「天津講話を写し取り、これを『檔案』とし、ばら撒き、下心をもってデマを流し、悪辣にも少奇同志を攻撃し、党に疑義をとなえた(72)」。

後のいわゆる「高崗・饒漱石事件(73)」への伏線はここにもあったと考えられる。この時は、鄧小平や朱徳も劉少奇の擁護にまわったこともあり、劉少奇が批判の対象となることはなかった。ただし、当初天津講話を支持していた毛沢東ですら、劉少奇による「搾取は多ければ多いほどよい」などの主張については、「必ずしもこのようには言えない」として、暗に否定していた(74)。

では毛沢東がこの時期、経済政策・ブルジョアジーの重視と、相対的に「社会主義」・労働者の軽視を伴う講話にどこまで同意していたのか。これについては資料の制約のため、知る術はない。楊奎松は、毛沢東はブルジョアジーへの警戒を緩めたことはないと指摘している(75)。であるならば毛沢東にとっては敏感な問題であるがゆえに、劉少奇の言説が毛沢東の想像をこえた時、ある種の疑念が生じたという見方も可能であろう。

これを考える上で興味深いのは、黄克誠の回想に示されている毛沢東の主張である。すなわち、一九四九年五月に毛沢東は黄克誠を呼び出し、天津における活動を報告させたが、この時のやり取りの中で、毛沢東は現在の「主要任務はやはり階級闘争であり、資産家階級の問題を解決しなければならない」と主張したのである。黄克誠はこれについて、毛沢東は階級闘争を主要な矛盾と捉えていたという意味で一貫していたと回想している。[76] むろん、この黄克誠の回想一点のみで、毛沢東の当時の考え方を図ることはできない。しかし、もし黄克誠の回想が事実であるならば、やはり毛沢東は基本的に劉少奇と異なる認識を持っていたと言える。

いずれにせよ、中国の成立直前においては、共産党内で、①経済成長を相対的に重視し、ゆえにブルジョアジーに配慮し、「搾取」（さらに言えば経済的格差）を認めるという主張と、②「社会主義」的な解釈に基づく政策を重視し、このためにブルジョアジーを含む特権階級の淘汰を主張し、「搾取」を認めず、均分的な政策を目指すという、二種類の論争があったことが理解できる。

こうした論争は、実は後の劉少奇と天津講話の数奇な運命へとつながっていく。天津講話は上述の①のような主張を盛り込んでいたために、時として「社会主義」を標榜する共産党にとって、極めて敏感な問題をはらむものであった。ゆえに天津講話は、その時代の政治情勢によって翻弄されていくことになる。すなわち「搾取」すら認めた天津講話は、「社会主義」への絶対的支持を標榜する勢力にとっては格好の攻撃材料であり、まさにそのピークが文化大革命であった。この時、林彪やいわゆる「四人組」は劉少奇を下野させるために、天津講話を積極的に取り上げ、これを批判していったのである。もちろん、二〇年後にこの講話によって批判されるとは、劉少奇は想像だにしなかったであろうが。

しかし、天津講話は鄧小平による「改革開放」以後においては、むしろ再評価されることとなる。「社会主義市場経済」を目指す鄧小平にとっては、天津講話はむしろ自らの政策の正しさを示す根拠となったのであろう。

現代中国においてはもはや天津講話というキーワード自体は登場することはなくなった。しかし、いわゆる「薄熙来事件」において、経済的格差が広がる中で、かつての毛沢東主義すなわち均分主義へのノスタルジーが復活し、これが薄熙来への一定の支持を集める要因となったという事実は、天津講話にて示されたような経済政策にまつわる共産党内の議論はいまだに解決していないことを如実に示している。その意味で、天津講話における当時の共産党内の議論は極めて現代的な意味を有しているのである。

おわりに

本章は共産党による地方の支配について、特に劉少奇の天津講話に着目し、共産党の経済、なかんずく対ブルジョアジー政策を検証することにより、共産党の「正統性」調達の実態に迫ろうとした。

共産党は都市接収後の過度の労働者への支持から、都市の経済そのものを破壊しかねない危機に直面した。共産党の危機感は「李自成」という言葉に集約されており、同様の危機感は共産党中央の指導者に共有されていた。そこで共産党はブルジョアジーへの配慮によって、経済の回復に努めようとした。

こうした中で、天津のブルジョアジーを安心させ、経済を立て直すべく劉少奇が派遣され、天津講話が行われた。天津講話はその意味で言わばガイドラインとして経済政策の方針を決定するはずであった。

講話の内容を具体的に振り返れば、「四面八方」という言葉に示されているように、労働者と資本家双方に配慮することが盛り込まれており、ブルジョアジーとの「連合」も重視するものであった。このため、労働者の過度の待遇の改善要求を戒め、資本家に対しては「搾取」を認めていった。

しかし、一方で劉少奇は資本家への「闘争」そのものについては完全に否定しておらず、これが中国成立期における政策の曖昧さと、資本家への配慮にも限界があったことを示していた。しかも、その後の天津市各界人民代表会議における状況を見る限り、資本家の地位は必ずしも改善されていなかった。

このようにして見ると、本章の「はじめに」で提示した、「中間を行おうとする」可能性が「早晩閉ざされてしまう道」だったのかどうかという論点について、一定の示唆が得られる。すなわち、その可能性は最初からゼロだったとは必ずしも言えないということである。なぜならば、これまで見てきたように中国成立直前の共産党は、ようやく勝利の道筋が開けたのみで、自らの権力基盤は完全には確立しておらず、さらに経済政策の失敗が自らの政権をも危うくしていたのを認識していたからである。他方で次章以降にて明らかになるように共産党は当時権力の掌握に努めており、少なくとも表面上は強力な政治体制が形成されつつあった。では実際にそれはどのようになされていったのか。次章以降では、華北（第五章）、石家荘（第六章）、中央政府（第七章・八章）の事例を見ていく。

註

(1) 共産党員。当時、中国共産党第七届政治局委員、書記処書記、中国共産党中央工作委員会書記など。後に、中央人民政府副主席、中央軍事委員会副主席などを歴任。また日中戦争後、毛沢東が重慶で会談を行っている間には中国共産党中央主席を、国共内戦中の華北にあっては党中央の日常業務を取り仕切った。馬洪武・王徳宝・孫其明編『中国革命史辞典』北京：檔案出版社、一九八八年、七三〇～七三一頁。

(2) なお、ここで言う「ブルジョアジー」とは、劉少奇によれば帝国主義・封建主義・官僚資本家を除いた、小ブルジョアジー・民族ブルジョアジー・自由主義ブルジョアジーが含まれていたようである。詳細は第二章注(27)を参照のこと。ただし、それぞれの違いについて、当時の共産党の中で明確な規定があったのかどうかについては定かではない。

（3）これを如実に示しているのが石家荘市人民代表大会であるが、詳細は第六章にて論じる。丸山眞男『丸山眞男集』第五巻、岩波書店、一九九五年、一五三頁。
（4）李文芳「対劉少奇〝天津講話〟的再認識」『党的文献』第七〇期、一九九九年七月、三五～四〇、七四頁。
（5）水羽信男「共和国成立前後の民主建国会、一九四五―一九五三年」久保亨編『一九四九年前後の中国』汲古書院、二〇〇六年、七五～一〇一頁。楊奎松（大沢武彦訳）「共産党のブルジョアジー政策の変転」同『一九四九年前後の中国』一〇三～一三七頁。
（6）高橋伸夫「〔書評〕久保亨編『一九四九年前後の中国』中国政治史研究の立場から」『近きに在りて』第五二号、二〇〇七年一一月、一〇一～一〇七頁。
（7）「中共中央華北局関於晋察冀与晋冀魯豫両区合併問題的報告」中央檔案館編『共和国雛形――華北人民政府』北京：西苑出版社、二〇〇〇年、六九～七四頁。
（8）詳細は本庄比佐子・内山雅生・久保亨編『華北の発見』汲古書院、二〇一四年に詳しい。なお、華北省は一九四九年七月に中国共産党河北省委員会が成立したのに伴い、「河北省」と改称した。また、一九四九年時点での「河北省」には、「冀中、冀東区の全部、冀南区の二、三、五専区、太行区の一専区、および安陽専区の武安、渉県、磁県、察哈爾省の平西、易水、建屏区」が含まれていた。中共河北省委組織部・中共河北省委党史資料徴集編審委員会・河北省檔案局編『中国共産党河北省組織史資料（一九二二―一九八七）』石家荘：河北人民出版社、一九九〇年、一三～一四、五七一頁。
（9）中共河北省委組織部・中共河北省委党史資料徴集編審委員会・河北省檔案局前掲書『中国共産党河北省組織史資料』五七一頁。
（10）前掲「中共中央華北局関於晋察冀与晋冀魯豫両区合併問題的報告」中央檔案館前掲書『共和国雛形』七〇頁。
（11）中華人民共和国国家統計局編『中国統計年鑑――二〇一〇』北京：中国統計出版社、二〇一〇年。
（12）石家荘地区地方志編纂委員会編『石家荘地区志』北京：文化芸術出版社、一九九四年、七三頁。なお、『石家荘地区志』によれば、「石家荘地区」とは、一九四九年時点では、石家荘市に、正定、平山、霊寿、井陘、建屏、獲鹿、晋県、藁城、欒城、趙県、束鹿、元氏、賛皇、高邑、辛集鎮を加えたものであるとされている。同『石家荘地区志』七五頁。
（13）石家荘市地方志編纂委員会編『石家荘市志』（第一巻）、北京：中国社会出版社、一九九五年、一頁。

(14) 石家荘地区地方志編纂委員会前掲書『石家荘地区志』一四四頁。
(15) 石家荘市地方志編纂委員会前掲書『石家荘市志』（第一巻）、一六五頁。
(16) 石家荘地区地方志編纂委員会前掲書『石家荘地区志』五七九頁。
(17) 前章で見た通り、位置づけは別としても「大会」という名称を使ったのは華北と石家荘市のみである。
(18) 中央檔案館編『中共中央文件選集』（第一八冊）、北京：中共中央党校出版社、一九九二年、三九五、四二二、四四三、五六二頁。なお、謝覚哉によれば一九五一年三月時点までに省レベルでは二三の地域、「省レベルに相当する行政区」では、七つの「行政区」が人民代表会議を開催していた。謝覚哉によれば、これらの省・行政区では、いずれも協商委員会が成立しており、そのうち一八の省において、すでに人民政府が組織されていた。この他、一三の中央・大行政区の直轄市、七七の省・行政区の直轄市、一九六一の県、四六の旗、四七の市が、それぞれのレベルの人民代表会議を開催していた。全国政協謝覚哉文集編輯辦公室編『謝覚哉文集』北京：人民出版社、一九八九年、七五八〜七五九頁。なお、謝覚哉の経歴は以下の通り。共産党の指導者の一人。一九二五年入党。一九三三年、江西地区中央ソビエト政府秘書。西遷後、延安で中国共産党中央西北局副書記。一九四八年、華北人民政府司法部部長。一九四九年一〇月、中央人民政府政務院政務委員、内務部部長兼政治法律委員会委員。霞関会編『現代中国人名辞典——一九六六年版』江南書院、一九六六年、二一九頁。
(19) このうち、例えば華北が一九四八年八月、保定市が一九四九年一月、張家口が四月、太原が五月、石家荘市が七月、天津が八月、北京が八月にそれぞれ人民代表会議（大会）を開催した。
(20) 中共石家荘市委党史研究室編『中国共産党石家荘歴史大事記述（一九二〇・三—一九四九・一〇）』石家荘：新華出版社、一九九七年、五二〇、五三一頁。
(21) 「中共中央工委関於収復石家荘的城市工作経験」中央檔案館・河北省社会科学院・中共河北省委党史研究室編『晋察冀解放区歴史文献選編：一九四五—一九四九』北京：中国檔案出版社、一九九八年、三九四頁。以下、『晋察冀解放区歴史文献選編』と略記。
(22) 中共石家荘市委党史研究室前掲書『中国共産党石家荘歴史大事記述』五二四、五二七頁。
(23) 以下、特に断らない限り、当時の石家荘市の状況とこれに対する劉少奇の指示については「黄敬伝達劉少奇関於石家荘工作的指示」『晋察冀解放区歴史文献選編』三四一～三五五頁を参照。なお、田中恭子・小林弘二の研究にあるように、華北農村の土地改革は急進化していたという事実は、本章との関連においても重要である。田中恭子『土地と権力――中国の農村革命』名古屋大学出版会、一九九六年。小林弘二『中国革命と都市の解放――新中国初期の政治過程』有斐閣、一九七四年。

(24) 注(1)にあるように、劉少奇は当時、中国共産党中央政治局副主席、中国共産党中央委員会書記などを兼任し、また一九四七年から中国共産党中央工作委員会書記として、華北を担当している。したがって、劉少奇の発言は、当時の華北や石家荘市にとって極めて重要なものであったと思われる。馬・王・孫前掲書『中国革命史辞典』七三〇～七三一頁。

(25) 「中共晋察冀中央局関於糾正土地改革中過〝左〟現象的指示」『晋察冀解放区歴史文献選編』二九五～二九六頁。

(26) 中共石家荘市委党史研究室前掲書『中国共産党石家荘歴史大事記述』五二〇頁。

(27) 前掲「黄敬伝達劉少奇関於石家荘工作的指示」三四四頁。

(28) 「中共中央工委関於収復石家荘的城市工作経験」『晋察冀解放区歴史文献選編』三九六～三九七頁。

(29) その他の一般的な地主についてはこれを帰郷させることとし、その際、動産・家財道具を没収するよう指示した。ただし、彼らの持ち物を全て奪わないよう配慮もしていた。

(30) 中共石家荘市委党史研究室前掲書『中国共産党石家荘歴史大事記述』五三五頁。

(31) 「中共中央工委関於収復石家荘的城市工作経験」『晋察冀解放区歴史文献選編』三九七頁。

(32) 天津地域史研究会編『天津史――再生する都市のトポロジー』東方書店、一九九九年。

(33) 鄭質英編『天津市四十五年大事記』天津：天津人民出版社、一九九五年、一頁。

(34) 中共天津市委党史資料徴集委員会・天津市檔案館編『天津接管史録』(上巻)、北京：中共党史出版社、一九九一年、六頁。以下、『天津接管史録』と略記。

(35) 「黄克誠給中央、華北局総合報告――関於天津接収工作」『天津接管史録』一〇二頁。

(36) 河北省檔案館所蔵檔案「少奇同志論城市工作」(檔案管理番号：五七二―一―三一―三)。

(37) 「中央関於新解放城市中組織各界代表会的指示」中央檔案館編『中共中央文件選集』(第一七冊)、北京：中共中央党校出版社、一九九二年、五二九～五三三頁。

(38) 明末の農民蜂起の指導者。北京を陥落させ明王朝を打ち倒したものの、政策の誤りから民意の離反を引き起こし、さらに清軍の攻撃により敗退し政権の座も奪われた。その間、わずか四〇日と言われている。朝陽出版社編輯部編『中国歴史人物辞典』香港：朝陽出版社、一九七九年、五一三～五一四頁。佐藤文俊『李自成――駅卒から紫禁城の主へ』世界史リブレット人四一、山川出版社、二〇一五年。

(39) 久保亨・土田哲夫・高田幸男・井上久士『現代中国の歴史――両岸三地一〇〇年のあゆみ』東京大学出版会、二〇〇八年、一三三頁。

(40) 薄一波『若干重大決策与事件的回顧』(上巻)、北京：中共中央党校出版社、一九九一年、五頁。

(41) 詳細は第六章にて論じる。

(42) なお接収管理政策を研究したものとして、林幸司や泉谷陽子の研究がある。林幸司『近代中国と銀行の誕生――金融恐慌、日中戦争、そして社会主義へ』御茶の水書房、二〇〇九年。泉谷陽子『中国建国初期の政治と経済――大衆動員と社会主義体制』御茶の水書房、二〇〇七年。

(43) ただしこの時、国民党の政治機構は「徹底して破壊するように」とも指示していた。中共中央文献研究室編『劉少奇年譜（一八九八―一九六九）』(下巻)、北京：中央文献出版社、一九九六年、一七五～一七六頁。

(44) 「中央軍委関於準備接収北平、天津、唐山工作的指示」中央檔案館前掲書『中共中央文件選集』(第一七冊)、五六九～五七〇頁。

(45) 共産党員。後に中国共産党湖北省委員会書記、中国人民解放軍総参謀長なども歴任。馬・王・孫前掲書『中国革命史辞典』九〇〇頁。

(46) 以上の黄克誠の指示については「黄克誠同志向入津高級幹部的講話――関於接管天津的任務与方針」『天津接管史録』五七～五九頁。

(47) 「黄克誠給中央、華北局総合報告――関於天津接収工作」『天津接管史録』九八～一〇三頁。

(48) 以上の事実については、「天津市軍事管制委員会市政接管処接管工作経験」中共天津市委党史資料徴集委員会・天津市檔案館、前掲書、一〇三～一〇七頁参照。なお、労働者による同様の要求は「天津市軍事管制委員会接管部接管城市工作初歩総結」『天津接管史録』一〇九頁にも示されている。

(49)「対天津工作的初次意見——在四月一八日天津市委会上」中国人民大学中共党史系資料室編『劉少奇同志天津講話（内部参考）』出版地不明：出版社不明、一九八〇年、六頁。以下、『劉少奇同志天津講話』と略記。
(50)共産党員。一九四九年当時は中国共産党中央委員会委員、中国共産党中央華北局書記、華北人民政府委員会委員兼同政府第一副主席などを担当。後に中央人民政府委員会委員、政務院政務委員なども歴任。外務省アジア局・霞関会編『現代中国人名辞典』江南書院、一九五七年、五二二頁。
(51)薄一波前掲書『若干重大決策与事件的回顧』五〇頁。
(52)薄一波前掲書『若干重大決策与事件的回顧』五〇～五一頁。
(53)以上の点については、「天津市委会討論少奇同志指示的決定」『劉少奇同志天津講話』一一六～一一七頁。
(54)「中国共産党第七期二中全会コミュニケ（一九四九年三月）」日本国際問題研究所中国部会編『新中国資料集成』（第二巻）、日本国際問題研究所、一九六四年、四四八～四五〇頁。
(55)中共中央文献編輯委員会『劉少奇選集』（上巻）、北京：人民出版社、一九八一年、四一九頁。中共中央文献研究室前掲書『劉少奇年譜』一八五頁。
(56)中共中央文献研究室編『劉少奇伝』（下）、北京：中央文献出版社、一九九八年、六二二頁。
(57)「中国共産党第七期二中全会における毛沢東主席の報告（一九四九年三月五日）」日本国際問題研究所中国部会前掲書『新中国資料集成』（第二巻）、四三二～四四三頁。
(58)中共中央文献研究室前掲書『劉少奇年譜』一九二頁。
(59)「対天津工作的初次意見」『劉少奇同志天津講話』六～一五頁。
(60)「在対内、対外貿易負責幹部会上的講話」『劉少奇同志天津講話』一五～一八頁。
(61)「対天津工作的指示」『劉少奇同志天津講話』一八～四二頁。
(62)「対天津国営企業職員的講話」『劉少奇同志天津講話』四二～五三頁。
(63)「在天津工商業資本家座談会上的講話」『劉少奇同志天津講話』五五～六八頁。
(64)「在天津職工代表大会上的講話」『劉少奇同志天津講話』八一～九三頁。
(65)「在華北職工代表大会上的報告」『劉少奇同志天津講話』九九～一一二頁。

(66)「在天津市委拡大会議上的講話」『劉少奇同志天津講話』一一三～一一六頁。
(67)「在天津幹部会上所解答的問題」『劉少奇同志天津講話』六八～八〇頁。
(68)「天津市委会討論少奇同志指示的決定」『劉少奇同志天津講話』一一六～一二七頁。
(69)「天津市各界人民代表会議初歩総結報告」華北人民政府民政部編『各級人民代表大会各界人民代表会議経験彙集』出版都市：出版社不明、一九四九年。
(70)「中央関於対民族資産階級的政策問題給東北局的指示」中央檔案館前掲書『中共中央文件選集』（第一八冊）、三一八～三一九頁。なお、この資料には劉少奇の名義は記載されていないが、薄一波前掲書『若干重大決策与事件的回顧』によれば、これは劉少奇によって作成された文書であることが記されている。さらに、この文件はその外の地域にも転送されたが、その際、毛沢東は「もしこのような誤りを克服しなければ、路線の誤りを犯す」として、暗に劉少奇の発言が正しいことを認めている。
(71)共産党員。当時、東北局書記以外にも、東北人民政府主席、東北軍区司令員兼政治委員、中国共産党中央委員会委員、中央政治局委員などを担当。中国成立後においては、中央人民政府主席などにも選出されたが、いわゆる「高崗・饒漱石事件」によって批判され、一九五四年に自殺したとされる。馬・王・孫前掲書『中国革命史辞典』八八九頁。
(72)薄一波前掲書『若干重大決策与事件的回顧』五七頁。
(73)この「高崗・饒漱石事件」の全容は明らかにはなっていないが、差しあたり以下の研究を参照されたい。徳田教之『毛沢東主義の政治力学』慶應通信、一九七七年。天児慧『巨龍の胎動――毛沢東vs鄧小平』講談社、二〇〇四年、一一七～一一九頁。磯部靖「連邦制の否定と地方保護主義――高崗・饒漱石事件と中央・地方関係の定位」国分良成・小嶋華津子編『現代中国政治外交の原点』慶應義塾大学出版会、二〇一三年、一一五～一四〇頁。
(74)薄一波前掲書『若干重大決策与事件的回顧』五五頁。なお、ここまで踏み込んではいないが、同時期に朱徳も「現段階は自覚的に資本家の一定限度の搾取を我慢しなければならない」としており、必ずしも劉少奇のみの考えだったというわけではない。また、鄧小平も当時、劉少奇の講話において「いくつかの間違えはある」ものの、「最も恐れていたのは『左』であった」として、劉少奇を擁護した。「関於工会工作的幾個問題」中共中央文献編輯委員会編『朱徳選集』北京：人民出版社、一九八三年、二六一～二六六頁。薄一波前掲書『若干重大決策与事件的回顧』五七頁。

(75) 楊奎松前掲論文「共産党のブルジョアジー政策の変転」。
(76) 黄克誠『黄克誠自述』北京：人民出版社、二〇〇五年、二五一頁。

第五章　「人民代表会議」制度創成の諸段階 Ⅰ

――華北臨時人民代表大会（一九四八年八月）――

はじめに

本章は、一九四八年八月に開催された華北臨時人民代表大会（以下、華北人代）を対象に、共産党が地方において、その統治権力の「正統性」を調達していく過程を、主として石家荘市の河北省档案館所蔵の資料を利用して明らかにするものである。

序論において指摘したように、華北人代が開催された石家荘市は、共産党にとって内戦後接収した、いわゆる「新解放区」であり、かつその中でも有数の大都市の一つであった。ここで開催された華北人代は、華北人代の開幕式で董必武が語ったように[1]、後の人民政協や人民代表大会のモデルとなったものである[2]。また華北人代では華北人民政府が組織され、「華北人民政府施政方針」（以下、「施政方針」）や「華北人民政府組織大綱」（以下、「組織大綱」）など重要な決議が採択された。さらに、こうして成立した華北人民政府は、後に中央人民政府の「雛形」と称されるようになる[3]。したがって、華北人代における動向は後々に全国的に多大な影響を与え、共産党にとって地方における統治の「正統性」調達のための重要な先行事例となったと考えられる。このような意味において、華北人代の実態を分析することは当時の人民代表会議制度を理解する上でも不可欠の課題と言える。

ところが、このような重要な大会であるにもかかわらず、華北人代については、十分に研究がなされたとは言い難い。唯一、中国において金燕や楊建党の研究があるが、事実関係を述べるにとどまっている(4)。

そこで本論では、（1）共産党はいかなる意図をもって、華北人代を開催することを決定したのか、（2）華北人代開催の過程においてどのようなことが討論され、どのような決議がなされたのか、（3）華北人代とそれによって組織された華北人民政府はどのような政権構造であったのか、以上の三点を検討することによって、（4）共産党の華北における「正統性」の調達がどのように行われていったのかを検証する。その上でさらに、調達された政権の「正統性」が、後の中央の政権構築と運営にどのように活かされていったのかを考察する。

第一節　華北臨時人民代表大会開催前

華北の共産党幹部は一九四七年の初期段階からすでに人民代表会議もしくはそれに準ずる機関の設立を重視していた。一九四七年一月一〇日の「中央晋察冀中央局による一九四七年の活動計画に関する指示」では、村レベルで選挙を行い、「辺区参議会を招集する」ことを示唆している(5)。この時期は基層レベルにおける選挙を通して、下から積み上げて政権建設を行う方針であったことが分かる。

同様の方針は一九四七年一一月の石家荘市接収の時点でも継続されていた。また、共産党によれば、この時点では「代表会議制度」の名称は「農民代表会あるいは人民代表会」とする予定であった(6)。

ところで、当時は「代表会議」に関して、以下の項目が取り決められていたようである。（1）土地改革で打倒された地主・富農およびその他反動分子は、選挙権・被選挙権を有しない。工業区や大都市を有しない解放区は、「農民代表政権」が主要なものとなる。（２）「各級農民代表会」あるいは「人民代表会」は、各級政府の最高権力機関とし、全ての権力は委員会あるいは大衆大会ではなく代表会に集中する。（３）「各級代表会」代表については、県以下は区、村の人民によって直接選出され、県以上は区、代表会によって間接的に選出される。（４）各級政府機関は、「代表会」に全ての活動を報告し、その同意を得なければならない。「代表会」は政府の行政、立法、司法、監察および武装などの事項に対して決議・否決を行う権利を有する。

この規定は明らかに地主・富農や「反動分子」にとって不利なものとなっている。共産党は当時すでに、彼らを排除して農民のみによる「代表会」を開催することを示唆しているが、他方では、大衆大会による統治に対しては、慎重な姿勢を示しており、大衆運動の過激化への反省が窺える。

その後一九四七年一二月七日の石門市（後の石家荘市）委員会において、一九四八年の「メーデー」にあわせて市レベルの「臨時参議会」を成立させることが取り決められた。市レベルの議会制度については、第六章において詳細に論じるが、一九四七年一二月はまさに国民政府による国民大会の選挙が行われていた時期であるため、こうした取り決めの背景には、共産党が国民政府に対抗して地方における民意の獲得をアピールしようとしたことがあると思われる。(7)

劉少奇もこの時期、「参議会委員」と「石家荘における活動について話し合う」ことを主張し、「参議会」開催の条件として以下の四点を挙げている。（１）党の組織（原文「党的組織」）や「工会、青年団、貧民組織」などの成立、（２）区街政府の成立、（３）公民の登記の完成、（４）選挙法、政府組織法などの作成。(8)

ここで「党の組織」などの成立後に参議会を開催するとしていることは、「参議会」の運営を共産党が主導する意図があったと考えられる。ただし、この時点では以上の構想はいずれも市レベルにとどまっていた。その意味で一九四七年は下からの積み上げ方式が主流であったと言えよう。

しかし、以下の劉少奇の提案によって、華北に関しては省レベルの人民代表会議が先行していくことになる。背景としてあったのは、後述するように内戦への動員体制の構築である。

一九四八年二月一六日、劉少奇によって「晋察冀と晋冀魯豫両区を合併することに関する提案」が行われた。劉少奇はここで「二大解放区を完全に合併統一した後」、「五〇〇〇万の人民を統一し、彼らを鼓舞して、西北、中原、華東を支援させる」ことを提言している。[9] 劉少奇の提案は毛沢東に注目され、彭真、聶栄臻、薄一波、陳毅、鄧子恢、康生、饒漱石が招集された中央工作委員会にて、同提案に対する議論が行われた。[10]

これを受けて三月九日には、中央工作委員会にて両解放区を統一することが決定され、「華北中央局」が成立することになった。[11] その後、五月三一日に「華北局」(以下、括弧略)において、両区の合併により「生産を発展させ、工業農業の生産を高め、これによって前線を支援する」という方針が決定された。[12] 華北局の方針が示すように、この時期、華北においては両解放区の統一は、内戦の延長線上に考えられていた。五月三一日の華北局による報告でも「戦争を無視して、兵器弾薬の生産を減少させ、人民生活の向上を過度に強調してはならない」とまで述べられている。

背景には、内戦によって華北の財政が逼迫していたという事情がある。華北局は当時、晋察冀および晋冀魯豫辺区における「六三万もの生産から離れた、党員・政府職員・軍人・民兵(原文「党政軍民」)を扶養するだけではなく、他の辺区の作戦部隊を支援しなければならなかった」。これにより、「農民の負担が極めて重くなり、〔戦争支援のための支出は〕彼らの総収入の約二〇%を占めるにいたった」。

そこで華北の共産党幹部は晋察冀辺区と晋冀魯豫辺区を統合し、権力をより集中させることにより、農民への過大な負担の増加を抑制し、物心両面のさらなる動員を行うことを企図したのである。[13]まさにこうした政治的要請を社会的基盤において正統化をはかる手段として注目されたのが華北人代であった。

こうして、六月一五日の『人民日報』社論においては、前線支援とそのための土地改革、整党活動、民主政府と人民団体の建設、生産の保証の重要性が述べられ、これらを実現し、社会秩序を安定させるために、「各級人民代表会議を設立し」、「各級人民代表会議によって各級政府委員会を選挙」し、「各級人民代表会議と各級民主政府の組織法およびその他各種の法律および条例を制定」するために、「華北解放区の全区人民代表大会を選挙し招集する準備をしなければならない」と主張されていた。[14]

なお、先の華北局による報告では、合併の方法として三つの方法——①華北局による提案→両区による参議会聯合会→両区の合併・政府の組織→華北臨時聯合行政委員会→華北人民代表大会の招集の準備→正式な華北臨時行政委員会の組織、②華北局による提案→両区による華北臨時人民代表大会の招集→両区の合併・政府の組織→正式な華北人民代表大会の開催、③華北局による提案→両区政府・参議会の責任者による聯席会議→両区の合併・政府の組織→華北臨時聯合行政委員会の成立→華北人民代表大会の招集→正式な華北聯合行政委員会の組織が提示されている。

実際の開催過程は、華北局による提案→両区の参議会代表による聯席会議→華北聯合行政委員会→華北臨時人民代表大会→華北人民政府委員会の組織という段階を踏んだようである。しかし、あえて既存の「参議会」や「聯席会議」によらず、華北人代によって両区を合併し、政府を組織しようとした理由については資料の制約上明確ではない。華北人代を通して民意を問い直すことにより、民主的な方法であることをアピールしようとしたのか、あるいは共産党が当時華北人代の運営に自信を持つようになったためであると考えられる。[15]

以上、本節では華北人代開催前の議会制度に関わる共産党の政策方針を見てきた。ここまで論じてきたように共産党は当初基層レベルの人民代表会議を重視していたが、二つの辺区の合併のために、まず先に省レベルの人民代表会議の開催を準備するようになった。ただし、これは民主化の試みというよりもむしろ、さらなる戦争への動員を社会的に担保しようとするためのものであり、共産党の政策に対する社会的同意と支持を取りつけるために設置が試みられたものであった。その意味で、根拠地時代の議会開催↓動員という構図はこの時の華北においても踏襲されることになる。

第二節　華北臨時人民代表大会の開催

一九四八年五月九日、華北の共産党幹部は、華北人代を開催するべく、事務作業を担当する部署として華北聯合行政委員会を設置した。主席には董必武、副主席には黄敬[16]、楊秀峯[17]、秘書長には宋劭文[18]が就いた。これら四人はいずれも共産党員であることから、準備作業が共産党を中心に行われたことは明らかである。

六月一一日には晋冀魯豫辺区政府および晋察冀辺区行政委員会による「迅速に華北臨時人民代表大会を招集し、華北に統一された政府を作り出す決議」に基づき、（1）華北人代の任務、（2）代表の定員とその配分、（3）代表の資格、（4）代表選出の方法、（5）選挙事務の処理に関する決定が下された[19]。

（1）には二つの解放区の合併と華北解放区の設立、民主連合政府組織法の制定、華北人民政府委員会委員、政府主席、副主席の選出、施政方針の決定、各級人民代表会組織法・選挙法の制定が含まれる。

（2）では代表数を計五八七名と規定し、これを地域代表（原文「区域代表」）、職業・団体代表、招請代表の三つに区分している。地域代表には新式富農、商工業資本家、自由職業者なども含まれている。

（3）は「蒋介石の独裁統治に反対し、民主を擁護し、民族の独立と土地改革に賛成する、満一八歳の華北人民」と規定し、「精神病患者および公民権を剥奪された者を除けば、階級、職業、性別、信仰、経歴」を問わないとした。ここで言う「公民権を剥奪された者」とは、反動的地主、旧式富農、国民党員、反革命犯罪者が想定されていたと考えられる。[20]この規定により、共産党の意向に沿わない人物は華北人代に参加できなくなった。

（4）については、地域代表は「各県市人民代表会」がこれを選出し、「人民代表会」が成立していない地域では市政府によって党委員会や人民団体による連席会議を開催しこれを選出するとしている。その他の団体は、各団体内において代表を選出することとした。

これらの規定は、一部を除いて比較的公正な選挙を行う意思を示しているように見える。しかし、六月三〇日に華北局が各区党委員会に宛てた「華北臨時人民代表大会を招集することに関する決定」[21]では、この時点で五七二人の代表のうち党員が三七八人を占めるよう定められている。これに基づけば党員は三分の二もの数を占めることとなる。以下で論ずるように、結果はこうした共産党の意向通りの配分となるが、党員が多数を占めることは共産党が華北人代を運営する上で極めて有利に働いたと思われる。

この配分は基層レベルにおいても徹底されていった。例えば中国共産党冀南区党委員会は、代表の配分を「合計で七九名、そのうち党外人士は二七名」と規定していた。[22]特にこの区では楊秀峯などが代表として選出されることが「指定」されていた。これは共産党の代表的人物が落選すれば、共産党の威信を損ない、政権運営にも影響を及ぼしかねないという配慮からであろう。さらに、代表配分については党委員会において、事前に報告、討論、同意することが義務づけられており、同委員会による監督を受けることになっていた。[23]これは他の地区でも同様であったと考えられる。

ただし、その他にどのような階級を代表に参加させるかについては、厳密にはこの時点でまだ決着がついていなかったようである。

彭真[24]は土地改革における誤りによって「私的商工業者と中農〔の利益〕を侵犯した」ことを認めた上で、「地主、旧富農の公民権」について、「政府の法令を遵守する地主、富農の公民権は回復」すべきであると主張している[25]。ただし、彭真は「地主、富農に政権を握らせるということではなく、むしろ政権は必ずプロレタリアートが指導する労働人民を主体とする政権でなければならない」という条件もつけ加えていた。

彭真の主張は誤って地主・富農として打倒されてしまった者に対する「名誉回復」の意味があったのであろう。これを受けて七月一九日、共産党中央は「地主と富農の選挙権の問題に関する指示」の中で、「農村における反動的地主、旧富農に対して、法廷における判決を経て若干年（しかしあまり長い期間である必要はない）その公民権を剥奪する」ことを決定し、地主・富農に対する公民権の回復を示唆している[26]。ただし、実際に彼らの公民権が回復したかどうかは定かではない。むしろ、この指示が七月一九日に発せられたものであることから、地主・富農の公民権の回復は、華北人代開催（八月七日）までには間に合わなかったと考える方が妥当であろう。

ところで、華北人代の開催にあたり、華北の基層レベルの政府では華北人代に関する宣伝要綱が作成されていた。例えば阜平県委員会宣伝部が作成した「華北臨時人民代表大会を開催することに関する宣伝要綱」によれば、華北人代の目的として、生産の回復、発展や、華北人民政府の選挙を挙げ、これによって「華北人民を指導して、蒋介石を打ち負かし、各種の建設活動に従事させる」としている[27]。また華北人民政府も、華北人代の開催を通して「迅速に〔華北の〕回復のための建設を進め、全国の革命闘争を支援し、華北人民の生活を改善する」と主張している[28]。これ

写真－6　華北臨時人民代表大会における董必武の講話

（出所）中国革命博物館編『中国共産党70年図集』上海：上海人民出版社、1991年、782頁。

らの資料が示しているように、当時共産党は華北の「人民」に対して、軍事的な安定の提供、生産の回復をアピールする一方で、これらを妨害する存在として国民党を指弾し、前線を支援するための支持を獲得しようとしていたことが分かる[29]。

その後、一九四八年八月七日までには華北人代代表の選出が完了し、同日に華北人代は開催された[30]。華北人代は一九日まで開催され、六日の予備会議を含めれば、計一四日間行われた。大会の日程は以下の通りである。七日、董必武による開幕の言葉。九～一二日、楊秀峯、宋劭文、聶栄臻[31]による活動報告、薄一波[32]による「施政方針」、楊秀峯による「組織大綱」草案、謝覚哉による「村、県（市）人民政権組織条例草案および村、県（市）人民代表選挙条例草案」の説明[33]。一三～一七日、審査委員会および華北人代における討論。一八日、華北人民政府委員会委員の選出。一九日、藍公武[34]による閉会の言葉、華北人民政府の成立。以下、時系列順に内容を見ていく。

董必武は開幕の言葉で、華北人代は「臨時的」なものであるが、「全国人民代表大会の雛形である」と述べ、国民党の「国大」と比べ民族、信仰、性別の差別がないことを賞賛した。また、董必武は「人民代表大会」を開催する前提条件として土地改革と内戦の勝利を挙げている[35]。この考え方は、後の各行政レベル・地域の人民代表会議開催時に定着していくこととなる。人民代表会議の開催以前に土地改革を行うことは、必然的に共産党の支持基盤を強化する効果をもたらしたと考えられる[36]。

宋劭文と楊秀峯はそれぞれ、晋察冀辺区行政委員会と晋冀魯豫辺区政府の活動報告を行った。両者ともに、前線の支援、土地改革、経済活動などについて報告したが、ここでは特に本章の目的もしくは華北人代との関連から、前線の支援について検討する。

宋劭文によると、日本軍が「投降」してから一九四八年八月までの三年間で、二〇万人以上の青年、壮年が解放軍に参加し、五〇万人以上の民兵が戦争支援の諸活動に参加した。その他、辺区の人民の糧食負担は一九四七年の国民所得の二〇・一%にのぼった[37]。楊秀峯の報告においても同様のことが述べられており、一九四八年時点における負担は、国民所得の一七%にのぼったとしている[38]。

いずれの数字も戦時下の両地区における負担が、平時と比べて極めて重いことを示している（例えば宋劭文の報告によれば、同地区の一九四五年の負担は六・二七%であった）。

各解放区において、負担が増大した背景として、楊秀峯は内戦の進展と人民解放軍の拡大以外にも、共産党の戦術の転換、すなわち内戦勃発以来続けていた運動戦から、大規模で比較的近代的な「陣地戦と防御施設攻略戦」を進めたことによって、消耗が大きくなったことを挙げている[39]。

これを受けて、薄一波による「施政方針」の提案では、内戦への支援が強調されている。この「施政方針」は華北人民政府が政策を実施する上での基準となったことから、大きな影響力を有したと思われる。以下、その内容を見ていきたい。(40)

「施政方針」は導入部の他に、（1）軍事方面、（2）経済方面、（3）政治方面、（4）文化教育方面、（5）新解放区と新解放都市の政策の五つの部分からなる。

（1）では、全国の人民解放軍の勝利のために、人民武装組織および軍需工業の建設と、前線への補給・支援を強化することが強調されている。

（2）では（1）の方針に基づき、農業生産・工商業の発展、税制の改革、徴税制度の整備、人民の負担の軽減について述べられている。税制改革の具体的内容としては、「農業統一累進税を廃止し、土地の平年の生産量に基づいて計算する比例負担制を導入する」とした。

華北人代において採択される、「華北区農業税暫行税則」はこうした方針に基づいて作成されたと考えられる。ただし、税則の第一条において「農業生産を発展させ、戦争への補給を保証し、農民の負担を合理的に固定する」と規定されていることからも分かるように、当時の経済政策の主な目的はやはり内戦支援にあり、「施政方針」はこれを保証するものであった。

（3）の政治の部分では、区村級組織の整理、各級人民代表会議の設立、華北人民政府による行政の統一について述べられ、行政を基層レベルへ浸透させる意思が示されている。これは当時の基層レベルの幹部が大衆から乖離していたこととも関連していたと考えられる。

実はこの時期、基層レベルの幹部による越権行為の事例が報告されていた。例えば冀南行署によれば、邱県のとある共産党幹部は自らの離婚問題が紛糾したことにより、民兵を引き連れて、自分の妻とその親戚を「代わる代わるつるし上げて折檻し、何度も失神させた」。

また威県四区の王という姓のある共産党幹部は、「賭博者に対して独断で労役を課したが、当事者が従わなかったため、人前で〔彼を〕罵り、殴打しようとした」。大衆がこれを止めたため、この幹部は「区〔政府〕に告発し、賭博者と止めた者計六人を六日間拘留し、尋問中においても止めた者に対して人を殴打することを了承するよう強要した」[41]。

仮に以上の事例が事実であった場合、基層レベルにおけるこのような共産党幹部の行為は、共産党の統治の「正統性」を揺るがしかねないものであった。基層レベルにおける「正統性」喪失の危機感を持った共産党幹部は、ゆえに村・県レベルの組織条例を作成し、基層レベルにおける人民代表会議を通した民意の獲得を目指していたと思われる。ただし、大衆による公民権の行使は、あくまで「前線を支援する」こと、かつ「革命」に反しないことが大前提であり、「精神病患者と法によって公民権を剥奪された者」は対象外であるとされた[42]。むろん、「革命的」かどうかを判断するのは当然共産党であった。

その後、この「施政方針」は審査委員会にかけられたが、同委員会は「原提案は華北解放区の施政方針として採用すべきである」とした。さらに華北人代においても「華北解放区施政方針審査委員会の報告に完全に同意し、以上の意見を、大会の決議とする」として採択した。ただし、審査委員会では、「反対票もなければ、懐疑票もなかった」とされており、採決に共産党の強い影響力が反映されていた可能性を示している[43]。

華北人代ではその他にも「組織大綱」[44]が採択された。その第二条では、「今期の華北臨時人民代表大会および今後開催される華北人民代表大会によって華北人民政府委員会を選挙」し、「華北人民政府委員会によって華北人民政府の主席一名および副主席三名を選出する」と規定している。

また第三条では、華北人民政府は「全華北区の行政事務を管理し、華北臨時人民代表大会および華北人民代表大会において採択された施政方針および決議案に基づき、条例および規定を制定し実施する」としている。この規定により、華北人代において採択された本「施政方針」が華北人民政府にとって重要な政策的根拠となる。

「組織大綱」によれば、華北人民政府の職権として、（1）第三条において規定した事項、（2）華北臨時人民代表大会および華北人民代表大会の決議の執行、（3）人力、物力、財力の組織と前線への支援、（4）華北人民代表大会およびその他各級人民代表大会の選挙、（5）行政区画の確定と各級人民政府組織の設立、（6）華北人民政府各部、院、庁長、各会主任、華北銀行総理および行署主任級人員の任免、（7）全区の予算決算の決定、（8）全区の生産建設、財政機構、土地、戸籍、文化教育、公安、司法の方針、計画に関する事項、（9）全区人民武装の組織、（10）その他重大事項の一〇項目が規定されている。華北全域に関する包括的かつ強力な権限が与えられていることが理解できる。これらを統括するのが華北人民政府の主席であり、主席には各部・会・院・行・庁を指導する権限が与えられていた。また、人事は主席が提出し、華北人民政府委員会が採択することとされた(45)。主席には他に、死刑執行の認可、政務会議における議案の最終決定権が与えられている。

楊秀峯による「組織大綱」の説明では、「新民主主義的政権機構と資本主義国家における、いわゆる『三権分立』とは違い、最高権力は人民代表大会に集中しており」、華北人代の閉幕期間は、華北人代が「権限を授け、これによる監督のもとに」、「政府委員会が臨時人民代表大会の決議を執行」すると指摘している(46)。華北人代およびこれによって選出された華北人民政府委員会による、集権的政権構造を想定していることが分かる。

では華北人民政府委員会委員にはどのような人物が選出されたのであろうか。同委員会の選挙は「華北人民政府委員会委員選挙辦法」に基づいて行われた(47)。各代表は、それぞれ二七人の委員に投票することができたため、のべ一万

表-2　華北人民政府委員会委員選挙結果

	人名	党員・非党員	得票数		人名	党員・非党員	得票数		人名	党員・非党員	得票数
1	董必武（主）	党員	532票	10	滕代遠	党員	527票	19	趙爾陸	党員	488票
2	聶栄臻	党員	532票	11	凌必應	不明	518票	20	殷希彭	党員	481票
3	薄一波（副）	党員	532票	12	戎子和	党員	514票	21	南漢宸	党員	476票
4	徐向前	党員	531票	13	藍公武（副）	非党員	513票	22	邢肇棠	非党員	472票
5	成仿吾	党員	531票	14	範文瀾	党員	512票	23	徐正	不明	453票
6	楊秀峯（副）	党員	531票	15	晁哲甫	党員	499票	24	賈心斎	党員	448票
7	謝覚哉	党員	530票	16	薛迅	党員	494票	25	陳瑾昆	非党員	432票
8	黄敬	党員	529票	17	張蘇	党員	493票	26	劉雨辰	不明	418票
9	宋劭文	党員	529票	18	於力	非党員	489票	27	王復初	不明	414票

（出所）「華北人民政府委員選挙結果」河北省檔案館所蔵華北人民政府檔案『大会概述（1948年８月25日）』（檔案管理番号：586-1-232-7）、霞関会編『現代中国人名辞典』江南書院、1957年を基に筆者作成。（主）は主席、（副）は副主席をそれぞれ表す。

四一八一票集まった（棄権は一八三票）。

開票の結果は表-2の通りである。このうち、共産党員は少なくとも一九人を占めており、過半数以上を確保した。したがって、議決を行う上で共産党にとって有利な人員配分となった。しかも、後に論ずるように、この人員配分は当初より共産党が予定していたものであった。

華北人代はその後藍公武による挨拶で閉幕した。藍公武は共産党員ではないが、彼も前線への支援を強調している。これは、非党員と共産党との間で、一定程度の合意が成り立っていたことを示している(48)。

その後、表-2の二七人による華北人民政府委員会第一次会議が開かれ、主席・副主席や、他の部署の人事が決められ、ここに華北人民政府が設立されるにいたった。なお、表-2の通り、副主席三人のうち、二人は共産党員によって占められている。これは次章以降との関連で留意しておきたい。

第三節　華北臨時人民代表大会開催後

では、当時共産党は華北人代をどのように評価したのであろうか。これに関して、最も詳細なものは華北人代の直後に董必武によってなされた総括報告である。以下、董必武のこの報告を中心に華北人代の経過とこれに対する共産党の評価を見ていきたい(49)。

董必武は、華北人代の目的は二つの辺区を合併して統一した華北政府とする上で、「民主的な手続きを整える」ためであったことを指摘している。しかし、華北人代代表の選出については、当初より非党員が三分の一に収まるようにしていたようである。

また華北人代の準備中は、事務方として華北人代準備処を組織し、宋劭文、平杰三(50)を正副主任とし、その他薄一波、楊秀峯、宋劭文などに華北人代に提出する重要文件、すなわち「組織大綱」、「施政方針」および「華北解放区農業税暫行税則」を起草、準備させた。その後「起草過程において、滕代遠(51)、周揚(52)なども参加させ」、他にも「政府党グループ(53)および関係部門の担当責任者、例えば姚依林(54)などの意見を聞いた」。ただ、董必武はこの過程で「一般党員および党外人士の意見を広範に聞く暇がなかった」と指摘しており、これらの重要文件の作成が主に共産党によってなされたことを示している。

董必武によれば実際の華北人代には五四二人の代表が参加し、うち党員は三七六人、非党員は一六六人で、非党員の数は総数の三分の一弱であった。

その後の予備会議において華北人代主席団を選出することになったが、ここで二つの問題が浮かび上がった。まず、党グループは主席団の候補者として、誰を推すかということを事前に準備していなかったため、華北人代主席団の候補に当選させるつもりのなかった劉少奇、徐向前(55)、呉玉章(56)、范文瀾(57)などの高級幹部の名前が挙がってしまった。なぜこのような事態になったのかについて董必武は明確に指摘してはいないが、おそらく事前に明確に誰を候補者にするか、党グループが指定していなかったために、誰かが推薦してしまったのであろう。また華北人代の秘書処も、候補者の名簿を董必武などの華北の共産党幹部に提出して審査を経ることをしなかったために、結果的に上述の高級幹部のうち、劉少奇以外の名前を候補者名簿に含めてしまったようである。当然想定外のことであったために、これらの高級幹部に票が集まらず、いずれも落選という結果になってしまった。一連の経緯を董必武は共産党の「威信を損なった」と指摘している。結果として共産党の指導が徹底されていないことが露呈してしまったようである。

さらに、党グループが予定していた当選人の名簿の中に農民代表の名前がなかったため、これを憂慮した間一波という共産党員は、選挙がすでに始まっていたにもかかわらず、突然、石振明という人物を紹介して、候補者の一人であった楊建新という人物と交替させたため、楊建新が不愉快に感じる結果となったと董必武は報告している。

二つ目の問題は、主席団の選挙についてである。党グループは党員代表に対して、必ず選出されなければならない三三人の代表を知らせていたが、党員代表が投ずる票を適切に分配せず、また非党員代表が投ずる票を予定に入れていなかったため、一部の非党員代表が獲得した票数が共産党員を超えてしまった。ただし、董必武はこれらの問題は華北人民政府委員会委員の選挙では解決されたと指摘している(58)。

第三に、華北人代の代表の選出に関しても、董必武は代表資格委員会が代表の選出を厳重に管理していなかったことを問題視している。例えば太行、冀中饒陽、北岳という地域では、それぞれ規定より多くの代表を当選させてしまい、代わりに「正式に当選した馬志遠という人物は報告が遅れたという理由で代表の資格を失う」ということがあった。他にも本来出席するべき人物が他の人物に代わるということも数件あったようであり、董必武は「法定の民主的な手続きを履行することに慣れていなかった」と批判している。

華北人民政府委員会委員の選出に関しても、董必武は「我々が予定していた名簿に基づいて華北人民政府委員会委員を当選させたが、その中に農民や民主同盟の人物がいなかったのは一つの欠点である」と指摘している。また共産党が「政府委員会の名簿を確定したのがあまりにも遅かったために」、党グループ幹事会は各代表団において予定していた広範な宣伝、説明ができず、「当選人本人に事前に相談することもできなかったため、王復初[59]や劉雨辰[60]は自分が当選したことを不思議がっていた」ということもあった。

他方、「大会の収穫」については、董必武は「党外人士」と協力し、民主的な雰囲気を作り出したことはよい影響をもたらしたが、「党外人士」の誤った考えに対しては婉曲に指摘するべきであったとしている。董必武の言う誤った意見とは、具体的には民主同盟員によって提出された「中間論《ママ》」[61]や、陳瑾昆[62]によって提出された「民主と法治の同時尊重論」、回族代表によって提出された「コーランはマルクス・レーニン主義と似ている」などの意見のことを指している。

以上の説明から明らかなように、董必武の報告からは、以下のような重要な点を示している。第一に、共産党は自らの優勢を華北人代の準備段階から確保する予定であったということである。したがって、華北人代主席団であれ、華北人民政府委員会委員であれ、共産党はあらかじめ当選者を指定し、自らの意向通りに当選させようとしていた。政府や華北人代に関係する機関の党グループはそのために設立されたものであったと考えられる[63]。第二に、これに関連して、選挙介入を当然視するような考え方が見られる。第三に、共産党は「党外人士」に対して配慮を見せてはいたが、絶対に受け入れられない主張に対しては譲歩しないという意思を示している。

なお、華北人代については、基層レベルにおいても報告が作成されていた。例えば、冀中代表団の党グループによる総括からは董必武の報告とは少し違った側面が見える[64]。この総括によれば華北人代開催中、ある「問題に対する討論を行った時、党外人士による〔共産党の主張とは〕異なった意見に対して、忍耐強く耳を傾け、説得しようとせず、党内における論争の方法を用いて、皆で反駁し、過大な圧力を与え、対立的な態度を取り、尋問するような話し方を行う」党員もいた。

また華北人民政府委員会の候補者を提出する時に、「党グループは自らが指定した二七人の人物以外に、五〇人を超えない範囲内で、自由に候補者を提出してよい」と指示していたにもかかわらず、「九分区の小組は機械的であり、党グループが提示した二七人のみに署名し」、党外人士が提出した「候補者に対して署名をせず、党外人士の不満を引き起こした」(65)。

この報告からは基層レベルに対する党グループの影響力と同時に、「党外人士」に対して高圧的な態度を取る党員の実態が伺える。現場の共産党幹部は、必ずしも「党外人士」と良好な関係を築いているとは言えない状況であったようである。

ところで、前節で見たように華北人代には内戦を支援するという重要な目的が課せられていたが、その成果についてはどうだったのであろうか。

この点について華北局は、華北人代の功績として、華北全区の財政収支が、「原則的に完全に華北人民政府によって統一的に支配されるようになった」ことを挙げている(66)。董必武も一九四九年二月二一日の報告において、華北人代の開催後、数百万の民兵や後方支援従事者（原文「民工」）が戦場で活動したことを指摘している(67)。

これらの報告は、華北人代によって組織された華北人民政府が、内戦に対していかに大きな成果を上げていたかを示している。この間、華北局は「華北人民の武装力を統一的に建設することに関する決定」や、「統一された後方勤務組織を打ちたてることに関する決定」などを発し、物心両面のさらなる動員を可能とする体制を整えていった(68)。

ただし、内戦への支援が必ずしも完全に成功していたとは言いがたいようである。一九四八年八月三日の華北局から共産党中央への電報では、「軍事作戦を支援する勤務（原文「戦勤」）の負担が重すぎること、後方支援従事者が疲労困憊に陥っていること、これに対する軍隊の配慮が不十分であること、組織の指導において欠点があることにより、

写真－7 前線支援の様子。大量の軍靴を運んでいる

（出所）中国革命博物館編『中国共産党70年図集』上海：上海人民出版社、1991年、819頁。

逃亡や労役への抵抗が深刻である」ことが報告されている(69)。華北人代開催前にはすでにこのような矛盾が深刻化していたのだが、これは華北人代が閉幕した後も解決されていない。

一一月二八日の「太原戦役の後方指揮部による前線を支援する活動に関する報告(70)」では、前線と後方合わせて二万六〇〇〇人もの後方支援従事者が逃亡したことが指摘されている。これは太原戦役に動員された人員の二〇～四〇％にあたるということから、実に膨大な数字である(71)。特に太原戦役では、後方支援従事者は着るものも粗末で、疫病が蔓延し、その上新たな解放区では現地の大衆が共産党についてあまり理解していなかったため、彼らの支持も容易に得ることができなかった。

さらにこうした動員の過程で、「ペテン、利益誘導、脅迫命令などの方法を使い、代役を立てる」といったことが起こっており、後方支援従事者のさらなる大量の逃亡を引き起こす原因となった。また共産党は逃亡した後方支援従事者に対して、捕まえた後に、拘留したり、罰金として物資を提出させたりし、極端な場合は彼らを死にいたらしめることもあっ

た。

笹川裕史・奥村哲が指摘するような、国民党統治区における戦時徴発による矛盾は実は共産党支配地域においても起こっていたのである[72]。共産党はこれらに対して「慎重に処理する」としながらも、「個別的な陰謀や破壊の意思を持った者に対しては政府に引き渡し、規律のある制裁を加えなければならない」ともしており、必ずしも逃亡者に対して寛大にあたるという方針ではなかった[73]。共産党の命令に逆らうということは、「反革命」というレッテルを貼られる可能性を持っており、後方支援従事者にとっての心理的圧迫は極めて大きいものであったと言えよう。

ここで示されているような様々な弊害があったにせよ、共産党は華北人代の開催と、華北人民政府の設立を通して、二つの辺区の権力を華北人民政府へと集中させることに成功した。さらに共産党は華北人民政府における人事上の優勢を確保すると同時に、「参軍運動」などの大衆運動と連動させることによって、この地域における物資と人員を統一的に動員することができる体制を整えていったと考えられる[74]。

おわりに

本章は華北において開催された華北人代を中心に、その開催過程と政権構造を検討することを通して、共産党が地方において統治の「正統性」を調達する過程を見てきた。共産党は華北人代とこれによって成立した人民政府において、人事上の優勢を確保し、華北全区人民の民意を獲得したという名分のもと、「施政方針」や様々な条例を採択し、地方人民政府に権力を集中させていった。さらに、共産党はこのようにして成立した政権によって、内戦中の前線に物心両面の支援を組織化し、地方人民の動員を可能にしていった。

これはまさに、奥村哲が指摘したような、抗日戦争の戦時体制下において大衆動員によって国家統合を促進した、その政治戦略の継承発展であったと考えられる[75]。同時に、このようにしてできあがった社会は、久保亨の言うところの「国民的一体性の意識」を形成することによって、その後の新しい中国を「国民国家」化していく可能性をも展望するものであった[76]。

このように、「新解放区」という権力基盤が弱い地域において、共産党が当初、その政治的「正統性」の調達に苦心しながらも、徐々にそれを調達していったことが理解できる。ただし、華北人代における運営方法や、華北人民政府による動員に様々な問題があったことも確かである。具体的には、共産党は軍事的な動員と自らの主導権確保を最優先にしたために、選挙において多くの制限を課したこと、そしてこれによって選挙過程において様々なひずみが起こっていたということである。

では、華北人代と華北人民政府の経験は、その後の人民代表会議や人民政協に対してどのような影響を及ぼしていったのか、また後に「雛形」と称される華北の経験がその後の中央政府の建設にどのような意味を持っていたのか、さらには両者の間にどのような連続性、もしくは不連続性があったのか、次章以降ではこれらの点について検討していく。

註

（1）共産党指導者の一人。一九三二年、江西ソビエト区において、中国共産党中央党校校長、中国共産党中央常務委員会書記、最高法院院長。一九四五年、国民参政会参政員、中国共産党中央委員会委員。一九四六年、政治協商会議に共産党代表として参加。一九四八年、華北人民政府主席。一九四九年九月、人民政協全国委員会委員、一〇月、中央人民政府委員会委員、政務院副総理、政務院政治法律委員会主任。馬洪武・王徳宝・孫其明編『中国革命史辞典』北京：檔案出版社、一九八八年、九二一～九二二頁、霞関会編『現代中国人名辞典――一九六六年版』江南書院、一九六六年、四八九頁。

(2)「人民的世紀、人民的会議」董必武選集編輯組編『董必武選集』北京：人民出版社、一九八五年、一九九頁。

(3) 中央檔案館編『共和国雛形――華北人民政府』北京：西苑出版社、二〇〇〇年、一頁。以下、『共和国雛形』と略記。

(4) 金燕「華北人民政府的成立、職能及特点」『党的文献』第一一二期、二〇〇六年七月。楊建党「華北人民政府時期的人民代表会議制度之考察」『人大研究』第一八一期、二〇〇七年一月。

(5)「中共晋察冀中央局関於一九四七年工作計画的指示」中央檔案館・河北省社会科学院・中共河北省委党史研究室編『晋察冀解放区歴史文献選編：一九四五―一九四九』北京：中国檔案出版社、一九九八年、二二六頁。以下、『晋察冀文献選編』と略記。

(6)「中共中央批転中央工委関於政権形式問題給冀東区党委的指示」『晋察冀文献選編』三二五～三二六頁。なお、本文書には共産党中央による注がつけてあり、名称については、「一般的に人民代表会議が妥当である」と指摘している。

(7) 石井明「中国解放区人民代表会議について」『アジア研究』第一九巻第三号、一九七二年七月によれば、一九四五年の中国解放区人民代表会議は国民大会に合わせて開催が提起されたとしている。したがって、当時も同じ傾向を持っていたと理解することも可能であろう。その意味で、ここであえて日中戦争中の議会の延長戦上にある「参議会」という名称を使っていることは示唆的である。なお、国民大会については中村元哉『戦後中国の憲政実施と言論の自由一九四五―四九』東京大学出版会、二〇〇四年に詳しい。

(8)「黄敬伝達劉少奇関於石家荘工作的指示」『晋察冀文献選編』三五〇頁。

(9)「劉少奇関於晋察冀与晋冀魯豫両区合併的提議」『共和国雛形』六四～六五頁。

(10)「毛沢東関於提議由中央工委招集彭真等開会討論晋察冀与晋冀魯豫両区合併諸問題復劉少奇電」『共和国雛形』六六頁。

(11)「中央工委関於合併晋察冀与晋冀魯豫両区軍、政機構和統一貨幣問題致中央電」『共和国雛形』六七～六八頁。

(12)「中共中央華北局関於晋察冀与晋冀魯豫両区合併問題的報告」『共和国雛形』六九～七四頁。

(13) 前掲「中共中央華北局関於晋察冀与晋冀魯豫両区合併問題的報告」七〇、七四頁。

(14)「社論　華北解放区的当前任務――代創刊詞」『人民日報』一九四八年六月一五日。なお、ここであえて華北については「大会」を用い、その他の地域に関しては「会議」を用いている理由はここでは定かではない。より「普通選挙」に近いものを目指していたということであろうか。

(15) 華北局の報告では「施政綱領の制定」は、「正式な華北人民代表大会」において採択されるべきとしていたが、後に華北人代の議題として提出されることになった。当時共産党は、あくまで一九四八年の華北人代は「臨時的」かつ暫定的なものであると考えていたことが分かる。その意味で、一九四八年の華北人代は同じく暫定的という意味で人民代表会議の範疇に収まらざるを得なかった。ただし、注(35)のように、共産党は他方で「大会」という名称を用いることに強いこだわりも持っていた。

(16) 主に華北地域において活躍した共産党員。一九三六年、中国共産党北平市委員会宣伝部長。一九三七年、中国共産党晋察冀区党委員会書記、一九三八年、中国共産党冀中区党委員会書記。一九四二年、中国共産党冀魯豫区党委員会書記。一九四三年、中国共産党中央北方局平原分局書記兼平原軍区政治委員。一九四六年、晋察冀辺区財経辦事処主任、晋察冀中央分局副書記。一九四八年、中国共産党中央華北局委員、華北人民政府企画部部長。一九四九年、中国共産党天津市委員会書記兼市長。馬・王・孫前掲書『中国革命史辞典』八九七～八九八頁。

(17) 華北の共産党指導者の一人。日中戦争中は、中国共産党晋豫区党委員会委員、晋冀魯豫辺区政府主席、中国共産党晋冀魯豫中央局常務委員、華北人民政府副主席、中国共産党中央華北局委員などを歴任。共産党による華北の接収後は、河北省人民政府主席、中国共産党河北省委員会常務委員、最高人民法院院長、人民政協副主席などを歴任した。馬・王・孫前掲書『中国革命史辞典』七七二頁。

(18) 華北の共産党指導者の一人。一九三八年、晋察冀辺区政府主席。一九四八年、華北人民政府委員会委員兼農業部長。一九四九年九月、華北解放区を代表して人民政協に出席。一〇月、政務院財政経済委員会委員。霞関会前掲書『現代中国人名辞典』三〇八頁。

(19) 「晋冀魯豫辺区政府、晋察冀辺区行政委員会関於召開華北臨時人民代表大会暨代表選挙辦法的決定」『共和国雛形』七五～七七頁。

(20) 「中央関於地主富農選挙権問題的指示」中央檔案館編『中共中央文件選集』（第一七冊）、北京：中共中央党校出版社、一九九二年、二五五頁。「中共中央批転中央工委関於政権形式問題給冀東区党委的指示」『晋察冀文献選編』三二五～三二六頁。「中共中央工委関於収復石家荘的城市工作経験」『晋察冀文献選編』三九四〜三九七頁。
(21)「中共中央華北局関於召開華北臨時人民代表大会的決定」『共和国雛形』七八〜八〇頁。
(22)河北省檔案館所蔵中共冀南区党委檔案「関於迅速選挙華北臨時人民代表大会代表的緊急指示(一九四八年七月七日)」(檔案管理番号:二五—一—七—一三)。
(23)前掲檔案資料「関於迅速選挙華北臨時人民代表大会代表的緊急指示」。
(24)共産党指導者の一人。日中戦争中は、中国共産党中央北方局書記兼統一戦線工作部部長。一九四一年、晋察冀辺区党委員会委員。一九四五年、中国共産党第七期中央委員会委員、中央東北局政治局主席。一九四九年から、北京市委員会書記。一〇月、中央人民政府委員会委員兼政務院政治法律委員会副主任。霞関会前掲書『現代中国人名辞典』五五一頁。
(25)「我們応如何執行中央関於一九四八年工作的指示」『晋察冀文献選編』四五〇〜四七五頁。
(26)「中央関於地主富農選挙権問題的指示」前掲『中共中央文件選集』(第一七冊)、二五五頁。
(27)河北省檔案館所蔵地市県檔案彙集檔案中共阜平県委員会宣伝部「関於召開〝華北臨時人民代表大会〟的宣伝提綱(一九四八年七月一四日)」(檔案管理番号:五二〇—一—三〇九—一二)。
(28)河北省檔案館所蔵華北人民政府檔案「為召開華北臨時人民代表大会産生統一的華北民主連合政府的宣伝提綱(一九四八年七月一七日)」(檔案管理番号:五八六—一—二三—一)。
(29)なお、石家荘市は当時、国民党軍による空爆が複数回行われており、石家荘市民も実際に空爆の被害を受けていた。この点、共産党は国民党に対する石家荘市市民の怨嗟の念を巧みに利用していったと考えられる。「解放軍総部発言人痛斥蔣賊濫炸石市」『人民日報(華北版)』一九四八年八月三〇日。
(30)董必武伝撰写組編『董必武伝』北京:中央文献出版社、二〇〇六年、五九七頁。なお、具体的な代表の選出過程は、資料の制約から詳細にすることはできない。
(31)共産党の軍人。十大元帥の一人。一九三一年、工農紅軍政治部副主任。一九三七年、晋察冀軍司令、中国共産党中央華北局第二書記。一九四五年、中国共産党中央委員会委員。一九四八年八月、華北人民政府委員会委員。一九四九年、中国人民解放軍華北野戦軍司令。一九四九年一〇月、中央人民政府委員、人民革命軍事委員会委員兼副総参謀長。霞関会前掲書『現代中国人名辞典』二七七頁。

(32) 共産党指導者の一人。一九四五年、中国共産党第七期中央委員会委員。その後、中央華北局書記。一九四八年八月、華北人民政府委員会委員兼華北人民政府第一副主席。その後、華北野戦軍政治委員。一九四九年一〇月、中央人民政府委員会委員、政務院政務委員、政務院財政経済委員会副主任、財政部長。霞関会前掲書『現代中国人名辞典』五二二頁。

(33) ただし、筆者が所有する檔案資料には、「村、県（市）人民政権組織条例」などを華北人代で採択したという記述はなく、華北人民政府委員会全体会議において「村人民政府暫行組織通則」として制定されたようである。河北省檔案館所蔵華北人民政府檔案『大会文献（一九四八年八月二五日）』（檔案管理番号：五八六―一―二三二―七）（以下、『大会文献』と略記）。董紹明・孟凡文「華北人民政府在石家荘的成立」中共石家荘市委党史研究室・石家荘市中共党史研究会編『黎明的石家荘』石家荘：河北人民出版社、三二六頁。

(34) 非共産党員。日中戦争終結後、晋察冀辺区に入り、察哈爾省教育庁庁長。一九四八年、華北臨時人民代表大会主席団員、華北人民政府委員会委員、華北人民政府第二副主席兼民政部部長。一九四九年、人民政協全国委員会委員、最高人民検察署副検察長。霞関会前掲書『現代中国人名辞典』六〇二頁。

(35) 「董必武代表致開幕詞」『大会文献』九～一一頁。こうした董必武の主張、さらには第六章で見る石家荘市の事例が示すように、当時共産党は名称を「大会」と称することに強いこだわりを持つ側面もあった。これはスターリンがくしくも述べていたように、人民代表会議があくまで臨時的であり、選挙を経てない以上は、相手（特に国民党）に言論上の反撃の余地を与えると考えられていたためであろう。

(36) 土地改革による大衆からの支持獲得については田中恭子『土地と権力――中国の農村革命』名古屋大学出版会、一九九六年に詳しい。

(37) 宋劭文の報告によれば、辺区の「人民」はこの時、「三六・五万トンの穀物を農業税として負担した」のと同時に、さらに「財政支出超過への補償として、一七・五万トンの粟を負担した」。「宋劭文在華北臨時人民代表大会上関於晋察冀辺区行政委員会三年来的工作報告」『共和国雛形』八一～九四頁。

(38) 「楊秀峯在華北臨時人民代表大会上関於晋冀魯豫辺区政府的工作報告」『共和国雛形』九五～一一一頁。具体的な数字を挙げれば、この時共産党は三六万人の新兵（うち九九％は貧雇農、新中農、中農の出身）、七〇万の民兵を動員した。物資についても、「運城・臨汾における二つの戦役において、戸板四九万四三九二枚、棟木一六万二一三七本、袋三五万二二七〇個を使用した」が、「運城の部分だけで」、「七二〇トンの麦をもって補償した」としている。なお、ここでは明確に触れられていないが、大沢武彦「戦後内戦期における中国共産党の東北支配と対ソ交易」『歴史学研究』八一四号、二〇〇六年五月や、沈志華『毛沢東、斯大林与朝鮮戦争』広州：広東人民出版社、二〇〇七年、六九頁が示しているように、当時、ソ連による中国共産党に対する軍事的な援助があったことは、本論との関連において、指摘しておく必要がある。例えば沈志華によれば、当時軍事活動に必要な鉄道建設に、ソ連の援助があったことが示されている。なお、「関於両区政府工作報告的決議」『大会文献』三八頁によれば、この報告は宋劭文の報告とともに、「民力の動員、戦争の支援において正確な計算が欠乏している」とされながらも、全代表によって承認されている。

(39)「楊秀峯在華北臨時人民代表大会上関於晋冀魯豫辺区政府的工作報告」『共和国雛形』九八頁。なお、共産党のこのような戦術の転換に関しては、姫田光義『林彪春秋』中央大学出版部、二〇〇九年に詳しい。

(40) 以下、「施政方針」に関しては特に断らない限り、薄一波「関於華北人民政府施政方針的建議——中共中央華北局代表薄一波在大会上的演説」『大会文献』一六～二三頁を参照。

(41) 河北省檔案館所蔵冀南行署檔案「関於『発揚民主保障人民民主権利以貫徹規律、克服官僚主義作風』的決定（時期不明）」（檔案管理番号：二七—一—一七—一）。なお、この資料には具体的な期日が記されていないが、その内容から華北人代前後のものであると判断した。

(42) ただし、「施政方針」も「自由職業者、知識分子、自由ブルジョア階級および開明紳士に職権を与える」ことを規定しており、この点は後の共産党の政策と比べれば参加階級の範囲が広いと言える。

(43)「華北解放区施政方針審査委員会審査報告及大会決議」『大会文献』二四頁。

(44)「華北人民政府組織大綱」『大会文献』二七～二九頁。なお、同『大会文献』に収録されている「華北人民政府組織大綱（草案）審査委員会審査報告」によれば、いくつかの部分が修正されたが、概ね原文通りに採択されたようである。

(45) なお前掲檔案資料「華北人民政府組織大綱」によれば、各部、院長、各会主任、総経理および秘書長の人選は、華北人民政府委員会の委員が兼任することが原則とされた（ただし、この「組織大綱」によれば、これらの人選は必ずしも委員でなければならないというわけではなかった）。

(46) 楊秀峯「草擬華北人民政府組織大綱的幾個重要原則之説明——楊秀峯代表在大会上的報告提綱」『大会文献』二五頁。

(47)「華北人民政府委員会委員選挙辦法」『大会文献』四一頁。
(48)藍公武「藍公武代表致閉幕詞」『大会文献』四〇頁。
(49)以下、特に断らない限り、董必武の報告については「中共中央華北局関於召開華北臨時人民代表大会的総結報告」『共和国雛形』一四二～一五〇頁を参照。
(50)共産党員。政務院華北行政委員会委員など。霞関会前掲書『現代中国人名辞典』五四四頁。
(51)共産党指導者の一人。一九三一年、中華ソビエト政府中央執行委員。一九四五年、中国共産党第七期中央委員会委員。一九四六年、政治協商会議の時、軍事調処執行部に参加、その後東北人民解放軍鉄道部隊司令。一九四八年八月、華北人民政府委員会委員。一九四九年、中原人民解放軍副政治委員、第二野戦軍副政治委員。一〇月、中央人民政府政務院政務委員兼鉄道部長。霞関会前掲書『現代中国人名辞典』四九〇頁。
(52)延安大学校長、魯迅芸術院教授などを歴任。霞関会前掲書『現代中国人名辞典』二四六頁。
(53)党グループについては、第一章参照。
(54)共産党員。中国共産党中央北方局北方分局秘書長などを歴任。霞関会前掲書『現代中国人名辞典』五二五頁。
(55)共産党の軍人。十大元帥の一人。一九三一年、紅軍第四方面軍総司令。一九四六年、人民解放軍華北軍区副司令。一九四八年八月、華北人民政府委員会委員、第五野戦軍第一集団軍司令兼太原前線人民解放軍司令。一九四九年、太原軍事管制委員会主任。同年九月、人民政協全国委員会委員、一〇月、中央人民政府委員会委員、人民革命軍事委員会委員兼総参謀長、華北軍区副司令員。霞関会前掲書『現代中国人名辞典』二五一頁。
(56)共産党員。中国共産党第六期六中全会中央委員会委員。一九四一年、延安大学校長。一九四五年、中国共産党第七全大会中央委員会委員。一九四六年、政治協商会議に出席、その後四川省委員会書記。一九四八年、華北大学校長。一九四九年、中央人民政府委員会委員、政務院政治法律委員会委員、中国人民大学校長、中ソ友好協会総会副会長。霞関会前掲書『現代中国人名辞典』一五一頁。
(57)共産党員。当時、華北大学副校長などを兼務。霞関会前掲書『現代中国人名辞典』五六七～五六八頁。
(58)なお、董必武の報告には、こうした問題がどのように解決されたのかまでは言及されていない。
(59)当時、石家荘電業公司社員。その他の経歴については不明。霞関会前掲書『現代中国人名辞典』五五五頁。

(60) 経歴不明。
(61) この言葉の具体的な意味はここでは明確ではないが、おそらく当時民主党派が主張していた、いわゆる「第三の道」のことを指すと思われる。
(62) 北平大学法商学院、朝陽大学、中国大学教授。霞関会前掲書『現代中国人名辞典』四二五頁。
(63) 例えば前述の「政府党グループ」以外にも、河北省檔案館所蔵華北人民政府檔案冀中代表団党組「関於出席華北臨時人民代表大会期間工作的総結（一九四八年八月二五日）」（檔案管理番号：五八六―一―二三―二）では、この時点ですでに「冀中代表団党グループ」が存在していることが示されている。
(64) 前掲檔案資料「関於出席華北臨時人民代表大会期間工作的総結」。
(65) これは「華北人民政府委員会委員選挙辦法」が一〇人以上の署名で初めて候補者として認めると規定していたことによる。前掲檔案資料「華北人民政府委員会委員選挙辦法」。
(66)「中共中央華北局関於政権、財経、教育等方針政策的報告」『共和国雛形』一五一頁。
(67)「董必武関於華北人民政府成立以来的工作概況報告」『共和国雛形』一六二～一六三頁。
(68)「中共中央華北局関於統一建設華北人民武装的決定」『共和国雛形』一八〇～一八六頁。「中共中央華北局関於建立統一後勤務組織的決定」『共和国雛形』一八七～一八九頁。
(69)「中共中央華北局関於晋中戦役中使用民力和糧食供応問題給中央軍委電」『共和国雛形』二四九～二五〇頁。
(70)「太原戦役後方指揮部関於支前工作的報告」『共和国雛形』二六〇～二六三頁。
(71) なお、「華北軍区関於民工支前工作的報告」『共和国雛形』二七六～二七七頁では、前方だけで六万四九一四人中、一万四一八七人もの後方支援従事者が逃亡したと報告している。これは全人員の約二一％にあたる。
(72) 奥村哲・笹川裕史『銃後の中国社会――日中戦争下の総動員と農村』岩波書店、二〇〇七年。
(73)「華北軍区人民武装部関於加強支前民兵民工組織領導及教育訓練的指示」『共和国雛形』二六六～二六八頁。
(74) 土地改革を通した自発的参軍や共産党による動員については王友明『革命与郷村　解放区土地改革研究：一九四一～一九四八――以山東莒南県為個案』上海：上海社会科学院出版社、二〇〇六年に詳しい。華北人代が土地改革を前提としている上に、動員のための民意獲得を目的としていたことを考慮すれば、華北人代が社会統合に果たした役割もまた重要であることが理解できよう。

(75) このような観点は主に、奥村哲『中国の現代史――戦争と社会主義』青木書店、一九九九年および奥村哲・笹川裕史前掲書『銃後の中国社会』において示されている。

(76) 久保亨・土田哲夫・高田幸男・井上久士『現代中国の歴史――両岸三地一〇〇年のあゆみ』東京大学出版会、二〇〇八年。

第六章　「人民代表会議」制度創成の諸段階 Ⅱ
――石家荘市人民代表大会（一九四九年七月）――

はじめに

本章は、一九四九年七月に開催された、石家荘市人民代表大会を対象に、共産党が、市レベルにおいて統治権力の「正統性」を調達し、自らの権力構造を確立していく過程を検証する。(1)

本章までにすでに言及したたように、石家荘市は共産党にとって内戦後初めて接収した都市の一つであった。また、石家荘市人民代表大会は毛沢東の「人民民主独裁論」発表後、初めて開催されたものであるが、ブルジョアジーをも含めた幅広い民意の獲得を目指していた。石家荘市人民代表大会では多くの重要な決議が採択され、またこれによって石家荘市人民政府が選挙されたことから、石家荘市の動向は全国的に多大な影響を与えたと考えられる。このような文脈から見て、石家荘市人民代表大会の分析は不可欠の課題となる。

ところが、このような重大な大会であるにもかかわらず、これまで共産党が当時、市レベルにおいて、人民代表会議を通してどのように統治の「正統性」を調達してきたかについては、これまで研究が十分になされたとは言いがたい。唯一、中国においては李国芳の研究があるが、石家荘市の共産党幹部がこの大会を通して、どのような政策を盛り込み、そして最終的にその統治の「正統性」調達にどのように利用したのかについては十分に検証されていない(2)。

そこで本章は、共産党中央の石家荘市人民代表大会に関する指示・方針を分析し、さらに石家荘市人民代表大会の選挙と実際の開催状況の実態について明らかにした上で、共産党が地方、特に市レベルにおいて、どのように「正統性」を調達していったのか、これが他の都市あるいは中央政権にどのような影響を及ぼしたかについて実証的に検討する。

第一節　代表の選出過程

人民代表会議に関する毛沢東の指示と共産党中央の方針および、石家荘市内外の状況については、第二章においてすでに論じたので、ここでは詳述しない(3)。本節では毛沢東や共産党中央の意向を受けて、石家荘市人民代表大会がどのような方針に基づき実際に開催されていったのかについて見ていく。

一九四七年末の時点で、中国共産党石家荘市委員会はすでに市レベルにおける人民代表会議やそれに準ずる機関の開催を重視していた。例えば劉少奇はこの石家荘市委員会の会議において、一二月末までに市レベルの「臨時参議会」を開催するよう指示している(4)。

これを受けて、石家荘市政府は一九四八年四月一日までに、一〇〇名からなる「臨時参議会」の招聘者を確定した(5)。この一〇〇名の内訳は、「労働者が三一名」、「貧雇農が一二名」であり、その合計数だけで半数近くを占めていた(6)。また同月には、石家荘市政府の党グループ、翌月には石家荘市の中国共産党委員会が設立された(7)。

第一章でも論じたように、党グループは中国政治において、共産党が統治を行うことにとって重要な役割を果たす組織であり、また党委員会も共産党の指導に役立てるためというのがその設立の目的である。したがって、石家荘市の共産党幹部は当初から、「参議会」に対する強い影響力を行使しようとしていたことが分かる。[8] 党グループ書記には柯慶施が就き、[9] 党グループメンバーは各局局長から選ばれた。これらはいずれも共産党員であったと思われる。

しかし、結果的に「参議会」は「容易に国民党時代の参議会の悪印象を与える」などの理由から、開催されることはなかった。代わりに一九四九年に入って、石家荘市人民代表会議の開催が準備されることとなる。[10] また、この過程で省レベルの華北人代が先行して開催されたことは第五章で見た通りである。石家荘市の共産党幹部は一九四八年半ばあたりから、「参議会」とは別の議会を開催することによって、「悪印象」を持った国民党政権とは異なった独自色を出すことにより、広大な支持を取り込もうとしたと考えられる。

第二章でも見た、共産党中央によって一九四八年一一月に石家荘市幹部に対する批判が行われた「〔中共〕中央による新たに解放された都市において各界代表会を組織することに関する指示」は、まさにこのような時に発せられたものである。[11] 直接、共産党中央によって名指しで批判された石家荘市の幹部の心境はいかほどのものだったであろうか。この後、汚名返上を図るべく、石家荘市の共産党幹部が人民代表会議（大会）開催に尽力していったことは想像に難くない。

一九四八年一〇月、石家荘市委員会は石家荘市人民代表会議に関する初歩的な討論を行い、一一月には、正式に石家荘市人民代表会議を開催する旨を告知した。さらに、翌年一月には、石家荘市市長柯慶施によって、「民主的選挙」が行われることが明示された。[12]

その後、一九四九年四月五日に、「石家荘市による石家荘市第一次人民代表会議を招集することおよび代表選挙方法に関する決定」（以下、「選挙方法」）と「石家荘市人民代表会議の代表選挙方法と実施細則」（以下、「実施細則」）が公布され、同日には石家荘市選挙委員会が成立した[13]。

石家荘市選挙委員会主任には柯慶施、副主任には臧伯平[14]、張占義[15]が就いており、ここでも柯慶施は指導幹部のトップに就いている。これら三人はいずれも共産党員である。また上記の「実施細則」によれば、石家荘市選挙委員会は「市政府、本市警備部隊および各大衆団体から一三人選出される」としている。具体的に各大衆団体とはどのような団体で、どのような人物が選出されたかについては不明であるが、石家荘市政府や警備部隊は当時、共産党員によって占められていたことから、選挙委員会のトップも共産党員が独占していたと思われる。そして、委員会の多数を占めることによって、選挙の運営を石家荘市の共産党の主導下で行っていったと思われる[16]。

「選挙方法」によれば、人民代表会議開催の目的は「市の民主建設をさらに一歩推し進める」ことであり、これによって構築される石家荘市の「人民政権は、プロレタリアートが指導する、労農同盟を基礎とした人民民主独裁の政権」であるとしている。

また人民代表会議の任務には、「甲、市政府の活動報告の審査、乙、本年度の市政活動大綱の討論と決議、丙、本市における人民政府組織法暫定施行規則の制定」が挙げられている[17]。

人民代表会議の参加者については、「労働者会、労働人民団体およびその他人民団体を基礎」とすることになっており、共産党の支持母体を中心とした政権を打ち立てることが決められている。その内訳も、「職員・労働者会（原文「職工会」）三〇名、婦女聯合会（原文「婦聯」）八名、文化団体、教師聯合会（原文「教聯」）、演劇界（原文「戯劇」）、医師聯合会（原文「医聯」などを含む）四名、回民聯合会（原文「回聯」）二名、青年聯合会（原文「青聯」）二名、学生聯合会（原文「学聯」）二名、軍隊六名、商工業聯合会（原文「商聯会」）四名、新民主主義青年団二名、農会八名」がすでに確定されており、その他の部分を地域代表として選出する予定であった。ただし、「精神病患者および公民権を剥奪された者」は除外されることとされている。

ではこのような除外者とは具体的にどのような人物を指すのであろうか。これについては「実施細則」に詳しい。「実施細則」によれば、「精神病患者」とは、「物事の善し悪しが分からない者、白黒の判別がつかない者、精神錯乱者を指し、耳が聞こえない者、口がきけない者、神経衰弱者、身体障害者は選挙権、被選挙権を有する」と規定している。また、「公民権剥奪者」とは、「甲、軍法あるいは人民法院によって公民権を剥奪され、まだ復権していない者」、「乙、反革命の行為があり、民主政府によって捜査、逮捕された者」、「丙、人民によって人民法院に摘発、上申され、公民権を剥奪された者」のことを指す。

石家荘市の文史資料である『人民都市的曙光』によれば、石家荘市選挙委員会において「公民権の剥奪者」に関して、さらなる詳細な区分が規定されていたようである。(18) ここでは（1）武装して反抗した者、（2）革命の同志を暗殺した者、（3）人民法院によって監禁されている者、（4）社会秩序を破壊する者、（5）人民政権を覆そうとする者、（6）特務、（7）反革命団体の会員、（8）漢奸は選挙権を有しないと規定されている。(19)

このうちの、（5）と「実施細則」の乙の規定は、選挙権を有するかどうかの判断に、恣意的な基準が盛り込まれ、共産党の政権に反対する者は選挙権を有しないと規定したに等しい。

さらに、「実施細則」では大衆が他者の公民権を剥奪する提訴を起こすことが可能とされていた。この規定は、後述するように重大な問題に発展していった可能性がある。

しかし、一方で「公民権を剥奪」された者以外は、地主・富農を含めて階級を問わず選挙権・被選挙権を有することとされており、この点については、柔軟であったとも言える。

なお、「実施細則」は、選挙委員会の業務内容を規定しているが、選挙委員会には「階級の区分」を独自に判定する権限を有するなど、選挙全般にわたる、強い権力が与えられている。

「選挙方法」と「実施細則」は、同日、各区、村に送付され、[20] 八日には選挙民の登記、審査が始まった。[21] 選挙は登記→区長による合同会議（原文「聯席会議」）→選挙委員会分会の設立→審査→予備選挙→選挙という段階を踏んだようである。

ところで、臧伯平は選挙が始まる直前に、これを「一種の階級闘争」と位置づけていた。臧伯平は当時、選挙権の剥奪は慎重に取り扱うようにと指示する一方で、公民権をすでに剥奪された者に対しては「簡単に公民権を授けないように」とまで述べている。[22]

臧伯平は当時、石家荘市政府秘書長の地位にあり、後に石家荘市の副市長にも選出されていることから、実際の選挙はこのような考え方の影響を受けていったと言える。

臧伯平の発言や選挙実施前の共産党の方針からも分かるように、石家荘市の共産党幹部は自らの指導ということについては一貫して確保しようとしていた。共産党員は労働者会、青年団、学生会、商工聯合会、婦女聯合会などの所属団体において推薦されることが可能となっており、さらに「地域選挙」にも参加できることとされていた。

また地域代表は計五七名と定められていたが、石家荘市近郊において選出される代表二五名のうち、共産党幹部が八名、貧農中農が一三名、開明人士が四名、市内の三二名の代表のうち、石家荘市政府の共産党幹部が五名、区政府の共産党幹部が四名、商工業者から二名、その他は労働者から選ばれるよう割りあてが決められていた。

人民代表会議によって選出されることになっていた石家荘市人民政府委員会についても、一三名の委員のうち、石家荘市委員会委員の現職の七名以外は、労働者二名、婦女一名、党外人士三名が事前に取り決められていた。その上で現職の七名は、それぞれの所属団体において選出されることになっていた。[23] 共産党員と共産党に近いと思われる人物で、過半数以上がすでに占められていたことが分かる。このような決定が石家荘市の党委員会において事前に決められたこと自体、共産党の指導に対する強い意思を見ることができる。

石家荘市ではその後、以上のような方針に基づき、登記、候補者の提出と選挙、選挙戦が行われていった。しかし当初、石家荘市の大衆は選挙に対してあまり積極的ではなかったようである。

なぜならば大衆にとって関心があったのはむしろ物価についてだったようであり、「選挙をしても、粟は手に入らない」と言う者や、国民党時期の「偽の民主の影響を受け、選挙に対して興味を持たない」者もいた。商工業者や資本家はさらに冷淡だった。現場の幹部も選挙や会議についてあまり理解することはなく、「資本家を当選させて代表とすることはできない」とすら公言する者もいた。

他方で共産党の報告によれば、労働者は当初より選挙の参加に積極的であった。石家荘市の共産党幹部はこのような「積極分子」を利用し、街や村組織による宣伝を行うことによって、大衆を選挙に参加させようとした。むろん、この場合の「積極」とは、選挙のみならず、共産党の政策に対しても積極的な人物を指していた。これらの労働者は、共産党を支持することによって、利益配分を望んだのであろう。いずれにせよ、宣伝活動を通して、石家荘市の大衆は次第に選挙に対して関心を持つようになったとされる(24)。

ただし、現場の登記活動は石家荘市の共産党幹部が当初想定していたものよりも、過激化していくこととなる。実は、公民登記は「反革命分子」の洗い出しも兼ねており、実際に大衆が「自主的に悪い分子を検挙」することもあった。臧伯平が選挙を「階級闘争」とまで呼んでいたこととの関連は少なからずあったと言えるであろう。この過程で大衆は、公民権を持たない者は「無戸籍者（原文「黒人」）」とすら考えるようになっていった。

また、地方の共産党幹部の中には資本家＝悪と考える者もいたようであり(25)、資本家への公民権付与には極めて慎重であったようである。

この解釈に基づけば、資本家は「悪人」であり、選挙権や公民権を有することができず、したがって「反革命」者ですらあるということになる。

こうした現場の考えもあってか、もともと大衆に不満を抱かれていた者が、「自ら大衆に向かって謝罪し、過ちを悔い改めた後に、初めて登記を許される」という事例すらあった。そのためか、資本家の中にはかえって一貫して、登記に消極的な者もいた。とある資本家は「昨年私は戦争支援の費用（原文「戦勤費」）を支払っていないが、政府もこれを知らない。もし登記したら、これが公になってしまう」と述べていた[26]。資本家にとって登記とは、「悪人」となるか、自らの「罪」をさらすかのきわどい選択を迫られていたのである。いずれにせよ、上記の「洗い出し」の効果もあってか、『石家荘日報』では公民権が剥奪された人物の名前が実名で公表されていった[27]。

選挙は以上のような問題を有しながらも、着実に進められ、最終的に地域代表六二八人、団体代表六八人、合計一三〇人の代表が選出された。選挙参加率（原文「参選人数総平均」）は七四％であった[28]。このうち、労働者の参加率が最も高く、九〇％に達した。しかし、やはり資本家は最後まで選挙に対して非積極的だったようであり、とある商業街は五七・三％、経営者にいたってはわずか三五・二％にすぎなかった[29]。

なお、「選挙方法」では予備選挙の規程があるが、当選人数一三〇人に対して、候補者一四三名であったため、行われなかったようである。いかに極めて低い競争率であったかが分かる。

これについて、関係資料によれば、「大衆は候補者を推薦する時、そこの村、街の幹部しか提出せず、また幹部も悪人を推薦したり、推薦人数が増えすぎて、分散したりしてしまうことを恐れて、〔候補者の範囲を〕拡大させなかった」と指摘している[30]。

表－3　石家荘市第一期人民代表大会代表階級区分統計表

階級区分 ＼ 代表種別		区域代表	団体代表										招請代表	合計	比率
			工会	婦聯	青年団	学聯	文化団体	工商聯合会	回聯	青聯	部隊	農会			
工農兵	公営企業労働者	6	16	2	1					1			3	29	18.125
	私営行業労働者	3	5	1					1					10	6.25
	店員	2	1											3	1.875
	農民	21		1						1		8		31	19.375
	革命軍人										6		1	7	4.375
	革命職員	13	6	2	1		2		1				9	34	21.25
	工程師技術人員		2										1	3	1.875
商工業者	工業家	4						2					4	10	6.25
	商業家	3						2					5	10	6.25
手工業者及びその他	手工業者	3											3	6	3.75
	自由職業者	5		1			2						4	12	7.5
	学生					2								2	1.25
	貧民およびその他	2		1										3	1.875
合　計		62	30	8	2	2	4	4	2	2	6	8	30	160	100
比　率		8.75	18.8	5	1.25	1.25	2.5	2.5	1.25	1.25	3.75	5	18.8	100	×

（注）「石家荘市首届人民代表大会代表成分統計表」石家荘市檔案館所蔵石家荘市人民政府檔案『市政府石家荘市人民政府人民代表大会彙刊』（檔案管理番号：3-1-66）、71頁を基に筆者作成。私営行業、工業家、商業家は原文のまま。

選出された代表の内訳についても、労働者、農民、兵士だけで七九・二％を占め、ブルジョアジー（八・四六％）に「独《マ》立労働者《マ》」（一二・三％）を加えても二〇・七六％にすぎなかった(31)。

また、全ての代表のうち、党員の比率は六二・三％もあった(32)。ブルジョアジーがあまりにも少数であるため、石家荘市の共産党幹部は党外人士をさらに招請することを決めた(33)。しかし、その後でもやはり労働者、農民、兵士は七三・一二五％もの人数を占め、結局共産党の優勢は確保されることとなった（詳細は表-3参照）。

第二節　石家荘市人民代表大会の開催過程

一九四九年六月中に、「〔石家荘〕市第一期人民代表会議籌備処」が組織され、石家荘市委員会によって「人民代表大会準備活動に関する規定」が決められた。準備処のメンバーは、石家荘市政府秘書長である、鹿毅夫[34]が主任となり、社会局長である大林分[35]が副主任となった[36]。両氏とも当時すでに政府人員であること、されにこれまでの傾向を踏まえれば、おそらく両氏ともに共産党の関係者であると思われる。

大会に先立ち、石家荘市委員会において石家荘市人民代表大会の党グループを設立することが決定されている[37]。前述のように、党グループの存在は共産党の統治にとって重要なものであったために、この組織の設立によって石家荘市の共産党幹部は石家荘市人民代表大会に対して、強い影響力を行使していったと思われる。

興味深いことは、この「籌備処」は「〔石家荘市〕人民代表会議」を名乗っているにもかかわらず、「人民代表大会準備活動に関する規定」ではすでに「〔石家荘市〕人民代表大会」へと名称を変更しているということである。この名称の変更はおそらく、石家荘市委員会において確定したと思われる。しかし、なぜ名称を変えたのかについては、現存資料の制約から明らかではない。おそらく石家荘市の共産党幹部は、一部共産党が主張するところの「普通選挙」を行ったために、より進歩的なものを開催したということをアピールしようとしたのではないかと考えられる。

いずれにせよ、以上の手続きを経て、七月二一日に石家荘市人民代表大会は開催されることになる。大会は呉立人[38]による「開幕の言葉」によって始まった。呉立人は大会の目的を、「人民民主独裁の政権機構を打ち立てること」とし、「全市人民の大団結」を訴え、大会ではどのような者でも自由に発言できることを強調した[39]。

次に代表および来賓による講話が行われた。それぞれの代表は、主に国民党からの圧迫と、対照的に共産党による開かれた政治を強調している。共産党の政策に同調的な人物が多数選出されていることがここからも分かる。一方で、裕興隆貨桟という企業の副社長である趙力生という人物は、「大会は多くの意見を十分に討論させるだけではなく、解決の方法を探し出さなければならない」として、大会が空論に終わらぬよう注意を呼びかけている。また西洋医学研究会主任の熊文元という人物も「最も切迫しているのは商工業の発展であり、商工業が発展すれば全てがうまくいく」と述べ、商工業資本家を擁護する発言を行っている(40)。

この時期、一九四九年三月の七期二中全会における毛沢東の報告や(41)、一九四九年四月～五月の劉少奇による「天津講話」に代表されるように、共産党中央は都市の経済政策を重視するようになっていた。これに伴い、石家荘市の共産党幹部も資本家との協力を模索していたと思われる。

大会の二日目には臧伯平による「石家荘市人民政府活動報告」（以下、「活動報告」）が行われた(42)。「活動報告」は序章相当部分、「第一、生産の回復と発展」、「第二、戦争支援」、「第三、財政収支」、「第四、政権構築」、「第五、文化教育」、「第六、市政建設」、「第七、公安司法」、「第八、今後の活動」の九つの部分からなる。

序章部分では、軍事的戒厳、蒋介石の党の人員の登記、大衆の発動、革命秩序の樹立などについて触れ、ここまで石家荘市が発展してきたことを論述した。

第一の部分では、「生産の回復と発展のためには、必ず労働者階級に依拠し、労働者と大衆の積極性を発動しなければならない」としている。

第二の部分では、国民党軍による空爆と石家荘市奪還への注意を呼びかけ、過去の防護隊の組織や治安の強化を評価した上で、前線支援の精神を貫徹させなければならないとした。

第三の部分では、「全国人民の解放戦争を支援するために、本市人民は納税の義務を負う」とし、その負担は個人の「総収益の二五％を超えない」と述べている。

第四の部分では、「人民民主政府は、労働者階級が指導する、労農同盟を基礎とした人民民主独裁の政権組織である。これは労働者階級、農民階級、小ブルジョアジー、民族ブルジョアジーが団結して、共同で新中国を建設するものでなければならない」とした。

これらを踏まえた上で、第八の部分では、今後の活動として、公私経済の繁栄、市政建設などを掲げた。ここでは、戦争支援については触れられておらず、これを強調していた華北人代と内容が異なっている。

大会四日目には、劉秀峯市長[43]による「目前の形勢と石家荘市施政方針および今後の活動の報告」（以下、「施政方針」）が行われた[44]。華北と同様に、「施政方針」は石家荘市の政策的目標を記したという意味で、極めて重要な報告であることは言うまでもない。

「施政方針」は、「第一部分：目前の形勢」、「第二部分：全市人民の大団結、真の民主の実行」、「第三部分：四面八方政策の問題」、「第四部分：工業、農業、商業の発展」、「第五部分：財政、税収、物価、金融、不動産」、「第六部分：文化教育」、「第七部分：市政建設」、「第八部分：社会治安」の八つの部分からなる。

第一の部分では、（1）「解放戦争の勝利」により、現在は主に「国民党反動派の残存勢力を粛清」していること、（2）全国的な「民主連合政府」が今まさに成立しようとしており、人民政協が間もなく開催されること、（3）諸外国の侵略勢力は今まさに一掃されており、中国はソ連の協力も得ていることなどについて触れている。

第二の部分では、今大会を「民主的な大会」とし、「十分に民主を発揚」するために、各階級が団結すべきであることを強調している。その上で、複数の経営者の選挙への参加が消極的であったこと、共産党が権力を独り占めにするのではないかと疑問を抱いている者がいたこと、さらに「党外人士を当選させることができるのか」と疑問を持っている者がいたことを取り上げ、「我々はむしろ共産党員の当選が多すぎており、非党人士の当選が少なすぎることを心配している」とした。ただし、「労働者、農民は社会で最も有用な者である」と述べていることからも分かるように、この二つの階級を政権の主役に置くことは不動であったようである。

第三の部分の「四面八方政策」とは、具体的には、「第一、公私兼顧〔公的部分と私的部分を同時に顧みること〕」、「第二、労資両利〔労働者と資本家ともに利益があるようにすること〕」、「第三、城郷互助〔都市と農村がともに助け合うこと〕」、「第四、内外交流〔ここでは国内外の交流のみならず、他の都市との交流も含まれる〕」のことを指す。これらは明らかに、第四章で見た劉少奇の「天津講話」の影響を強く受けている。

「公私兼顧」の部分では、劉秀峯は生産、特に工業の発展を取り上げ、これによって「国防を強化し」、「国家の独立」を「保障する」と述べている。このため私的経営についても、その発展を必ず奨励するとしている。

劉秀峯は、「遅かれ早かれ共産主義を実行するのだから、経営する意味があるのだろうか」という意見に対して、共産主義はかなり長い時間を経過してから実行すると反論している。

また、共産党が資本家を重視していることを示すために、劉少奇が天津において、とある経営者に対して以下のように述べたことを紹介している。すなわち、「あなた〔この経営者〕の工場が、八つの工場にまで発展したとする。将来国家にこれらの工場を返すことになったとしても、これらの工場はあなたが経営する。しかも、あなたには高い給料を保証する。あなたの生活水準は低くなるどころか高くなることさえある(45)」。

「労資両利」の部分では、劉秀峯は「前途がなければ」、経済が「少しずつ萎縮してしまう」と注意を促している。さらに、「このように利益を得ることは、労働力を搾取するものであるが、合法的で、許可されるものであり、その存在と発展を奨励する」と述べ、これが長期的に見て労働者にとっても有利であることを説いている。ただし、「これだけというのはやはりよろしくない」と、釘を刺すことも忘れていない。しかし、「施政方針」という文書で公式に労働者に対する「搾取」すら認めたということは、共産党の思想から見れば、かなり踏み込んだ内容であったと思われる。劉秀峯がいかに細心の注意を払って、ブルジョアジーの支持を取りつけようとしているかが分かる。

その上で劉秀峯は、これらの「四面八方政策」が、「戦争支援」にもつながり、また「人民の需要を保障する」ものともなると指摘している。これを受けて、第五の部分では、石家荘市の財政が建設の進行や上級政府の出費だけではなく、戦争支援にも使用されることが明言されている。

特に戦争支援について、劉秀峯は「戦争は皆の責任である」と述べ、戦費負担への協力を呼びかけている。なお、後に可決された「戦争支援の費用に関する決議」では、戦争の雑役の義務について触れ、代わりに一定の米を納めれば、これを免除するとした。具体的には、貧民、農民、兵器弾薬工場労働者、傷痍軍人、退役軍人が無条件で免除されているのを除けば、労働者、店員、医者などが米毎月二・五キログラム、その他の商人、工場長、大衆は毎月五キログラムを納めなければならないとした。

その後、「活動報告」と「施政方針」は、代表による討論を経て、大会において承認された[46]。特に「施政方針」は、「商工方面」、「税収方面」、「戦争勤務費」、「市政建設方面」、「石家荘市における一九四九年度の市政建設計画」、「文化教育活動」、「公安司法方面」、「職工、労資関係などの問題」、「農業生産問題」、「不動産問題」、「回民問題」、「婦女問題」、「傷痍軍人、軍人家族、烈士遺族への優待強化」に細分化され、それぞれについて決議が行われている[47]。

ただし、これらの項目を見ても分かるように、例えば組織法や選挙についてなど、共産党の支配（統治）に対して直接影響を及ぼすような部分、換言すれば政権交代を可能とするような部分にまでは議論が及んでいない。

劉秀峯は大会中、いくつかの具体的問題について、回答を行ったが、ここでも「商工業部分」、「市政建設方面」、「街道衛生方面」、「鉄道方面」、「商工業方面」のみに限られている。[48]

これについて、参加代表があえて立ち入らなかったか、あるいは共産党がこのような問題について意見を求めなかったのかは定かではない。ただし、代表からの提案に対して、それぞれ（1）「性質が同じものは合併し」、「同一問題の違った意見については保留とし、同時に並列させる」、（2）「実行可能なものは政府に提出し、執行する」、（3）「実行不可能あるいは、すでに行ったにもかかわらず大衆が知らないもの、あるいは政策に抵触する意見は説明を加える」という三つの処理方法が採用されたということから、（3）のように「政策に抵触する」ために、議論されなかったという可能性がある。[49]

いずれにせよ、代表などが共産党の統治に影響を及ぼすような部分に意見を言えなかった（あるいは言わなかった）ことは、この部分については監視機能が働かなかったこと、もはや共産党の指導を転換させる術がなかったことを示している。

実はこのような傾向は以下で見るように、石家荘市人民政府委員会の選挙においても反映されている。以下、石家荘市人民政府委員会に関する組織条例とここに規定されている職権、さらにその選挙経過について見ていく。

「石家荘市人民政府暫定組織条例」によれば[50]、石家荘市人民政府委員会は石家荘市人民代表大会によって代表の中から二五人選出されることとされている。この選出された委員の中から、市長、副市長が選出されることとなった。

石家荘市政府は上級政府の指導を受け、（1）人民代表大会の決議の執行、（2）上級政府に与えられた任務の討論と執行、（3）建設・財政計画および予算の策定、（4）政府活動の検査、および法に基づく所轄の人員の任免と賞罰の決定、（5）活動報告の制定などの職権を有する。

また、市長には（1）人民政府委員会、政務会議の開催、（2）各局、院、処の指導と、上級政府に与えられた任務および政府委員会による決議の執行、（3）日常政務と緊急事項の処理などの権利が与えられている。

石家荘市人民政府委員会の選挙は「石家荘市人民政府委員会委員選挙方法」に基づき行われた[51]。この「選挙方法」では、候補者の人数を三七名とし、候補者が倍数に達した場合は、予備選挙を行うとした。ただし、候補者は結局三三名に留まったため、予備選挙は行われなかったようである。投票は無記名投票としたが、文字が読めない場合は代筆を可能とした。一人の代表につき、二五名を選択することが可能であったため、票数はのべ三五七五票集った（棄権は三三二票）。開票結果は表-4の通りである[52]。

この中で、共産党員と思われる人物が複数落選していることは興味深い[53]。ただし、党政革命職員が六人、労働者四人、農民二人、古参労農革命家（原文「工農老革命」）二人、商工業資本家四人、技師、教育界、中国医学医師、西洋医学医師、婦女聯合会、回民、手工業者がそれぞれ一名ずつであったため[54]、党政革命職員、労働者、農民、古参労働者・農民革命家だけですでに一四人に達しており、過半数を超えている。これに共産党に近い婦女聯合会などの人物を加えれば、いかに共産党にとって有利な人員配分であったかが分かるであろう。

また、華北人代・人民政協では、副主席のうち、半数は非党員代表を入れるようにしていたが、石家荘市では、市長・副市長（各一名）ともに党員が選出されている。ここにいたり、石家荘市の共産党は自らの優勢を確定させることとなった。

大会は最後に劉秀峯市長による閉幕の言葉が述べられ、石家荘市人民代表大会の全日程が終了した[55]。

劉秀峯は、討論と情報公開によって、今大会が極めて民主的なものであると述べた。確かに、財政の公開は参加代表を驚かせたようである。また上述の「四面八方政策」は一定程度、資本家を安心させたとしている。

表－4　石家荘市人民政府委員会委員選挙結果

	人名	得票数		人名	得票数		人名	得票数		人名	得票数		人名	得票数
1	劉秀峯（市長）	143	6	阮慕韓	133	11	熊文元	125	16	李純璞	102	21	趙銘	94
2	鹿毅夫	140	7	載錫祉	132	12	王済民	114	17	馮雲章	102	22	陸春長	93
3	臧伯平（副）	138	8	李争	132	13	陳梅生	106	18	閻金芬	101	23	申希礼	93
4	呉立人	135	9	郭彤	129	14	喬万順	106	19	楊明遠	99	24	平連	88
5	王應慈	134	10	計根生	125	15	宋公玉	105	20	趙甘年	98	25	王文健	73
26	李斌	44	29	何子豊	33	32	馬志新	31	35	鄭林	26	38	李蔭清	10
27	白文綱	43	30	孟秋舫	33	33	李之光	28	36	趙志鈞	25	39	馬占斌	7
28	蔡工焉	41	31	李樹夫	32	34	趙力生	27	37	徐尚斌	22			

（出所）「石家荘市人民政府委員選挙結果」石家荘市檔案館所蔵石家荘市人民政府檔案『石家荘市人民政府大会彙刊』（檔案管理番号：3-1-66）、55頁に基づき筆者作成。（副）は副市長を指す。

さらに劉秀峯は、代表は選挙によって選ばれたため、間違いを犯せば、弾劾を受けることを明言し、一般大衆による直接的な監督機能を認めている。現実的にこれによって共産党員ですら辞めさせることが可能であったかどうかは別として、少なくともこれを公式に認めたことは、画期的であったと言える。

なお、紙幅の関係上、ここでは紹介することはできないが、大会はその他に中ソ友好協会石家荘分会の成立、「石家荘市における国営公営企業の戦時の労働保険に関する暫定的方法」、「石家荘市の私営工場商店における賃金、労働時間、福利、労働の保護に関する戦時の暫定的方法」、「石家荘市の綿織業における賃金、労働時間、福利などに関する戦時の暫定的方法」、「石家荘市の鉄鋼業における賃金、労働時間、福利などに関する戦時の暫定的方法」、「国営公営企業における賃金、労働時間、労働者の福利などの問題に関するいくつかの決議」、「職工教育に関する決議」などを採択した(56)。

第三節　石家荘市人民代表大会の評価とその影響

最後に、一九四九年一〇月一日出版の『各級人民代表大会各界人民代表会議経験彙集』に収録されている、華北人民政府民政部によって作成された

「石家荘市人民代表大会における代表選挙に関する考察報告」（以下、「考察報告」）と、石家荘市人民政府による「石家荘市第一期人民代表大会の基本経験」（以下、「基本経験」）を中心に、石家荘市人民代表大会の成果と問題点を見ていきたい。(57)

二つの報告はともに、石家荘市人民代表大会の成果として民主化を進めたこと、共産党の指導下において、各階級、特に資本家との団結を実現させ、「人民民主独裁」の政権を打ち立てたこと、「四面八方政策」によって商工業発展の基礎を築いたことを挙げている。また選挙についても、当初は国民党時代の印象から、選挙そのものに懐疑的な者もいたにもかかわらず、一般大衆から多くの代表が選ばれたことにより、次第に大衆から「民主的である」と認められるようになったことを評価している。

しかし、「考察報告」は代表の選挙方法について、石家荘市の共産党内でも議論があったことを示している。前節でも触れたように、共産党幹部は団体代表として選出されるほかに、「地域選挙」にも参加できることとなっていた。「考察報告」によれば、これにより、ある幹部は六種類もの選挙に参加することができ、「不平等である」と異議を唱える党員もいた。

また、選挙期間が短かったこと、候補者が違う地区からきた者であったこと、選挙区が大きく、選出する代表も大人数に及んだため、選挙民が候補者のことをあまり理解しておらず、また候補者の名前を覚えることができず、その権利を十分に発揮することができなかった。

さらに、文字が書けない者、候補者を選ぶことができない者に対しては、代筆者を立てることもあったが、代筆者が独断で自分の思い通りに候補者の名前を書くという状況もあったようである。これでは正確に民意を反映しているとは言い難い。

こうした状況に対して、「考察報告」は、今後は職能選挙を中心とし、職業団体会員は地域選挙に参加しないようにするべきであるとしている[58]。また、その他にも、「考察報告」は、今後の「代表会」開催のへの提言として、（1）「会の前は十分に準備する」こと、（2）「代表会」の権力と作用を十分に発揮し、「代表大会を通して大衆と連繋を取る」こと、（3）「代表大会が組織されれば、必ずこれを堅持し続ける」ことが挙げられている。

一方、石家荘市人民政府による「基本経験」は、大会開催前の状況として、以下のように報告している。石家荘市では一九四八年の一二月以降、現場の幹部が資本家に対して「左」の思想を持ち、「投機商人の管理を過度に重視し、〔彼らへの〕反対を強調し」、資本家をして大いに「疑問を抱かせていた」。石家荘市は当時、「不景気に陥り、物価は上昇し、農村の購買力も低く」、これにもかかわらず、「銀行からは融資を受けられず、税は重く」、「商店の閉鎖を余儀なくされ、商工業資本家は自分たちには前途がないと考えるようになった」。

これはおそらく、当時の華北人民政府が戦争支援を強調し、これによって、物心両面の動員を行っていたためであると思われる[59]。ゆえに石家荘市の共産党幹部は経済の停滞に危機感を持つようになり、資本家との団結を強調し、生産発展の問題を解決しなければならないことを認識するようになったと考えられる。

ただし、大会を通して資本家の疑念は完全には解消されてはいなかった。この点について、「基本経験」は以下のように述べている。大会はあらゆる代表が、どんな発言でも行えるように配慮しており、このため一部資本家からは「労資問題において政府は労働者側のみに配慮している」という批判も噴出した。これにより大会中、階級闘争が顕著となり、労働者と資本家が激烈な論争を行うこともあった。これに対して「基本経験」は労働者の覚悟が高まったことを評価しつつも、彼らが資本家に対して罵倒する態度にも注意を促している。一方で、「上層人物」の中には、「労働者や農民が選ばれるよりも、知識がある人物の方が業務を行えると思っている」者もいたようであり、この点も「基本経験」は問題視している。

「基本経験」は大会中、労働者と資本家の対立がむしろ先鋭化していたことを示している。しかも、大会の決議の中に政治部分について触れられていなかったこと、政権の主役を労働者や農民に据えていたことなどからも分かるように、石家荘市の共産党幹部は資本家に対して配慮していたとはいえ、それはあくまで経済の範囲内に限られていた。それゆえに、仮に共産党の政権に関わるものであった場合、石家荘市の共産党幹部は農民や労働者を支持したのではなかろうか。前節までに論じた石家荘市の共産党幹部の言動が如実にこれを示している。

実はこれらの問題は、ほぼ同時期に開催された、その他の地域の各界人民代表会議においても普遍的に見られた。保定市（一九四九年一月）、張家口（四月）、太原（五月）、天津（八月）では、それぞれ各界人民代表会議が開催されたが、[60]いずれの都市においても商工業代表の人数が少なく、彼らに疑念を抱かせる結果となった。

また保定のとある代表が、紡績工場を建てることにより、大衆の生活を改善するべきだと発言したところ、とある共産党幹部は、これに対して「即座に反論し、〔かつ〕その態度は謙虚ではなく、彼の発言を途中で阻止」するという有様であった。[61]

天津にいたっては、開催期間がわずか四日のみであり、石家荘市の「施政方針」にあたる法案ないしは決議すら可決されないまま閉会している。このため、天津の各界人民代表会議に関しては、報告者である天津市人民政府も「十分に民主を発揚していない」と認めざるを得なかった。またここでも、労働者は「資本家が何か話せばすぐに批判をする」ような状況であった。[62]これらを見る限り、華北の各地方でも、労働者と資本家の対立が深刻化していた。

実は天津に見られるような性急な人民代表会議開催は、共産党中央の意向を受けていた可能性が高い。共産党中央は一九四九年七月末の段階で、「人口が三万人以上の都市では、解放後二ヶ月以内、遅くとも三ヶ月以内に各界代表会議を開催し、もって人民大衆と密接に連係する重要な方法とするように」と指示を行っている[63]。

また、同様の指示は八月中旬、八月末にも発せられており[64]、毛沢東自身も複数回、同様の指示を出している[65]。毛沢東あるいは共産党中央が、いかに各地方における人民代表会議の開催を重視し、またこれを急いでいたかが分かる。しかも、これらの指示でもやはり、「共産党員と信頼できる左翼分子」で過半数以上が占められることが決められていた[66]。

七月末の二ヶ月後と言えば、まさに人民政協が開催される時期である。したがって、共産党中央は代表会議開催によって、地方における支持獲得をアピールし、人民政協へと積み上げていきたかったのではなかろうか。周恩来が人民政協において、人民代表会議を地方の政協と発言したことは、これとも関連していると思われる[67]。

しかし、実際には短期間で人民代表会議を開催したことにより、「形式主義（形式を重んじ、実質を問わない傾向のこと）」に陥ってしまうという問題も表面化していた[68]。

このような状況下にあって、石家荘市人民代表大会は当時としては、比較的早い段階で、かつ幅広い民意を取り入れた進歩的な人民代表大会を開催したが、結局、共産党中央によって人民代表会議と同レベルとして取り扱われることとなった[69]。その後、数年を経て初めて、石家荘市人民代表大会はようやく、真の意味での人民代表大会制度へと転換していくこととなる。

おわりに

本章は一九四九年に開催された、石家荘市人民代表大会を通して、共産党がいかに地方において統治の「正統性」

を確保しようとしたかを見てきた。

石家荘市人民代表大会には、様々な問題があったにせよ、共産党は石家荘市においては人民代表大会、その他の地方においては各界人民代表会議を通して、地方における民意を獲得したことを明示していった。これによって、共産党は市レベルにおける統治の「正統性」をも調達していったと思われる。

この中で、石家荘市人民代表大会は、「大会」と称し、当時にあっては進歩的なものを目指したが、結局これは人民代表会議（各界人民代表会議）と同質のものと扱われ、後に開催される正式な人民代表大会に対して、「臨時的」なものとして位置づけられた。

さらにわずか二年後の一九五一年には、前節まで見てきたような問題を抱えた石家荘市人民代表大会ですら、「資産階級の『形式』的民主の欠点を持つ」という批判を受けるようになり、ここにいたり中国では民主的な手続きを全く無視するような風潮が産まれていったと思われる[70]。この二年間には、おそらく朝鮮戦争を通して、新政権として物心両面にわたり最大限の動員をせざるを得なかったこと、そのために権力の集中を断行せざるを得なかったことといった要因が考えられる。

次章以降では、ここまで見てきたような省レベル・市レベルの人民代表会議（大会）の経験が、どのように中央レベルに反映されていったのかについて、人民政協を対象として見ていく。

註

（1）以下で詳細に論じるように、石家荘市人民代表大会は当初は「石家荘市人民代表会議」という名称で開催される予定であったが、後に「石家荘市人民代表大会」へと名称が変更される。しかし、これも後述するように、石家荘市人民代表大会は結果として、制度上はあくまで「人民代表会議」制度と同等の扱いをされることとなる。そこで本章では、共産党の呼称方法に基づき、原文通り一九四九年六月までを「石家荘市人民代表会議」、これ以降のものを「石家荘市人民代表大会」と略称を用いずに表記することとする。また、この時期の一般的な議会を指す場合は「人民代表会議」とする。

（2）李国芳「建国前夕中共創建石家荘民衆参政機構的実践」『近代史研究』二〇〇六年第五期、二〇〇六年五月、二七～四五頁。同『初進大城市――中共石家荘建政与管理的嘗試（一九四七―一九四九）』北京：社会科学文献出版社、二〇〇八年。

（3）詳細は第二章を参照。

（4）石家荘市檔案館所蔵中共石家荘市委員会檔案「市委会記録（一）（一九四七年一一月―一九四八年一月一〇日）」石家荘市檔案館所蔵石家荘市委員会檔案『市委会記録』（檔案管理番号：一―一―一）。

（5）「石家荘市政府通知社字第四号（一九四八年一月七日）」石家荘市檔案館所蔵石家荘市人民政府檔案『関於政治、民政工作的通知、指示』（檔案管理番号：三―一―一九）、「石家荘市政府通知（一九四八年四月二日）」石家荘市檔案館所蔵石家荘市人民政府檔案『関於政治、民政工作的通知、指示』（檔案管理番号：三―一―一九）。

（6）前掲檔案資料「石家荘市政府通知」。

（7）中共石家荘市委党史研究室・石家荘市中共党史研究会編『黎明的石家荘』石家荘：河北人民出版社、一九九〇年、三七、六八頁。以下、『黎明的石家荘』と表記する。

（8）党グループに関する研究は、唐亮『現代中国の党政関係』慶応義塾大学出版会、一九九七年、七～三三頁に詳しい。

（9）日中戦争時期に中国共産党中央統戦部副部長などを担当。国共内戦時期は晋察冀辺区にて、辺区行政委員会財政委員会副主任や石家荘市市長を歴任。一九四九年五月からは南京市人民政府副主席。馬洪武・王徳宝・孫其明編『中国革命史辞典』北京：檔案出版社、一九八八年、八五五頁。霞関会編『現代中国人名辞典――一九六六年版』江南書院、一九六六年、七四頁。

（10）「中央関於新解放城市中組織各界代表会的指示（一九四八年一一月三〇日）」中央檔案館編『中共中央文件選集』（第一七冊）、北京：中共中央党校出版社、一九九二年、五三〇頁。

（11）同上、五二九～五三二頁。

(12) 上述のように、柯慶施は石家荘市政府党グループ書記でもあり、この点共産党の石家荘市における指導との関連において大変興味深い。
(13) 中国人民政治協商会議河北省石家荘市委員会文史資料委員会編『人民城市的曙光――石家荘解放初政権建設紀実』石家荘文史資料第一五輯、石家荘：中国人民政治協商会議河北省石家荘市委員会文史資料委員会、一九九四年、一五七～一五八頁（以下、『曙光』と略記）。以下、それぞれの具体的内容については、「石家荘市関於召開石家荘市第一次人民代表会議及代表選挙辦法的決定」『石家荘日報』一九四九年四月五日、「石家荘市人民代表会議代表選挙辦法実施細則」『石家荘日報』一九四九年四月一三日を参照。
(14) 当時、石家荘市委員会の委員、経済委員会副主任、市政府の党委員会書記、秘書長などを歴任。後に石家荘市人民代表大会にて人民政府委員会委員、石家荘市副市長に選出される。『黎明的石家荘』六七～七〇頁。
(15) 当時、石家荘市第二区中国共産党委員会書記。
(16)『黎明的石家荘』五〇頁。
(17)「石家荘市選挙委員会通知（一九四九年四月一一日）」石家荘市檔案館所蔵石家荘市人民政府檔案『市政府関於物資管理、税収、填発土地証、選挙、任免、保密等辦法、指示、規定』（檔案管理番号：三―一―三六）。なお、数日後には追加されることとなるが、ここには人民代表会議の重要任務の一つであるはずの、石家荘市政府委員会の選挙が含まれていない。名称上は、会議である以上は、正式な機能を持たせるわけにはいかないという意向だったのであろうか。
(18) ここでは明確な出典が記されていないが、引用文になっていることから、市選挙委員会における会議記録などを使用したのではないかと思われる。「選挙人民代表――第一次行使民主権利」『曙光』一六二～一六三頁。
(19) ただし一部、自白し過去を悔い改めた者は所定の審査を経て、選挙権を与えることを考えてもよいという規定もあった。
(20)「石家荘市政府令秘字第四号――為自四月五日起進行人民代表之選挙工作」『石家荘日報』一九四九年四月五日。
(21)「市区各区紛建選挙分会――布置市選工作、開始公民登記」『石家荘日報』一九四九年四月八日。
(22)「関於選挙布置工作要点――臧秘書長在区長聯席会議上的講話提綱（一九四九年四月四日）」石家荘市檔案館所蔵石家荘市人民政府檔案『石門市関於城市工作、物資管制会議、南調幹部、中等教育、選挙、供銷社概況等総結、報告』（檔案管理番号：三—一—一）。

(23)「常委記録（一九四九年）」石家荘市檔案館所蔵石家荘市委員会檔案『中共石家荘市委員会一九四九年一—一二月分市委会議記録』（檔案管理番号：一—一—六一）。これには日時が記されていないが、その内容から一九四九年四月前後のものであると判断した。なお、以下で論ずるように、人民政府委員会委員は後に二五人にまで増加している。

(24) ここまでの選挙に関する情況は、「選挙人民代表——第一次行使民主権利」『曙光』一六〇～一七一頁を参照。

(25)「中央関於対民族資産階級的政策問題給東北局的指示（一九四九年五月三一日）」中央檔案館前掲書『中共中央文件選集』（第一八冊）、三一八頁。

(26) 前掲「選挙人民代表」一六四頁、「毎周情況彙報第二号（一九四九年四月一五日）」石家荘市檔案館所蔵石家荘市委員会檔案『中共市委、市委研究室一九四九年月分、旬工作彙匯報』（檔案管理番号：一—二—一〇）、「石家荘市選挙工作総結（時期不明）」石家荘市橋西区檔案館所蔵第二区公所檔案『市政府、第二区公所、民政局関於建政、民政、労働、訓練、救災等方面工作的決定、総結、報告、規画』（檔案管理番号：三—一—六）。なお本資料の内容から、筆者はこれを一九四九年五月頃のものであると判断した。

(27)「剥奪公権市民名単石家荘市選挙委員会通告秘事第六号」『石家荘日報』一九四九年四月一四日。

(28) この場合、一般的には「投票率」という言葉が用いられるはずであるが、なぜあえて「選挙参加率」という言葉を用いているのかは、資料には示されていない。これについては、①そもそも選挙資格審査を経て限定された参加者のみであったことから、市全体の人口の投票率とはどうしても数字が合わなくなり、都合が悪かったためか、②もしくは実際の投票方法が投票会議の参加者による挙手という方法が取られたためであったという、どちらかの可能性が考えられる。

(29)「情況彙報第五号（一九四九年五月一〇日）」前掲檔案資料『中共市委、市委研究室一九四九年月分、旬工作彙報告』。

(30) 前掲檔案資料「石家荘市選挙工作総結」。

(31) なお、ここで言う「独立労働者」が具体的にどのような職業の人物を指すのかについては不明である。

(32) 前掲檔案資料「情況彙報第五号（一九四九年五月一〇日）」。

(33)「情況彙報第六、七号（一九四九年六月三〇日）」前掲檔案資料『中共市委、市委研究室一九四九年月分、旬工作彙報告』。

(34) これ以前の秘書長は臧伯平であったが、臧伯平は副市長に転任したために、鹿毅夫が秘書長に就くこととなった。鹿毅夫は他に、石家荘市政府党委員会副書記、石家荘市委員会経済委員会常務委員などを歴任。石家荘市人民代表大会では人民政府委員会委員に選出されている。『黎明的石家荘』六八〜六九頁。
(35) その他の役職については資料上の制約により不明。
(36) 『黎明的石家荘』五二頁。
(37) 「市委会議録(一九四九年六月―八月)」石家荘市檔案館所蔵石家荘市委員会檔案『市委会記録』(檔案管理番号:一―一―一)。
(38) 石家荘市委員会の常務委員、宣伝部長、第一副書記、秘書長などを歴任。後に石家荘市人民政府委委員にも選出される。
(39) 「呉立人代表開幕詞」石家荘市檔案館所蔵石家荘市人民政府檔案『石家荘市人民政府人民代表大会彙刊』(檔案管理番号:三―一―六六)、五〜六頁。以下、『人民代表大会彙刊』と略記。
(40) 「代表、来賓講話摘録」『人民代表大会彙刊』六〜九頁。
(41) 「中国共産党第七期二中全会における毛沢東主席の報告」日本国際問題研究所中国部会編『新中国資料集成』(第二巻)、日本国際問題研究所、一九六四年、四三二〜四四三頁。
(42) 以下、臧伯平の報告については、「石家荘市人民政府工作報告」『人民代表大会彙刊』一一〜二〇頁を参照。
(43) その他、石家荘市委員会の常務委員会書記、常務委員会第一副書記、市政府党グループ書記などを歴任。臧伯平の異動の後に石家荘市市長を務める。
(44) 以下、「施政方針」については、「目前形勢与石市施政方針和今後工作的報告」『人民代表大会彙刊』二一〜三六頁を参照。
(45) これはおそらく、劉少奇による一九四九年四月から五月の「天津講話」のことを指すと思われる。この意味でも、「天津講話」は重要なものであったと思われる。
(46) 「関於政府工作報告与本市施政方針和今後工作的決議」『人民代表大会彙刊』三七頁。
(47) 「関於工商方面決議」、「関於税収方面決議」、「関於戦勤費的決議」、「市政建設方面決議」、「石家荘市一九四九年度市政工程建設計画」、「関於文化教育工作決議」、「公安司法方面決議」、「関於職工、労資関係等問題的決議」、「関於農業生産問題的決議」、「関於房産房租問題的決議」、「関於回民問題的決議」、「関於婦女問題的決議」、「加強栄軍軍属烈属優待的決議」『人民代表大会彙刊』三七〜四九頁。

(48)「劉市長解答提案中的一些具体問題」『人民代表大会彙刊』四九〜五〇頁。なお、討論は六日間ほど行われたようである。重要な決議の割にはあまり長い期間とは言えない。

(49) 石家荘市人民政府「石家荘市首届人民代表大会的基本経験」華北人民政府民政部編『各級人民代表大会各界人民代表会議経験彙集』出版都市不明：華北人民政府民政部、一九四九年、二三頁。なお、この資料によれば、大会には五〇〇ほどの提案があったようである。

(50) 当該組織条例については「石家荘市人民政府暫行組織条例」『人民代表大会彙刊』五一〜五三頁を参照。

(51) これについては「石家荘市人民政府委員会委員選挙辦法」『人民代表大会彙刊』五四頁を参照。

(52) 開票結果については、「石家荘市人民政府委員選挙結果」『人民代表大会彙刊』五五頁を参照。

(53) このうち、李樹夫や馬志新などは共産党員であったと思われる。

(54) 前掲資料「石家荘市首届人民代表大会的基本経験」二三頁。

(55)「劉秀峯市長閉幕詞」『人民代表大会彙刊』五七〜五八頁。

(56)「発起成立中蘇友好協会石家荘市分会縁起」、「市総工会請求審核的幾項労保福利辦法和決議」『人民代表大会彙刊』八四〜九三頁。

(57) 以下、前者については、華北人民政府民政部「石家荘市人民代表大会代表選挙考察報告」華北人民政府民政部前掲書『各級人民代表大会各界人民代表会議経験彙集』一九〜二三頁を、後者については前掲資料「石家荘市首届人民代表大会的基本経験」二三〜二六頁をそれぞれ参照。

(58) 事実この後、地方レベルにおいては各界人民代表会議、中央政府レベルでは人民政協という、職能代表制を用いた議会へと切り替わっていくことになる。

(59) 詳細は第五章参照。

(60) これらの都市で開催されたものがいずれも各界人民代表会議であったことは、前述との関連で大変興味深い。

(61) ここまでの事実については、華北人民政府民政部「太原、保定、張家口各界人民代表会議情況与経験的綜合彙報」華北人民政府民政部前掲書『各級人民代表大会各界人民代表会議経験彙集』二六〜二九頁を参照。
(62) 天津市人民政府「天津市各界人民代表会議初歩総結報告」華北人民政府民政部前掲書『各級人民代表大会各界人民代表会議経験彙集』二九〜三〇頁。
(63)「中央関於迅速召開各界代表会議和人民代表会議各中央局、分局的指示（一九四九年七月三一日）」中央檔案館前掲書『中共中央文件選集』（第一八冊）、三九五〜三九六頁。
(64)「中央関於三万人口以上城市均須召開各界代表会議的指示（一九四九年八月一九日）」中央檔案館前掲書『中共中央文件選集』（第一八冊）、四二二〜四二三頁、「中央関於三万以上人口的城市及各県召開各界人民代表会議的指示（一九四九年八月二六日）」中央檔案館前掲書『中共中央文件選集』（第一八冊）、四三一〜四三二頁。
(65)「三万以上人口的城市和各県均応召開各界人民代表会議（一九四九年八月二六日）」中共中央文献研究室編『毛沢東文集』（第五巻）、北京：人民出版社、一九九六年、三三三〜三三四頁。
(66)「開好県的各界代表会議（一九四九年九月七日）」中共中央文献研究室前掲書『毛沢東文集』（第五巻）、三四〇〜三四一頁。
(67)「関於人民政協的幾個問題（一九四九年九月七日）」中共中央統一戦線工作部・中共中央文献研究室編『周恩来統一戦線文選』北京：人民出版社、一九八四年、一三七頁。
(68)「華東局転来察哈爾省委八月三十一日関於各界代表会議的報告（一九四九年九月二日）」中央檔案館前掲書『中共中央文件選集』（第一八冊）、四四三〜四四四頁。
(69)「中央関於人民代表大会同各界人民代表会議的区別問題給東北局的指示」中央檔案館前掲書『中共中央文件選集』（第一八冊）四五八〜四五九頁。「石家荘市関於招開市人民代表会的基本情況及有関問題的報告」石家荘市人民政府檔案『石家荘市人民政府一九四八年度、一九四九年度工作計画、工作総結、工作報告』（檔案管理番号：三―一―一四）。
(70) 敬生「石家荘市人民代表選挙工作存在厳重的形式主義偏向」『人民日報』一九五一年八月二八日。

第七章　「人民代表会議」制度創成の諸段階 Ⅲ

――中国人民政治協商会議（一九四九年九月）――

はじめに

本章は、一九四九年九月に開催された人民政協[1]の開催過程への検証を通して、共産党が人民政協において「正統性」を調達しつつ、最終的に中央政府を掌握し、同レベルにおける支配を確立していく過程を明らかにするものである。

人民政協は当時、共産党から全国的な人民代表会議としての役割を期待されており、かつ人民政協において策定された共同綱領は、新しい中国の基本的理念と原則に関する議論を集約したものであった。以上に鑑みれば、共産党が人民政協を通して「正統性」を調達し、これに基づき様々なチャネルを通して、「指導」を確立しようとしたことは想像に難くない。本章は、新たな視角と資料によって、既存の研究の不十分な部分を補おうとする試みである。

そこで本章ではまず、人民政協が開催されるまでの共産党の方針を分析し、さらに人民政協および、これによって組織された中央政府における人事と、人民政協において作成、可決された様々な法案を検証した上で、共産党がいかに中央政府レベルにおいて統治の「正統性」を調達しようとし、またこれによって最終的に中央政府の支配を確立しようとしたのかについて見ていく。

なお、人民政協については、日本では福島正夫の研究があるが、共産党が中央政府レベルでどのように「正統性」を調達し、また最終的にどのように支配を確立させていったのかについて議論がなされていない[2]。また、平野正、水羽信男は当該時期の民主党派による共産党の「指導」の受容過程を論じているものの、その過程について共産党側から具体的に論じたものは管見の限り存在しない[3]。中国においては李正華、黄小同など、人民政協に関する研究は多数存在するが、ほとんどの論文は人民政協がいかにして打ち立てられたか、人民政協の歴史的役割、あるいは共産党指導者の人民政協に対する貢献のみに注目している[4]。

第一節　新政治協商会議準備会開催前

第二章において論じたように、一九四八年四月三〇日、共産党はメーデー・スローガンを発表し[5]、人民政協の開催を呼びかけた。メーデー・スローガンが発表された四月三〇日は、まさに国民政府が第一回行憲国民大会を開催していた時であり、ゆえにこれは共産党による国民大会に対抗した措置であったことは明らかである[6]。

このような国民大会への対抗意識と、政権獲得に対する共産党の強い意思表示は、人民政協開催をできるだけ急ごうとする共産党の姿勢の中にも見える。一九四八年五月二日の「中央による各民主党派代表を解放区に招請し新政協を招集する問題について協議することに関する上海局への指示」[7]において、共産党は人民政協の開催を一九四八年の秋に、ハルビンで開催することを提案している。共産党はいまだ制圧していない地域が多い中で、東北のハルビンという、北平に比べれば言わば「僻地」とも言えるような場所で早急に人民政協を開催することを考えていたのである。

ではなぜハルビンであったのであろうか。第一に、確かに当時東北は瀋陽を含め、いまだ完全に共産党の部隊に制圧されてはいなかったが、軍事的には共産党が優勢な段階へ移行しつつあった。第二に、東北は当時、共産党の根拠地として一定の安定性を確保していた。しかも、第三に東北の後方にはソ連が控えており、いざという時はソ連の軍事的経済的援助が期待できた。(8) 第四に、共産党の中央委員の約三分の一が東北に派遣されていたことも要因の一つとして挙げられよう。以上の理由により、共産党にとってはハルビンでの開催が比較的安全であったと考えられる。

ところで、共産党は人民政協開催にあたり、参加者に条件をつけていた。一九四八年三月六日の「中共中央の発言者が民盟三中全会および国民党革命委員会宣言を評する」(9) の中で、共産党は「第三の道」を選択することに反対しており、むしろこの道を選択することは「第二の反民主政権」であるとすら指摘している。これにより、人民政協に参加する各党派の代表は、共産党の政策に同意しなければならなくなった。この「第三の道＝反動」という考え方は、後に「新政治協商会議準備会組織条例」（以下、新政治協商会議準備会は、新政協準備会）に盛り込まれることになる。(10)

国民党か共産党か、二者択一を迫られた民主党派の反応は大きく二つに分けられる。青年党や民主社会党は、もともと中国民主同盟などとは政策的に距離を置いていたために、国民大会に参加した。しかし、中国民主同盟や中国民主建国会は人民政協に参加することとなった。(11) 新政協準備会に施復亮(12)の代役として参加した中国民主建国会の孫起孟(13)は、「プロレタリアートが（共産党を通じて）指導する新民主主義を明確に受け入れる」ことは彼らにとって「一大転換」であったと後に回想している。(14) メーデー・スローガンを受け入れた民主党派は、共産党に政権建設を任せつつ、限られた範囲内ではあるが、独自路線を模索していくこととなる。(15)

一九四八年一〇月八日、共産党中央は「民主人士の『新しい政治協商会議を招集することに関する諸問題』に対する意見を求めることに関する高崗(16)、李富春(17)への指示」を発し、これに付属文書として「新しい政治協商会議を招集することに関する諸問題」（以下、「諸問題」）を加えた。[18]

この「諸問題」では、引き続きハルビンで人民政協が開催されることが提案されているが、最大でも二〇人前後という極めて少人数によって新政協準備会を開催することとされた。[19]後に新政協準備会には一三四人が参加することになるが、これと比べれば明らかに少人数である。共産党がやはりできるだけ早く人民政協を開催しようとしたためか、もしくは当時まだ制圧していない地域が多く、全国から新政協準備会の参加者を招集できないと判断したためであろう。

しかし、開催場所に関しては「状況の発展によっては、華北のどこか大都市」に改めることも可能とされており、内戦の状況に対応させる意思と、大都市で全国的な人民政協を開催することへの自信も伺うことができる。

人民政協参加者の条件については、引き続き「第三の道」を選ぶことを禁止した上で、さらに「反封建反官僚資本」という共産党の政策に則らなければ人民政協に参加できないと規定された。

また「諸問題」では三九の団体が人民政協に参加することが想定されていた。全体会議に参加する具体的人数については触れられていないが、実際に後に人民政協に参加した団体は四六であったことから、三九という数も比較的小規模ということになる。

なお、於剛[20]の回想によると、共産党がメーデー・スローガンを発表した後、三〇の団体と個人が人民政協への参加を要求してきたが、一部の団体は「解放戦争時期に反動的行為があった」との理由で、招請しなかったとしている。招請する団体や個人に関しても、共産党による「反動的」かどうかを基準とした取捨選択があったことを、ここではつけ加えておきたい。[21]

その他参加団体に関しては、一〇月一〇日に毛沢東が起草した「中共中央の九月会議に関する通達[22]」において、すでに成立した中華全国総工会に加えて、全国民主婦女連合会、全国青年連合会、新民主主義青年団を創立する計画が示されている。これらの団体は全て後に人民政協に参加することになるが、例えば中華全国民主青年連合総会代表として人民政協に参加した人物はほぼ全員共産党員である。また上記の団体と解放区農民団体、少数民族の代表は共産党によって選出されると規定されていることから、この通達に挙げられた団体は共産党に従属的な団体と見て間違いなかろう(23)。

一九四八年一〇月一五日に共産党中央は「各民主党派代表に対して、新政協に参加する名簿への意見および関連する原則を諮問することに関する高崗、李富春などへの指示」において、各団体に一票の投票権を有するという原則を決めた。したがって、共産党に従属的な団体がいくつ参加するかは、この後極めて重要な問題となっていく(24)。

一方、これに対する民主党派の反応は、基本的には共産党の意向に沿うものであったようである。一九四八年一〇月二一日の高崗、李富春による「沈鈞儒(25)などの新政協招集に対する意見の報告(26)」によると、民主党派は「反動的党派」の排除に同意しており、共産党が提出した、人民政協に参加する三九の団体についても異議を唱える者はなかった。

しかし、これを単純に民主党派が共産党に完全に「従属」したと捉えることはできない。例えば章伯鈞(27)は、もともと人民政協に参加できる教授が北平、天津の大学に所属する者に限定されていたことに対して、全国の教授が参加できるように変更できないかと提案をしている。これは民主党派による一種の投票数の拡大要求とも受け取ることができ、民主党派にも独自性が存在していたことが理解できる。他にも民主党派は上海人民団体連合会を参加させること、南洋華僑を海外華僑に拡大することなどを提案している(28)。

以上の提案は共産党に受け入れられたが、ただしここで共産党にとって決定的に重要であったのは、各団体の中の参加人数や参加者の範囲ではなく、むしろ団体としての代表性が重要であったことは上述した通りである。しかし、民主党派がこの時点でこの点を把握することができていたかどうかは定かではない。

ところで、この時に譚平山[29]と王紹鏊[30]は、「新政協の後、時間を限定して臨時人民代表会議を開催し、臨時中央人民政府を生み出す」ことを主張し、章伯鈞と蔡廷鍇[31]は、新政協を暫定的な人民代表会議と見なし、これによって臨時中央人民政府を創設することを主張している[32]。

譚平山と王紹鏊の主張は、新政協→臨時人民代表会議→臨時中央政府→正式な人民代表会議→正式な中央政府という意味で五段階、章伯鈞と蔡廷鍇は新政協＝臨時人民代表大会→臨時中央人民政府→正式な人民代表大会→正式な中央人民政府という四段階を想定していたわけである。

これら二つの主張は、同じく四段階あるいは五段階による「政権組織論」を提唱していたという意味で、羅隆基[33]を代表とする構想に極めて近い[34]。この考えはむしろ「連合政府論」に近く、周恩来の主張にも見られ[35]、水羽信男が指摘するように、より「厳格に国民の合意形成に基づいて新政権作りを目指す」意思を示している[36]。

これに対して共産党中央は一一月三日に「新政協に多くの中間人士を招請することに関する高崗、李富春への指示」を発し、「目前の形勢の発展に依拠すれば、臨時中央人民政府は全国臨時人民代表会議を経ず、新政協会議により直接生み出される可能性が高い」と述べ、人民政協によって直接暫定的な中央政府を設立するという判断を下した[37]。

この時点では共産党の主張はまだ章伯鈞と蔡廷鍇の主張に近い。しかし、「臨時中央人民政府」に関しても、後に「臨時」が撤廃されることとなり、結局人民政協にせよ、中央政府にせよ、暫定段階を経ずに直接組織されるという形を採った[38]。ここにいたり、共産党はまさに「制度的な民主主義を軽視」することとなった。共産党にとっては内戦によって生み出された優位性をそのままに、執政党の地位を確保しようとしていたと考えられる。

また同指示では、共産党は初めて人民政協全体会議の代表人数に触れ、その数を二〇〇〜三〇〇人とした。後の全体会議には六六二人もの代表が参加したことからすれば、当初の想定では比較的小規模の人数に限定されていたわけである。

その後民主党派との協議の結果、一九四八年一一月二五日には「新しい政治協商会議を招集する諸問題に関する合意書」（以下「合意書」）が作成された(39)。「合意書」では、新政協準備会には二三団体、人民政協全体会議には三八団体が参加すること、および新政協準備会はハルビンにて行われることが決定された。

なお、この「合意書」で決められた新政協準備会への出席が想定されていた二三団体のうち、共産党に従属的な団体は九団体にすぎず、過半数に達していないことは、後述する内容との関連で留意しておきたい。

ここまでの経緯を見ると、共産党は民主党派に対して妥協的な態度を取っているように見える。ところが一九四九年二月一七日の共産党中央による「どのように各民主党派、団体の組織に対応するかという問題に関する指示」では、共産党の民主党派に対する態度に変化が見られる。

ここで共産党は民主党派が独自に武力を持つことを明確に禁止すると同時に、メーデー・スローガン以前に成立していた政党はその合法的地位を承認する（登録が必要とはされていたが）が、メーデー・スローガン以後に成立した民主党派は一律認めず、解散させるとしている。

また、合法的地位を取得した各民主諸党派は党派の名義をもって党員または会員を発展させてもよいが、反動派が入る可能性があるので、「できるだけ慎重な態度を取るように」と指示している(40)。この指示が出されたのは、共産党が平津戦役に勝利し、北平に入城した二週間後のことであるということは留意しておきたい。

民主党派の軍事力の保持を共産党が禁止するということは、逆に言えば共産党の武力の独占を共産党自身が認めたことになる。また、メーデー・スローガン以後に成立した党派組織を認めないことにより、以後共産党に敵対するような新しい党派が組織されることは事実上不可能となり、共産党によって「合法性」が承認された民主党派でさえ、反動派が入る可能性があるという口実のもと、その発展を制限されることとなった。

このような民主党派に対する共産党の対応は、五月二五日の共産党中央による「民主同盟の性質の問題に関する指示[41]」にも継承されている。ここでは「教育の方法」をもって民主党派の賛同を勝ち取ることとし、「新民主主義に賛同」させるために「部分的な改造」がなされること、一部を「吸収して共産党員」とすることなどが述べられている。

これらの指示が示すように共産党の姿勢は一九四八年段階と比べて明らかに民主党派に対して厳しいものとなっている。おそらく、内戦の勝利が確定したことと、経済的な部分での資本家や民主党派に対する配慮と対照的に、省レベル・市レベルでも見られたような、政治的な部分・政権交代を可能とする部分における共産党の警戒を示していると思われる。

以上この節で見てきたように、共産党は新政協準備会開催前までに、すでに人民政協の招集・開催権を持ち、これに参加する団体などに「第三の道」を放棄させ、軍事力を独占し、新党結成を否定することにより、中央政府レベルでの支配の確立に努めていった。しかし、当初想定されていた新政協準備会の参加人数の少なさが物語っているように、共産党は自らの意志を人民政協ないしは全国に反映させるほどの実力を持ちあわせていなかった。また民主党派にも独自性があった。以下、その後の人民政協の動きとともに共産党の中央政府レベルでの支配の確立過程を検証する。

第二節　新政治協商会議準備会の開催

一九四九年六月一一日、新政協準備会予備会議が開催され、ここで新政協準備会に参加する団体、人物、新政協準備会常務委員会の人選が確定した[42]。これらをもとに、六月一五日に新政協準備会第一次全体会議が開催された。ここでは、新政協準備会の各役職を選出し、人民政協に参加する団体とその代表定員の問題が議論された[43]。一六日には周恩来によって「新政治協商会議準備会組織条例[44]」の説明がなされ、同日この条例が採択され、ここで「第三の道」は完全に排除されることとなった。

その後新政協準備会は「新政治協商会議に参加する単位およびその代表定員に関する規定」を採択し、人民政協に参加する団体と代表の定数を確定した。同規定によると、党派代表は一四団体一四二人、地域代表は九団体一〇二人、軍隊代表は六団体六〇人、団体代表は一六団体二〇六人、計四五団体五一〇人と規定され、これにさらに特別招請による団体を設けることとなった。特別招請の定員と人選は新政協準備会常務委員会によって決めることとされた[45]。以前作成された「合意書」では、参加人数を合計でも二〇〇～三〇〇人、参加団体数を三八単位としていたことと比べれば、明らかにその数は増加している。

その要因の一つとして考えられるのは、共産党はこの時期から人民政協を全国人民の意志を代表する代議・立法機関として位置づけるようになったということである。

華崗（林石父[46]）は、「解放戦争の迅速な勝利」により、人民政協の任務は一九四八年五月の段階よりもさらに重大になり、人民政協そのものが「全国人民会議の任務を担う」ようになったと説明している。その上で、人民政協は

写真-8　新政治協商会議準備会の様子

（出所）中国革命博物館編『中国共産党70年図集』上海：上海人民出版社、1991年、853頁。

「人民の選挙により生み出されていないのに、どのようにして全国人民代表会議の職権を執行して政府を設立するのか」と懐疑を抱く者に対して、それが人民の意志であり要求である上に、新政協準備会は「全国各民主党派や各人民団体代表を含」んでおり、これらの代表は人民の選挙によって生み出されたものではないが、各民主党派や各人民団体代表がそれぞれの団体で選出したものであるため、「人民政協が全国人民の意志を代表できないという者がいるが、全く根拠のないものである」と論じている(47)。

林石父の主張からは人民政協を全国的な議会として位置づけることにより、全国人民に認められた代議・立法機関という「正統性」を付与しようとする意図を見ることができる。共産党は内戦の勝利が確定するにつれ、人民政協の位置づけそのものをも変更し、理論的には直接選挙を通さずとも全国人民を代表する代議・立法機関を設立し、直接中央政府を組織することが可能となったのである。

これに対して、民主党派の反応は懐疑的であったようである。林石父も、なぜ急に「人民民主独裁」を打ち立てるのかという声が挙がったことを認めている。(48) また中国民主促進会常務理事の寿墨卿は「人民民主独裁論」を読んだ後、馬叙倫(49)に対し、産業界の中には「人民民主独裁論」における諸問題、特に対米政策に対して疑問を呈する者がいたことを指摘している。(50)

共産党の「正統性」の調達にとって重要な「人民民主独裁」と、ソ連一辺倒政策に産業界を中心に疑問が挙がっていたことが伺える。これに対して、共産党中央は露骨に不満の態度を示し、彼らに「教育」をもってあたり、「批判」を加えることを決定した。(51)

こうした折の一九四九年七月一一日、周恩来の名義で「新政協準備会党グループ幹事会および常務委員会を成立させることに関する通知」が発せられた。この通知では新政協準備会党グループ幹事会およびその常務委員会が組織されることが決定されている。(52) 党グループについては、すでに論じたために繰り返さないが、当面の任務としてここでは「新政協準備活動中の政策において活動上の一致を保証」する役割が期待されており、政治的問題は党グループに事前に提出されることとし、党グループの全ての決定は「断固として執行すべき」であるとされた。

新政協準備会の党グループ幹事会および常務委員会の共産党員は、いずれも中央人民政府などで要職を兼任することになる。これによって共産党は党グループを通して新政協準備会に対して強い影響力を行使することが組織上可能となった。さらに一九四九年八月二七日までには「全国政協党グループ」も設立されており、全体会議に対しても党グループの影響が及ぶこととなった。(53)

では、このような状況下で開催された新政協準備会はどのようなものであったのだろうか。以下、その人事を見ていく。

新政協準備会に参加した人数は総数一三四人であった。そのうち共産党員であることが判明している者は少なくとも四七人であり、過半数に達していない[54]。参加団体にいたっては、共産党に従属的な団体は二三団体中九団体にすぎない。しかし、中国農工民主党、中国国民党民主促進会、産業界民主人士、海外華僑民主人士の四つの団体以外は、全ての団体に共産党員が最低一人は存在していた[55]。

第三章で見たように、一九四九年七月四日の劉少奇による「ソビエト連邦共産党中央とスターリンへの報告」において、新政協準備会には「進歩人士の中に一五人の秘密党員がいる」ことを明かしており、人民政協の人事に対する自信を見せている[56]。この一五人が具体的にどの人物のことを指しているのかは不明である。しかし、諸党派の代表の中には、同時に共産党にも加入しているという二重党籍の状態にあって、かつ当時はそれをまだ公表していなかった者が含まれていたことを示している。仮にこれが真実であり、かつ重複がないとすれば、新政協準備会には六二人の共産党員が参加していたことになり、共産党員で半数近くを占めていたことになる。これによって、共産党は新政協準備会の運営に対して大きな影響力を行使できたと考えられる[57]。

なお、新政協準備会常務委員会に関しては（表-5-1、表-5-2、表-5-3参照）、二一人中九人が共産党員であり、共産党は第一党としての地位を確保してはいるが、その数は過半数に達していない。これは常務委員会の主任クラス、常務委員会秘書クラスについても同様である。

しかし、常務委員会主任、常務委員会秘書長など、最も重要なポストはいずれも共産党員によって独占されており、常務委員会副主任（五人中二人が党員）や常務委員会副秘書長（九人中五人が党員）にも共産党員が多数就任している[58]。

特に実務工作を担当する常務委員会秘書長および副秘書長に多くの党員が入っていることにより、その運営を共産党の主導下に置くことが比較的容易であったと考えられる。とりわけ、「新政治協商会議準備会組織条例」では、新

表-5-1 新政協準備会常務委員会委員名簿

毛沢東△	朱徳△	李済深	李立三△	沈鈞儒	沈雁冰△	周恩来△
林伯渠△	馬叙倫	馬寅初	烏蘭夫△	章伯鈞	張瀾	張奚若
郭沫若△	陳叔通	陳嘉庚	黄炎培	蔡廷鍇	蔡暢△	譚平山（元）

表-5-2 新政協準備会常務委員会主任、副主任名簿

主任	毛沢東△				
副主任	周恩来△	李済深	沈鈞儒	郭沫若△	陳叔通

表-5-3 新政協準備会常務委員会秘書長、副秘書長名簿

秘書長	李維漢△				
副秘書長	余心清	沈体蘭	周新民△	連貫△	宦郷△
	孫起孟	斉燕銘△	閻宝航△	羅叔章	

（出所）霞関会編『現代中国人名辞典――1966年版』江南書院、1966年。馬洪武・王徳宝・孫其明編『中国革命史辞典』北京：檔案出版社、1988年。中国人民政協辞典編委会編『中国人民政協辞典』張家口：中共中央党校出版社、1990年。鄭建英・陳文柱編『新編中国党史簡明辞典』北京：哈爾浜出版社、1991年。宋春・朱建華編『中国政党辞典』長春：吉林文史出版社、1998年1月を参考に筆者作成。△印が共産党員。（元）が以前党員だった者を指す。ただし、資料の制約上、党員・非党員の区別に多少の限界があることはここで指摘しておく。

政協準備会常務委員会の下位にある工作機構の人選は秘書長によって提案され、新政協準備会常務委員会がこれを決定することになっており、下部機関の人事に対して新政協準備会常務委員会秘書長、すなわち李維漢が強い権限を持っていたことになる。[59]

以上見てきたように、共産党は内戦の状況に応じて人民政協の位置づけを全国的な中央代議・立法機関へと変化させていった。そして、この変化に対応するかのように、人民政協に参加する人数を大幅に増加させた。新政協準備会においては人数面では優勢を確保し、さらに党グループを設立したことにより、より強い影響力を行使できるように体制を整えた。しかし、団体数ではこれと状況を異にしており、また新政協準備会常務委員会においても第一党としての地位を確保しながらも、常務委員の人数では優勢を占めるまでにはいたっていない。以上のように、新政協準備会の期間においては必ずしも共産党が完全に人事を掌握していたとは言いがたい。それでは、このような状況は全体会議にいたると、どのように

変化するのか、以下では、この点に関して検証する。

第三節　中国人民政治協商会議全体会議の開催

一九四九年九月一三日、新政協準備会常務委員会第五次会議で、人民政協全体会議に参加する代表者名簿が通過した。これに基づき、九月二一日に人民政協全体会議が北京で開催された。

人民政協全体会議には党派代表として一四団体、正式代表一四二人、候補代表二三人、地域代表として九団体、正式代表一〇二人、候補代表一四人、軍隊代表として六団体、正式代表六〇人、候補代表一一人、団体代表として一六団体、正式代表二〇六人、候補代表二九人、特別招請人士として七五人が参加し、特別招請人士を団体として含めれば合計四六団体、正式代表が計五八五人、候補代表を含めれば計六六二人の代表が参加した(60)。

繰り返すことになるが、当初予定していた二〇〇～三〇〇人という数字と比べれば、六六二人という数字は大幅な増加である。上述したように、人民政協は一人一票ではなく、一団体につき一票の投票権を有することが定められていたので、ここでは団体の参加状況に焦点をあてて論を進めていく(表-6)。

一九四八年一一月に予定されていた団体と、一九四九年九月に実際に人民政協に参加した団体を比べた場合、党派代表では九三学社、台湾民主自治同盟、中国新民主主義青年団が増えている。このうち特に中国新民主主義青年団は共産党の指導下にある団体である。参加者の全てが共産党員によって占められている地域代表としては、華南解放区、北平天津両直轄市、待解放区民主人士《ママ》(61)の三つの団体が増加した。これにより、共産党の影響力が増した。

この結果、全四六団体中、少なくとも二三団体が共産党の強い影響下にある団体となり、団体としてまとまってい

写真－9　中国人民政治協商会議全体会議

（出所）中国革命博物館編『中国共産党70年図集』上海：上海人民出版社、1991年、855頁。

ない「特別邀請人士」を除けば共産党は過半数を獲得した。これに加えて、前節までに論じてきたように、民主党派が教育、批判の対象となり、秘密党員が存在し、かつ党グループが設立されていたことを考えれば、人民政協全体会議がいかに共産党にとって有利な状況で開催されていたかが伺えるであろう。

以下、「中国人民政治協商会議組織法」(62)（以下括弧をはずした上で、人民政協組織法）、「中華人民共和国中央人民政府組織法」(63)（以下括弧をはずした上で、中央人民政府組織法）と人民政協全国委員会、中華人民共和国中央人民政府委員会（以下、中央人民政府委員会）との関係について見ていく。

一九四九年九月二七日に人民政協を通過した人民政協組織法は、「少数は多数に服従する」として、多数決の絶対性を規定している。これが法的に認められたことによって、多数者すなわち共産党の優位性が明確となった。

また、人民政協組織法は共同綱領などの重要決議

表－6　人民政協参加団体の推移

1948年11月25日段階で想定されていた人民政協全体会議の参加団体

	代表	団体	状況
1	党派代表	中国共産党	
2		中国国民党革命委員会	共産党の政策を受容
3		中国民主同盟	
4		中国民主建国会	
5		無党派民主人士	
6		中国民主促進会	
7		中国農工民主党	
8		中国人民救国会	
9		三民主義同志連合会	
10		中国国民党民主促進会	
11		中国致公党	
12	地域代表	西北解放区人民政府	共産党に従属的
13		華北解放区人民政府	
14		華東解放区人民政府	
15		東北解放区人民政府	
16		中原解放区人民政府	
17		内蒙古自治区民主政府	
18	軍隊代表	中国人民解放軍総部	共産党に従属的
19		華北人民解放軍	
20		東北人民解放軍	
21		西北人民解放軍	
22		華東人民解放軍	
23		中原人民解放軍	
24	団体代表	中華全国総工会	共産党に従属的
25		各解放区農民団体	
26		全国婦女連合会準備委員会	
27		全国青年連合会準備委員会	
28		全国学生連合会	
29		国内少数民族代表	
30		産業界民主人士	
31		上海人民団体連合会	
32		文化界民主人士	
33		教育界民主人士	
34		新聞界民主人士	
35		自由職業界民主人士	
36		宗教界民主人士	
37		海外華僑民主人士	
38		婦女界民主人士	

⇨

1949年 9 月21日人民政協全体会議の参加団体

	代表	団体	状況
1	党派代表	中国共産党	
2		中国国民党革命委員会	共産党の政策を受容
3		中国民主同盟	
4		中国民主建国会	
5		無党派民主人士	
6		中国民主促進会	
7		中国農工民主党	
8		中国人民救国会	
9		三民主義同志連合会	
10		中国国民党民主促進会	
11		中国致公党	
12		◎九三学社	
13		◎台湾民主自治同盟	
14		◎中国新民主主義青年団	共産党に従属的
15	地域代表	西北解放区	共産党に従属的
16		華北解放区	
17		華東解放区	
18		東北解放区	
19		華中解放区	
20		内蒙古自治区	
21		◎華南解放区	
22		◎北平天津両直属市	
23		◎待解放区民主人士	
24	軍隊代表	中国人民解放軍総部	共産党に従属的
25		中国人民解放軍第一野戦軍	
26		中国人民解放軍第二野戦軍	
27		中国人民解放軍第三野戦軍	
28		中国人民解放軍第四野戦軍	
29		華南人民解放軍	
30	団体代表	中華全国総工会	共産党に従属的
31		各解放区農民団体	
32		中華全国民主婦女連合会	
33		中華全国民主青年連合総会	
34		中華全国学生連合会	
35		国内少数民族	
36		全国工商界	
37		上海各界人民団体	
38		中華全国文学芸術界連合会	
39		中華全国教育工作者代表会議準備委員会	
40		中華全国新聞工作者協会準備会	
41		自由職業界民主人士	
42		宗教界民主人士	
43		国外華僑民主人士	
44		中華全国第一次自然科学工作者代表大会準備委員会	
45		中華全国社会科学工作者代表会議準備会	
46		特別邀請人士	

（出所）中国人民政治協商会議全国委員会文史資料研究委員会『五星紅旗従這里昇起――中国人民政治協商会議誕生記事暨資料選編』北京：文史資料出版社、1984年、213頁。中国人民政協辞典編委会『中国人民政協辞典』張家口：中共中央党校出版社、1990年、702～708頁を参考に筆者作成。無党派民主人士はもともと団体代表とされていたが、本会議では党派代表という扱いになっている。◎印は増加した団体。順序は便宜上手を加えてある。

に違反した場合、人民政協全体会議または人民政協全国委員会が、人民政協代表や人民政協全国委員会委員の資格を取り消すなどの処分を行う権利を有すると規定している。ここでは、共同綱領が新中国の重要な指針となることと同時に、人民政協全国委員会に人事に関わる強い権限が与えられていることが示されている。

それでは、人民政協全国委員会の職権はどのようなものであったのだろうか。人民政協組織法によれば、人民政協全国委員会の職権は、①人民政協全体会議および人民政協全国委員会の決議の実行の保証、②中央人民政府に対する提案の協議ならびに提出、③人民を動員し、人民民主革命および国家建設の活動に参加させること、④中国人民政協に参加する各団体の、全国人民代表大会代表選挙における連合候補者名簿の協議ならびに提出、⑤次期の人民政協全体会議の参加団体・定員および代表の人選の協議、決定、招集、⑥地方の民主統一戦線の活動の指導、⑦その他中国人民政協内部の合作に関する事項の協議ならびに処理の七項目とされている。

したがって人民政協全国委員会には、後に開催される予定である全国人民代表大会や人民政協などの中央代議・立法機関の人事面のみならず、「人民を動員」することや、地方の統一戦線工作に対しても強い権限が与えられている。この「人民」の「動員」という点においては、明らかに石家荘市人民代表大会によって選出された人民政府委員会よりも権限が強く、華北臨時人民代表大会によって選出されたそれに近い。この全国委員会は半年ごとに一回開会することとされ、閉会期間中は常務委員会において会議と決定が執り行われることになった。

以上を踏まえた上で、人民政協全国委員会主席団とその常務委員会の人事を見ると（表Ⅰ-7参照）、主席団においては全八九人中、少なくとも四五人が共産党員であり、これに一九四九年に加入した者を含めれば四六人、後に共産党に加入した人物を加えれば四八人となり、過半数が共産党と共産党に近い人物によって確保されていることになった。常務委員に関しては三一人中、少なくとも一九人が共産党員であり、過半数を大きく上回っている。秘書長にも共産

表－7　人民政協第一期全国委員会第一次会議主席団、常務委員、秘書長名簿

主席団

毛沢東△	劉少奇△	周恩来△	林伯渠△	董必武△	陳雲△	彭真△	李済深	何香凝	李徳全	譚平山(元)	陳銘枢
蔡廷鍇△	蒋光鼐	張瀾	沈鈞儒	章伯鈞	張東蓀	史良	彭沢民	沙千里△	黄炎培	章乃器	胡厥文
郭沫若△	馬寅初	張奚若	李達(49)	馬叙倫	陳其尤	許徳珩	謝雪紅△	馮文彬△	馬明方△	薄一波△	陳毅△
高崗△	黄克誠△	連貫△	烏蘭夫△	黄敬△	杜国庠△	朱徳△	聶栄臻△	賀龍△	劉伯承△	粟裕△	羅栄桓△
張云逸△	李国英	衛小堂△	魏来国△	劉梅村△	李立三△	朱学範	陳少敏△	張曄	劉玉厚	蔡暢△	鄧穎超△
廖承志△	謝邦定(後)	陳叔通	盛丕華	李燭塵	劉暁△	朱俊欣△	沈雁冰△	梁希	陳伯達△	成仿吾△	胡喬木△
潘震亜	劉格平(後)	張沖△	陳嘉庚	司徒美堂	呉耀宗	宋慶齢△	陶孟和	張難先	張元済	張治中	邵力子△
程潜	傅作義	賽福鼎(49)	李時良	劉英源							

常務委員

毛沢東△	劉少奇△	周恩来△	林伯渠△	李済深	譚平山(元)	蔡廷鍇△	張瀾	沈鈞儒	章伯鈞	黄炎培	陳叔通
郭沫若△	馬寅初	張奚若△	馬叙倫	高崗△	陳毅△	烏蘭夫△	朱徳△	賀龍△	劉伯承△	羅栄桓△	張云逸△
李立三△	蔡暢△	沈雁冰△	劉格平(後)	陳嘉庚	宋慶齢△	賽福鼎(49)					

秘書長

林伯渠△

（出所）霞関会編『現代中国人名辞典』江南書院、1957年。霞関会編『現代中国人名辞典――1966年版』江南書院、1966年。中国人民政協辞典編委会編『中国人民政協辞典』張家口：中共中央党校出版社、1990年を参考に筆者作成。△印が共産党党員。(49) は49年に加入した者、(後) は後に加入した者、(元) が以前党員だった者を指す。ただし、資料の制約上、党員・非党員の区別に多少の限界があることはここで指摘しておく。

党員である林伯渠が任命されており、人民政協全国委員会秘書処の任免権も共産党が握った。

次に、中央人民政府委員会について見ていく。中央人民政府組織法によると、中央人民政府委員会の職権には、①国家の法律の制定・解釈、法令の公布、執行、監督、②国家の施政方針の規定、③国家の法律・法令に抵触する政務院の決議と命令の廃棄、修正、④条約・協定の批准、廃除、⑤戦争・平和の問題の処理、⑥国家の予算・決算の批准、修正、⑦国家の大赦令・特赦令の公布、⑧国家の勲章・表彰の制定、公布、国家の名誉称号の制定、授与、⑨政府人員の任免、⑩全国人民代表大会の準備、招集の一〇項目が挙げられている。

⑨の任免権には、政務院総理・副総理、各大行政区と各省市人民政府主席・副主席、駐外国大使・公使、人民革命軍事委員会主席・副主席、最高人民法院院長・副院長、最高人民検察署検察長・副検察長などが含まれている。ただし、各大行政区と各省市人民政府主席・副主席については、政務院の提案に基づき、中央人民政府委員会がこれを承認すると規定されている。以上から、中央人民政府委員会には、国家の内政および外交や上級幹部任免に関わる重要な決定権が付与されていることが理解できる。

特に政務院と最高人民法院に対する任免権は、行政権と司法権の上に中央人民政府が位置づけられていると規定したに等しい。人民政協と中央人民政府委員会がまさに、最高権力に位置づけられることになり、前者はもとより、常設機関の後者を掌握することが最も重要な点となった。むろん、その主体は共産党である。

このような重要な職権を保持する中央人民政府委員会の人事について見ると、主席には毛沢東が就き、最高権力は共産党が握っている。副主席は全六人中、四人が共産党員である。委員では全五六人中、少なくとも三二人が共産党員であり、ここでも共産党は過半数を獲得している（表-8参照）。

中央人民政府について、さらに詳細に見ていこう。図-1では、一九四九年一〇月一九日に中央人民政府委員会第

表－8　中華人民共和国中央人民政府委員会主席、副主席、委員名簿

主席	毛沢東△									
副主席	朱徳△	劉少奇△	宋慶齢△	李済深	張瀾	高崗△				
委員	陳毅△	賀龍△	李立三△	林伯渠△	葉剣英△	何香凝	林彪△	彭徳懐△	劉伯承△	呉玉章△
	徐向前△	彭真△	薄一波△	聶栄臻△	周恩来△	董必武△	賽福鼎(49)	饒漱石△	陳嘉庚	羅栄桓△
	鄧子恢△	烏蘭夫△	徐特立△	蔡暢△	劉格平(後)	馬寅初	陳雲△	康生△	林楓△	馬叙倫
	郭沫若△	張云逸△	鄧小平△	高崇民△	沈鈞儒	沈雁冰△	陳叔通	司徒美堂	李錫九△	黄炎培
	蔡廷鍇△	習仲勲△	彭沢民	張治中	傅作義	李燭塵	李章達	章伯鈞	程潜	張奚若
	陳銘枢	譚平山(元)	張難先	柳亜子	張東蓀	龍雲				

（出所）霞関会編『現代中国人名辞典』江南書院、1957年。霞関会編『現代中国人名辞典――1966年版』江南書院、1966年。中国人民政協辞典編委会編『中国人民政協辞典』張家口：中共中央党校出版社、1990年を参考に筆者作成。△印が共産党党員。（49）は49年に加入した者、（後）が建国後に加入した者、（元）が以前党員だった者を指す。ただし、資料の制約上、党員・非党員の区別に多少の限界があることはここで指摘しておく。

三次会議で決定された、中央人民政府各機関の人事構成と、これら諸機関と中央人民政府との関係が示されている。図－1で示されているように中央人民政府委員会は、行政・司法・軍事を含めたあらゆる機関の上位に位置づけられている。その直接の下位には、人民革命軍事委員会、政務院、最高人民法院、最高人民検察署があるが、最高人民法院以外の全てのトップが共産党員によって占められている。さらに、このうちの政務院は、下部にある行政組織および地方人民政府を指導する重要な行政機関である。その政務院の総理、副総理、秘書長は、黄炎培が副総理のうちの一人に任命されたことを除けば、いずれも共産党員によって占められている。

政務院の下部組織では、政治法律委員会、財政経済委員会、文化教育委員会、人民監察委員会の四つの機関のうち、人民監察委員会以外は全て共産党員によって委員長が占められている。その他、内務部、外交部、公安部など、三〇ある組織のうち、二一の組織において共産党員が主任、部長クラスを担当している。また、これらは政務院、政治法律委員会、財政経済委員会、文化教育委員会の指導を受けることとされた。

人民革命軍事委員会に関して、さらに詳しく見ていく。人民革命軍事委員会は中央人民政府組織法において「全国人民解放軍およびその他の人民武装勢力を統括ならびに指揮する」と規定されており、軍事力を統括する権限が与えられている。同時に人民革命軍事委員会は、上述のように中央人民政府委員会の指導を受けており、中央人民政府委員会は人民革命軍事委員会に対して組織権、管理権、指揮権を行使することとなっている。人民革命軍事委員会の人事は、次頁の図-1のように、主席が毛沢東、副主席が朱徳、劉少奇、周恩来、彭徳懐、程潜となり、程潜を除いて全てが共産党員で占められた。[64][65][66][67]

毛沢東など共産党指導者は人民解放軍の要職も兼任しているため、人民解放軍幹部、人民革命軍事委員会、中央人民政府委員会における権力の三重の独占により、軍事に関わる権限はほぼ完全に共産党の手に委ねられた。

以上のように、共産党は多くの参加者・参加団体を招集することによって、人民政協全体会議を全国的立法機関と位置づけ、人民政協の「正統性」を強めた。同時にこの人民政協全体会議およびこれによって選出された人民政協全国委員会・中央人民政府委員会は、いずれも共産党がほぼ過半数を獲得し、中央人民政府委員会の下部組織、さらには政務院の下部組織でも、人事に関して優勢な立場を確立した。また同時期に設立された全国政協党グループは、共産党が全国政協における「指導」性を貫徹するのに有効であったと考えられる。

さらに人民解放軍、人民革命軍事委員会、中央人民政府委員会の主要ポストが共産党員によって占められることにより、軍事力も独占されるにいたった。ここにいたり、共産党は中央政府レベルの党・政（立法・行政・司法）・軍をほぼ掌握した。

さらに以上の事項は、人民政協組織法・中央人民政府組織法によって法的にも担保されることとなった。まさに「人民民主独裁論」で示された通り、共産党は「労働者階級と共産党の指導のもとに」「人民民主独裁を実行する」体制を整え、条例、組織、人事を通した支配の確立を見ることができる。[68]

図－1　中華人民共和国中央人民政府組織表

中央人民政府委員会
主席　毛沢東△
副主席　朱徳△　劉少奇△　宋慶齢△　李済深　張瀾　高崗△
秘書長　林伯渠△

人民革命軍事委員会
主席　毛沢東△
副主席　朱徳△　劉少奇△　周恩来△　彭徳懐△　程潜

政務院
総理　周恩来△
副総理　董必武△　陳雲△　郭沫若△　黄炎培
秘書長　李維漢△

最高人民法院
院長　沈鈞儒
副院長　呉溉之△　張志譲

最高人民検察署
検察長　羅栄桓△
副検察長　李六如△　藍公武

政治法律委員会
主任　董必武△
副主任　彭真△　張奚若△　陳紹禹△　彭沢民

財政経済委員会
主任　陳雲△
副主任　薄一波△　馬寅初

文化教育委員会
主任　郭沫若△
副主任　馬叙倫　陳伯達△　陸定一△　沈雁冰△

人民監察委員会
主任　譚平山
副主任　劉景範△　潘震亜

華僑事務委員会	主任委員	何香凝	副主任委員	李任仁	廖承志△	李鉄民	庄希泉
民族事務委員会	主任委員	李維漢△	副主任委員	烏蘭夫△	劉格平	賽福鼎△	
法政委員会	主任委員	陳紹禹△	副主任委員	張曙時△	許徳珩	陳瑾昆	
司法部	部長	史良	副部長	李木庵△			
衛生部	部長	李徳全△	副部長	賀誠△	蘇井観△		
出版総署	署長	胡愈之△	副署長	葉聖陶	周建人△		
新聞総署	署長	胡喬木△	副署長	範長江△	薩空了		
科学院	院長	郭沫若△	副院長	陳伯達△	李四光	陶孟和	竺可禎
教育部	部長	馬叙倫	副部長	銭俊瑞△	偉慤△		
文化部	部長	沈雁冰△	副部長	周揚△	丁燮林		
労働部	部長	李立三△	副部長	施復亮△	毛斉華△		
水利部	部長	傅作義	副部長	李葆華△			
林墾部	部長	梁希	副部長	李範五△	李相符		
農業部	部長	李書城	副部長	羅玉川△	呉覚農	楊顕東	
交通部	部長	章伯鈞	副部長	李運昌△	季方		
郵電部	部長	朱学範	副部長	王諍△			
鉄道部	部長	滕代遠△	副部長	呂正操△	武競天△	石志仁	
軽工業部	部長	黄炎培	副部長	楊衛玉	龔飲冰△	王新元	
食品工業部	部長	楊立三△	副部長	宋裕和△			
紡績工業部	部長	曾山△	副部長	銭之光△	陳維稷△	張琴秋△	
燃料工業部	部長	陳郁△	副部長	李範一	呉徳△		
重工業部	部長	陳雲△	副部長	何長工△	鐘林	劉鼎△	
海関総署	署長	孔原△	副署長	丁貴堂			
貿易部	部長	葉季壮△	副部長	姚依林△	沙千里△		
人民銀行	行長	南漢宸△	副行長	胡景云			
財政部	部長	薄一波△	副部長	戎子和△	王紹鏊△		
公安部	部長	羅瑞卿△	副部長	楊奇清△			
情報総署	署長	鄒大鵬△					
外交部	部長	周恩来△	副部長	王稼祥△	李克農△	章漢夫△	
内務部	部長	謝覚哉△	副部長	武新宇△	陳其瑗		

（出所）霞関会編『現代中国人名辞典』江南書院、1957年。馬洪武・王徳宝・孫其明編『中国革命史辞典』北京：檔案出版社、1988年。中国人民政協辞典編委会編『中国人民政協辞典』張家口：中共中央党校出版社、1990年。当代中国研究所編『中華人民共和国編年』（1949年巻）、北京：当代中国出版社、2004年を参考に筆者作成。△印が中共党員。ただし、資料の制約上、党員・非党員の区別に多少の限界があることはここで指摘しておく。

おわりに

本章では、中央政府レベルにおいて、共産党がいかに人民政協を通して統治の「正統性」を調達し、自らの権力を強化しようとしたのかについて、人民政協の開催過程の分析を通じて解明してきた。軍事的勝利を収め、中央政府樹立へ移行しつつある共産党にとって、それは極めて重要かつ喫緊の課題であった。

こうした中、共産党は人民政協を全国的な人民代表会議として位置づけ、また組織・人事上で優勢を占めるにいたった中央人民政府を暫定的なものではなく、正式なものと主張するようになった。

ただし、こうした状況は当初から想定されていたわけではなく、人民政協全体会議の開催が近づくにつれて、共産党が人事や組織面において様々な努力を行った結果、成果を収めていったものである。

しかし、共産党は民主党派の支持を受けて人民政協を開催したという内戦期からの制約により、民主党派にも一定程度の配慮をして、権力の一部を分配せざるを得なかった。背景には、当時の共産党が経済建設を重視していたことが指摘できる。すなわち、活動の重点が農村から都市に移ったために、経済建設の経験や実績のある人材を優遇せざるを得なかったこと、国民党の経済政策の崩壊による下野を目のあたりにし、経済政策を成功させなければ、自らの地位、あるいは権力の「正統性」も危ぶまれるという危機感を共産党が有していたことが指摘できよう。

これは、共産党が国民統合を目指し、そのために中央集権的な国家の建設を志向したにもかかわらず、一気に独裁に走れば民意の離反を招くという「ジレンマ」(69)を抱えていたことを示唆している。ここに共産党の一種の「脆弱性」が見られる。

これらを如実に示すものとして、周恩来によって作成された共同綱領の草稿がある。(70) そこで、次章ではこの共同綱領を分析する。

註

(1)「中国人民政治協商会議」という名称は、周恩来の提案により、一九四九年八月二六日から改称されたものであり、それまでは「新政治協商会議」という名称が使用されていた。ここでは、言語の統一上、一般的なものについては、特に断らない限り「人民政協」を用いる。中国人民政協辞典編委会編『中国人民政協辞典』張家口：中共中央党校出版社、一九九〇年、二五二頁。

(2)福島正夫『中国の人民民主政権』東京大学出版会、一九六五年、四二〇～四四〇頁。

(3)平野正「プロレタリアートの革命指導権の承認から『指導』の承認へ――第三勢力の政治的転換(三)」『西南学院大学文理論集』第二二巻第一号、一九八一年八月。水羽信男『近代中国のリベラリズム』東方書店、二〇〇七年。

(4)例えば黄小同「周恩来与人民政協的成立和発展」『中共党史研究』第一二四期、二〇〇八年七月。李正華「毛沢東与人民政協事業」『当代中国史研究』第七一七期、二〇〇六年九月。

(5)「中国共産党中央委員会発布紀念〝五一〟労動節口号」中央統戦部・中央檔案館編『中共中央解放戦争時期統一戦線文件選編』北京：檔案出版社、一九八八年、一九五～一九七頁。以下、『統一戦線文件選編』と略記。

(6)例えば、時期は異なるものの、石井明「中国解放区人民代表会議について」『アジア研究』第一九巻第三号、一九七二年七月によれば、一九四五年の中国解放区人民代表会議は国民大会に合わせて開催が提起されたとしている。したがって、メーデー・スローガンも同じ傾向を持っていたと理解することも可能であろう。なお、国民大会に関しては、中村元哉『戦後中国の憲政実施と言論の自由一九四五―四九』東京大学出版会、二〇〇四年を参照。

(7)「中央関於邀請各民主党派代表来解放区協商召開新政協問題給滬局的指示」『統一戦線文件選編』一九七～一九八頁。

(8)この点については、石井明『中ソ関係史の研究(一九四五―一九五〇)』東京大学出版会、一九九〇年。松村史紀『「大国中国」の崩壊――マーシャルミッションからアジア冷戦へ』勁草書房、二〇一一年。鄭成『国共内戦期の中共・ソ連関係――旅順・大連地区を中心に』御茶の水書房、二〇一二年に詳しい。
(9)「中共中央発言人評民盟三中全会及国民党革命委員会宣言」『統一戦線文件選編』一九二～一九三頁。
(10)「新政治協商会議籌備会組織条例」『人民日報』一九四九年六月二〇日。
(11) 厳密に言えば、国民党大会に参加した民主党派も、人民政協に参加することを決めた民主党派も、国民党や共産党と協調する中でその独自性を保とうとしていた。水羽信男前掲書『近代中国のリベラリズム』一五七～一九五頁、中村元哉前掲書『戦後中国の憲政実施と言論の自由』九～一九頁。
(12) 民主党派の一人。施復亮は一九二〇年に上海共産主義小組に加入した後、民主党派の一員となった。一九四八年当時、民主建国会常務理事を務めていた。馬洪武・王徳宝・孫其明編『中国革命史辞典』北京：檔案出版社、一九八八年、八六八頁。
(13) 民主党派の一人。当時、民主建国会常務理事。中国人民政協辞典編委会前掲書『中国人民政協辞典』五二九～五三〇頁。
(14) 孫起孟「関於中国民主建国会的籌備和参加人民政協的三三事」石光樹編『迎来曙光的盛会――新政治協商会議親歴記』北京：中国文史出版社、一九八七年、八五～九一頁。
(15) ここにいたるまでの民主党派の動きはここでは論じない。詳しくは葉漢明（中村元哉訳）「周辺を経由して権威への復帰――香港における中国民主同盟、一九四六―一九四九年」横山宏章・久保亨・川島真編『周辺から見た二〇世紀中国――日・韓・台湾・中の対話』中国書店、二〇〇二年、一九三～二一九頁を参照するが、中国民主同盟などは、この時点ですでに「中間路線」を放棄しており、共産党が「第三の道」を否定することは、民主党派にとってはさほど困難ではなかった。むしろ、「第三の道」を否定することによって、共産党の政策に反対する野党の人民政協への参加を抑制する効果があったと考えられる
(16) 東北の共産党指導者の一人。陝甘寧辺区党委員会書記、西北局書記、晋綏陝甘寧辺軍区政治主任を経て、一九四五年、中国共産党第七期中央委員会委員。後東北にて吉黒軍区司令、中国共産党中央東北局書記兼東北行政委員会財政経済委員会主任。一九四九年八月、東北人民政府主席、一〇月、中央人民政府委員会副主席、人民革命軍事委員会副主席。霞関会『現代中国人名辞典――一九六六年版』江南書院、一九六六年一〇月、一七五～一七六頁。

(17)東北の共産党指導者の一人。江蘇省委員会書記、中央政治局員を経て、一九四四年、中国共産党中央書記処副書記。一九四五年、中国共産党第七期中央委員会委員。一九四九年五月、東北行政委員会財政経済委員会副主任、東北人民政府委員会副主席、中国共産党中央東北局副書記。同年一〇月、中央人民政府政務院政務委員、政務院財政経済委員会副主席、重工業部部長。霞関会前掲書『現代中国人名辞典』六四一頁。

(18)「関於召開新的政治協商会議諸問題」『統一戦線文件選編』二一〇頁。

(19)同上、二一一～二一三頁。

(20)当時、中国共産党中央統一戦線工作部秘書、人民政協においては第一小組の秘書を担当。霞関会前掲書『現代中国人名辞典』一〇頁、石光樹前掲書『迎来曙光的盛会』一三七頁。

(21)於剛「新政協籌備期間対一些政治派別和団体要求参加新政協的処理経過」石光樹前掲書『迎来曙光的盛会』一三七～一五〇頁。

(22)興味深いことは、毛沢東はここで人民政協によって、「臨時中央政府を樹立する」(傍点筆者)としており、人民政協によって臨時中央政府を樹立した後、いずれ正式な中央政府を樹立するという意味での含みを持たせている。これは後に共産党が提唱する人民政協によって直接中央人民政府を生み出すという構想とは若干異なるものである。「中共中央関於九月会議的通知」中共中央毛沢東選集出版委員会編『毛沢東選集』(第四巻)、北京：人民出版社、一九九一年、一三四二～一三五〇頁。

(23)「中央関於邀請民主人士北上給香港分局的指示」『統一戦線文件選編』二二〇～二二二頁。

(24)「中央関於向各民主党派代表徴詢参加新政協名単的意見及有関原則給高崗、李富春等的指示」『統一戦線文件選編』二一四～二一五頁。

(25)民主党派の一人。一九四六年、政治協商会議民主同盟代表。一九四九年九月、人民政協第一期全国委員会副主席、一〇月、中央人民政府委員会委員、最高人民法院院長。同年一二月、中国民主同盟副主席、中央常務委員会委員、中央政治局委員。霞関会前掲書『現代中国人名辞典』四一一頁。

(26)「高崗、李富春関於沈鈞儒等対召開新政協的意見的報告」『統一戦線文件選編』二一六～二一七頁。

(27)民主党派の一人。当時、中国民主同盟負責中央常務委員。中国人民政協辞典編委会前掲書『中国人民政協辞典』六九六頁。
(28)「中国人民政治協商会議誕生紀事」楊建新・石光樹・袁延華編『五星紅旗従這里昇起――中国人民政治協商会議誕生紀事暨資料選編』北京：文史資料出版社、一九八四年、一六～一七頁。
(29) 当時、中国国民党三民主義同志連合会中央常務委員。中国人民政協辞典編委会前掲書『中国人民政協辞典』六九八頁。
(30) 民主党派の一人。当時、中国民主促進会常務理事。中国人民政協辞典編委会前掲書『中国人民政協辞典』六九七頁。
(31) 民主党派の一人。当時、中国国民党民主促進会主席代理。中国人民政協辞典編委会前掲書『中国人民政協辞典』六九八頁。
(32) 前掲「高崗、李富春関於沈鈞儒等対召開新政協的意見的報告」二一七頁。
(33) 民主党派の一人。当時、中国民主同盟中央常務委員。中国人民政協辞典編委会前掲書『中国人民政協辞典』六九六頁。
(34) 水羽信男前掲書『近代中国のリベラリズム』一一八～一一九頁。
(35) 周恩来「どのように解決するか――双十節における演説」日本国際問題研究所中国部会編『中国共産党史資料集』（第一二巻）、勁草書房、一九七四年、一四四～一五四頁。
(36) 水羽信男前掲書『近代中国のリベラリズム』一一九頁。
(37)「中央関於新政協代表中応多邀請中間人士給高崗、李富春的指示」『統一戦線文件選編』二一九頁。
(38) 水羽信男前掲書『近代中国のリベラリズム』一二〇頁。
(39)「関於召開新的政治協商会議諸問題的協議」楊・石・袁前掲書『五星紅旗従這里昇起』二一一～二一四頁。
(40)「中共中央関於怎様対待各民主党派、団体的組織問題的指示」『統一戦線文件選編』二五七～二五九頁。
(41)「中共中央関於民主同盟性質問題的指示」『統一戦線文件選編』二六七頁。
(42) 中共中央文献研究室編『周恩来伝』（第二冊）、北京：中央文献出版社、一九九八年、九四六～九四七頁。
(43) 中国人民政協辞典編委会前掲書『中国人民政協辞典』二五〇頁。
(44) 前掲「新政治協商会議籌備会組織条例」。
(45) 中国人民政協辞典編委会前掲書『中国人民政協辞典』二五〇頁。
(46) 共産党員。『新華日報』編集長、中国共産党中央宣伝部長、河北省委員会書記、中国共産党中央政治局員などを歴任。

「林石父」は筆名。霞関会前掲書『現代中国人名辞典』七七～七八頁。
(47) 林石父「論新政協与新中国」『群衆』（香港版）第一二七期、一九四九年六月、五九五～五九六頁。
(48) 林石父「従封建地主官僚資産階級専政到人民民主専政」『群衆』（香港版）第一二九期、一九四九年七月、六三〇～六三二頁。
(49) 当時、中国民主促進会常務理事。中国人民政協辞典編委会前掲書『中国人民政協辞典』六九七頁。
(50) 「関於上海産業界対毛沢東『論人民民主専制』反応的批語和電報」中共中央文献研究室・中央檔案館編『建国以来周恩来文稿』（第一冊）、北京：中央文献出版社、二〇〇八年、一八七頁。
(51) 「中央関於邀集上海工商界代表座談事給陳雲等的電報」中共中央文献研究室・中央檔案館前掲書『建国以来周恩来文稿』（第一冊）、二六八～二六九頁。
(52) 「関於成立新政協籌備会党組幹事会及常委会的通知」中共中央文献研究室・中央檔案館前掲書『建国以来周恩来文稿』（第一冊）、一一一～一一三頁。
(53) 「関於全国政協党組与党員聯系分工的通知」中共中央文献研究室・中央檔案館前掲書『建国以来周恩来文稿』（第一冊）、三二一～三二二頁。ただし、ここで提起されている党グループについて、『建国以来周恩来文稿』の編集者による脚注では、新政協準備会党グループとして取り扱っている。しかし、この通知の題名が「関於全国政協党組与党員聯系分工的通知」となっていること、本文には自然科学界、新聞界など、新政協準備会には参加していない団体への分担規定がなされていることから、筆者はこの党グループを人民政協全体会議の党グループにあたる全国政協党グループと判断した。
(54) 霞関会前掲書『現代中国人名辞典』、山田辰雄編『近代中国人名辞典』霞山会、一九九五年、馬・王・孫前掲書『中国革命史辞典』をもとに、筆者算出。
(55) 霞関会前掲書『現代中国人名辞典』、李盛平編『中国現代史詞典』北京：中国国際広播出版社、一九八七年、馬・王・孫前掲書『中国革命史辞典』、中国人民政協辞典編委会前掲書『中国人民政協辞典』、鄭建英・陳文柱編『新編中国党史簡明辞典』北京：哈爾浜出版社、一九九一年、山田辰夫前掲書『近代中国人名辞典』、宋春・朱建華編『中国政党辞典』長春：吉林文史出版社、一九九八年をもとに筆者算出。
(56) A・M・列多夫斯基（陳春華・劉存寛訳）『斯大林与中国』北京：新華出版社、二〇〇一年（原著は一九九九年）、一〇四～一〇五頁。

(57) 例えば、陳臨庄「出席新政協会議的父子代表」『縦横』第二〇二期、二〇〇六年一〇月、二七～三〇頁によれば、人民政協に中国民主建国会の代表として参加した陳巳生と上海人民団体連合会の代表として参加した陳震中はともに秘密党員であったことを明かしている。同資料によれば、陳巳生は中国民主建国会、中国民主促進会、上海人民団体連合会の成立に深く関わっており、これら三団体の成立には共産党の影響があったことを伺わせている。また、霞関会前掲書『現代中国人名辞典』九一～九二頁によると、郭沫若は一九二七年には周恩来などの紹介で入党を果たしているが、正式に受理されたのは一九五八年とされている。しかし、理由は不明であるが、同書において「四九年四月世界平和擁護大会に中国共産党代表として出席」と示されているように、当時すでに非公式に入党をしていたか、少なくともかなり共産党に近い人物であったようである。

(58) 中国人民政協辞典編委会前掲書『中国人民政協辞典』七〇一～七〇二頁。

(59) 共産党の指導幹部の一人。主に民主党派との折衝にあたる、中央統一戦線工作部や組織部を担当する。内戦勃発後は中国共産党中央統一戦線工作部部長を担当。霞関会前掲書『現代中国人名辞典』六〇三～六〇四頁。

(60) 中国人民政協辞典編委会前掲書『中国人民政協辞典』七〇二～七〇八頁。

(61) 当時まだ共産党によって制圧されていない地域の著名な「民主人士」によって構成した団体。中国人民政協辞典編委会前掲書『中国人民政協辞典』一六八頁。

(62) 以下、「中国人民政治協商会議組織法」については、「中国人民政治協商会議組織法」『人民日報』一九四九年九月三〇日を参照。

(63) 以下、「中華人民共和国中央人民政府組織法」については、「中華人民共和国中央人民政府組織法」『人民日報』一九四九年九月三〇日を参照。

(64) 共産党の軍人。十大元帥の一人。中国工農紅軍総司令兼第一方面軍総司令を経て、一九三〇年、革命軍事委員会主席、第一軍団主席。一九三二年、中国共産党中央執行委員、中華ソビエト臨時政府軍事人民委員会委員長。一九三七年、国民革命軍第八路軍の総指揮。一九四五年、中国共産党第七期中央委員会委員、政治局員、書記。一九四六年、人民解放軍総司令。一九四九年九月、人民政協第一期全国委員会常務委員。同年一〇月、中央人民政府副主席、人民革命軍事委員会副主席、中ソ友好協会理事。霞関会前掲書『現代中国人名辞典』二三一頁。

(65) 共産党の軍人。十大元帥の一人。一九三六年、第一方面軍司令兼西北全紅軍総司令。一九四五年、中国共産党第七期中央委員会委員。一九四六年、西北人民解放軍司令。一九四九年、第一野戦軍兼西北軍区司令。同年九月、人民政協第一期全国委員会委員、一〇月、中央人民政府委員会委員、人民革命軍事委員会副主席。一九四九年末から、西北軍政委員会主席。霞関会前掲書『現代中国人名辞典』五五二頁。

(66) 国民党の軍人の一人。一九二三年、広東孫文大本営軍政部長。一九二八年、湖南省政府主席。一九三五年、参謀総長。一九三七年、河南省政府主席。一九四〇年、軍事委員会委員。一九四四年、軍事委員会主任委員。一九四八年、憲政民主促進会を組織。同年六月、華中特別掃共総司令兼湖南省主席兼治安主任。一九四九年八月、共産党側につく。同年一〇月、中央人民政府委員会委員、人民革命軍事委員会副主席、湖南省人民政府主席。霞関会前掲書『現代中国人名辞典』四六一頁。

(67) 田居倹編『中華人民共和国編年』(一九四九年巻)、北京：当代中国出版社、二〇〇四年、六二四頁。

(68) 「人民民主独裁論」毛沢東文献資料研究会編『毛沢東集』(第一〇巻)、北望社、一九七一年、二九一～三〇七頁。

(69) 横山宏章「中国には独裁が似つかわしいのか――一九三〇年代の「民主と独裁」をめぐる学術論戦」山田辰雄編『歴史のなかの現代中国』勁草書房、一九九六年、一九六～二三五頁。

(70) 「『新民主主義的共同綱領』草案初稿」中共中央文献研究室・中央檔案館前掲書『建国以来周恩来文稿』(第一冊)、二九一～三二五頁。

第八章　「人民代表会議」制度創成の理念

——中国人民政治協商会議共同綱領（一九四九年九月）——

はじめに

本章は、人民政協にて採択された、共同綱領を、近年公表された、一九四九年八月二二日に周恩来によって起草されたという、「新民主主義の共同綱領（草案初稿）」[1]（以下、草稿）と比較検討することにより、共同綱領がどのような意志のもと修正されたのかを検証し、最終的に共産党が「憲法制定権力」[2]を獲得していく過程を考察する。

共同綱領が当時において臨時憲法の役割を果たすと見なされていたことを考慮すれば、「憲法制定権力」を通して、共産党が新たな国家に対して強い影響力を行使しようと考えたことは容易に考えられる。同時に、共同綱領は新しい中国の国家像としての根本的理念・根本的原則に関する議論を集約したものであり、中華人民共和国の形成史を解明する上で重要な位置を占める。

ところが、従来共同綱領における「権威主義」的傾向に関しては、あまり注意が払われなかった[3]。あえて本章の結論を先に述べるならば、草稿は最終的に制定された共同綱領と比べて「権威主義」・「プロレタリア独裁」的色彩が希薄であり、民主党派に対して「配慮」する内容となっている。つまり、共同綱領の草稿と比べた場合、制定された共同綱領の方がより「権威主義体制」への移行・「プロレタリア独裁」的傾向を持ち、共産党の「指導」の確立を積極的に意図した内容となっているのである。

共同綱領におけるこのような傾向は、後に共産党が主張するような、建国以来中国は「プロレタリア独裁」を開始したという議論の根拠にもなる要素が内在していた。(4)この主張は今日においても共産党が「一党支配」する上での理論的根拠となっていると考えられ、このような意味において、本稿が明らかにする共同綱領制定過程における政治的現状判断とその矛盾に関する議論は、極めて重要な意義を持つ。また、共同綱領も臨時的であるとは言え、憲法と位置づけられた以上、「硬性憲法」として修正することは極めて困難となる。(5)その意味において、中国の憲法の創成段階を検証することは、今日においても極めて重要な議論となるであろう。

そこで本章は、まず共同綱領が作成されるまでの事実関係を整理する。その上で、草稿と共同綱領との違いを検討することによって、①共産党は当初から自らの主張を完全に共同綱領に反映させるほどの力を持ち合わせていなかったということ、②それにもかかわらず、共産党は共同綱領の最終的な採択に近づくにつれ、共産党の理論を共同綱領に盛り込むよう努め、大きな成果を挙げていったということを検証する。そしてこの検証を踏まえた上で、③共産党が最終的に「憲法制定権力」を獲得する過程を検証して復元したい。

第一節　中国人民政治協商会議共同綱領の採択過程

一．新政治協商会議準備会開催前

一九四八年五月、共産党はメーデー・スローガンを発表した後、新しい国家の成立を視野に入れ、毛沢東、周恩来、李維漢を中心として、かねてから新国家の準備工作として重要視していた共同綱領の作成に取り掛かった(6)。

一九四八年一〇月八日、共産党は「新政治協商会議に関する諸問題」（以下、「諸問題」）を作成し、人民政協が討論し実現するべき問題として、共同綱領をその一つに位置づけた。その上で、「共同綱領に関して、新政協準備会により起草することを提案するが」、「綱領に関する各方面の意見をやりとりすることができ、共産党中央も草案を準備中である」と述べた(7)。ここでは共同綱領作成にあたり、民主党派の意見を取り込む用意があることを示している。

なお、一九四八年一一月三日の周恩来から高崗・李富春への電報でも、「いかなる単位でも自分の綱領草案を提出することができる」(8)として、民主党派への共同綱領草案の提出権を引き続き認めている。このように各単位に対して綱領の草案を提出してよいとする考え方は一九四八年一一月二五日に、民主党派と話し合った結果作成された「新しい政治協商会議を招集する諸問題に関する協議」（以下、「協議」）においても修正されずに反映されており、この時期までの共通の認識であったことが伺える(9)。

他方、上述の「諸問題」はその後、高崗・李富春らによって民主党派に提出され、彼らの意見を徴することとなった(10)。一〇月二一日の高崗・李富春の報告によると、章伯鈞、王紹鏊、朱学範は、それぞれ「憲法草案について討論できないか」と共産党に提案した。また、共同綱領について蔡廷鍇は、共産党が「すでに〔共同綱領を〕準備しているが、〔共同綱領を〕討論の参考として提出し、その他の各党派も提出できることとする」よう共産党に提案した[11]。

民主党派が憲法と共同綱領を別のものと考え、共同綱領を含め、憲法の独自案作成の意思を見せているということは重要である。より最高法規に近い憲法を作成することにより、綱領より強制力が強く、かつ民主党派にとっても有利な法律を作成しようという意思表示であったと考えられる。

このような状況下で、同月二七日には周恩来の指導のもと、李維漢によって「中国人民民主革命綱領草稿」第一稿が作成された[12]。その内容は序言の他に、総則、政治、軍事、土地改革、財政経済、文化教育、社会政策、少数民族、華僑、外交の一〇個の部分からなり、計四六条あったとされている[13]。

胡喬木[14]はその回想録において、この草稿の重点は「『人民民主革命』方面に置かれており」、「綱領の基本原則、すなわち新政協各メンバーが『共同して奮闘する準則は』、『新民主主義すなわち革命的三民主義』」としていたことを指摘している。

また具体的内容として、同回想録では、「『人民を国家の主人とし、国家の一切の権力は人民大衆から出て、人民大衆に属する』」としていること、「『中華人民民主共和国各級政権の構成は、ブルジョアジーの民主的な三権分立制を取らず、人民民主の民主集中制を採用する』」としていること、「『国家各級権力機関と行政機関は、各級人民代表大会およびその選出による各級人民政府である』」こと、「『国有経済を全ての国民経済の指導的要素とする』」こと、「民族自治区を打ち立てる」ことなどが挙げられている。

ここでは土地改革が一つの章をなしているが、後の草稿にも共同綱領にも土地改革という章は存在しない。それだけ、この時期共産党が土地改革を重要視していたとも取れるが、後に土地改革という章を取り消したことは、一方で極左的な政策を嫌う民主党派への配慮とも取ることもできる。またここでは対民族政策について、「自治区」としていることは注目しておきたい。

その後、同年一一月、「中国人民民主革命綱領草稿」第二稿が作成された。胡喬木によれば、第二稿は三部構成となっており、「人民解放戦争の歴史的任務」、「人民民主共和国建国の基本綱領」、「戦時の具体綱領」からなっていたと指摘している。(15)

胡喬木によれば、第一部は「人民解放戦争」の過程などを述べた上で、「解放戦争」の勝利への支持を呼びかけており、第二部は新中国の新民主主義的性質およびその国家の構成、政権の構成、経済の構成、文化教育、外交政策について、第三部は人民解放戦争を全力で支援すること、人民解放区を強固にすること、臨時中央政府を打ち立てることについて述べられており、合計で三四条の規定であったと指摘している。

また一一月三日に確定していた、「新政協により直接臨時中央政府を設立する」という考え方は、この第二稿において明確に規定されたとしている。(16)これによって「新政協」はもはや臨時的なものではなくなった。しかし、この時点では人民政協によって設立される中央政府は、あくまで「臨時」的なものにすぎなかった。

ところで、周恩来は後の新政協準備会第三小組の第一次会議において、第一稿と第二稿が作成された当時、「活動の中心が全ての力を動員して、解放戦争に参加し、これを支援することにあったが、現在の中心は新民主主義の中国を建設し、反動的な残余を粛清すること」であるために、共産党による「二つの草稿はすでに適していない」と述べている。(17)

周恩来の指摘は、綱領の作成にあたり、内戦の進行状況が、その内容に大きく影響していることを示している。一九四八年一一月と言えば、華北人代が開催された直後であり、かつ内戦重視という意味では、この時に作成された草稿の方針と一致する。

胡喬木によると、第二稿はその後、周恩来による修正を経て一二月二七日には、その他人民政協に関わる文件とともに「新しい政治協商会議に関する文件」として編纂された。これを元に、新政協準備会が開催されるまでの間、香港の各民主党派にも綱領についての意見を仰いだ[18]。

ここでは特に「新民主主義」を指導原則とするかどうかの問題に関して、多くの意見が出されたようである。胡喬木は、「多くの人物は『新民主主義』に賛成していたが、『革命的三民主義』や、『人民民主主義』、または『新』をつけない『民主主義』を主張する者もいた」と後に回想している[19]。これらの主張は当時、西欧的な「議会制民主主義」を採用せず、「新民主主義」を目指していた共産党にとってみれば、受け入れることが難しいものであったであろう。しかもこの時、民主党派の中には共産党と駆け引きをするための「綱領」を立案した者すらいたとされている[20]。

これ自体は前述の「協議」のような考え方をもってすれば、民主党派に与えられた当然の権利であったようにも思われる。しかし、共産党は東北局などに対し「民主人士への対応に関する指示」（一九四九年一月二二日）を発し、誠実な態度をもって座談会や、談話、民主党派との話し合いを行い、彼らの批判と意見を聞くとしつつも、民主党派には「教育」をもって対応することが決められた[21]。

ここでは民主党派の意見に対する警戒心が見られるのと同時に、民主党派の意見を「吸収」するというよりは、民主党派の意見を「変える」という方向に方針が転換していることが分かる。これにより、一部の民主党派にとっては「新民主主義」以外を指導原則にするという主張や、綱領を独自に立案するという行為が困難となったはずである。

事実、管見の資料によれば、後に共同綱領を再び起草する段階になっても、民主党派から綱領が立案・提出された形跡はない。代わりに個別の条文の立案のみが許されることとなり、共産党が起草した草稿を基に修正が行われるという、民主党派にとっては比較的不利な状況から新しい草稿の作成が始まっていくこととなった。

おそらくこのような対民主党派の姿勢の転換の背景には、共産党の方針の変化もあったと思われる。すなわち、共産党は本来各党が平等な権利を持つ制度を目指していたが、内戦勃発後自身の「指導」を明言するようになっていった。そして一九四九年の七期二中全会では「社会主義」の展望を示すようになり、「人民民主独裁論」にいたっては、より「権威主義」的・「プロレタリア独裁」的傾向を有する主張となった。

二．新政治協商会議準備会開催後

一九四九年六月一五日、すでに天津も北平も接収された状況で、新政協準備会第一次会議が開催された。翌日の新政協準備会常務委員会第一次会議では、六つの小組を設立し、役割を分担することとなった(22)。このうち、第三小組の組長を周恩来が担当することとなり、共同綱領を起草する任務にあたった(23)。

新政協準備会第一次全体会議閉幕後、新政協準備会常務委員会と六つの小組によって人民政協の準備作業が継続された。六月一八日、第三小組の第一次会議が開催された。周恩来はこの会議における講話で、現在は活動の重点が「新民主主義の中国を建設」することにあるため、共産党が以前に二度起草した草稿は、適用しないと述べた(24)。したがって、前述の草案第一稿、第二稿は破棄されることとなった。なお、第三小組の構成については表-9のように、共産党員は相対的に少なく、この点党外に対して公平をアピールするかのような人選となっている。

第三小組の会議では共産党により共同綱領の初稿が起草されることが決定され、さらに小組のメンバーを分野ごとに五つのグループに分け、議論と条文を立案させ、起草者の参考とすることとした。こうした決定に基づき新政協準備会に参加した各単位、各代表および第三小組の各メンバーによる書面での意見の提出が許されることとなった。七

表-9　人民政協準備会第三小組名簿

組長	周恩来△							
副組長	許徳珩							
組員	陳劭先	章伯鈞	章乃器	李達(49)	許広平	季方(厳信民代)	沈志遠	許宝駒
	陳此生	黄鼎臣△	李燭塵	朱学範	張曄	彭徳懐△(羅瑞卿△)	候外廬	鄧初民
	廖承志△	鄧穎超△	謝邦定(後)	周建人△	楊静仁△	費振東		

（出所）霞関会『現代中国人名辞典』江南書院、1957年。霞関会編『現代中国人名辞典――1966年版』江南書院、1966年中国人民政協辞典編委会『中国人民政協辞典』張家口：中共中央党校出版社、1990年を参考に筆者作成。△印が中党員。(49) は49年に加入した者、(後) は建国後に加入した者を指す。ただし、資料の制約上、党員・非党員の区別に限界もある。

月上旬までには各グループは具体的な条文を立案し終えた。その後、各方面からの意見、立案条文を基に周恩来によって草稿が起草されていった。草稿は八月二二日までに作成され、その後直ちに修正作業が開始された。共同綱領が採択される、わずか一ヶ月前のことであった。

草稿は始めに毛沢東に送られ、九月三日から一三日までの間、共産党による非公式レベルでの修正が行われた。まず、修正に最も主導的役割を果たしたと思われる人物は毛沢東である。毛沢東は少なくとも、九月三日、五日、六日、一一日の計四回の修正を行っており、この修正は実に二〇〇箇所に及んだ(25)。

次に修正に大きく関わったのは周恩来である。必ずしも周恩来個人の意見が反映されたとは限らないものの、一部の資料によれば、周恩来は九月五日、一一日、一三日に少なくとも三度の修正、一〇〇箇所の手直しを加えたようである(26)。

その他、九月四日には共産党幹部による共同綱領草案討論会議が開催されている。具体的に会議でどのようなことが話し合われたかは定かではないが、おそらくここで共産党指導者から草稿に対していくつか意見が提出されたと思われる(27)。また、第二節で見るように、例えば李維漢や劉少奇は、特定の問題に対して意見を求められ、彼らの意見がそのまま共同綱領に反映されることもあった。共産党員の一部もやはり修正作業に加わっていたことが分かる。

この時、具体的に毛沢東や周恩来が草稿に対して、どのような修正を加えたかは現時点では資料の制約上、明らかにすることができない。しかし一部の資料によると、毛沢東は、ある部分を①「国民党反動派の遺物である地方政府および軍事集団の中で、戦争の停止を望み、誤りを認め、平和的解決を要求する者は、一九四九年四月一五日の国内和平協定草案の大義に基づき、平和的方法によってこれを解決する」、②「国民党残存勢力中の愛国分子および国民党残存勢力が統治する地域の人民大衆組織が人民解放軍に呼応し、人民解放軍の作戦に歩調を合わせ、社会秩序を維持して保護し、国家財産を保護する活動を奨励し歓迎する」、③「各級人民代表大会閉会期間中の各級政権機関を各級人民政府とする。国家最高政権機関を全国人民代表大会とする。全国人民代表大会閉会期間中の中央人民政府は国家政権を行使する最高機関とする」と修正したとされている。(28)

毛沢東は「人民解放軍に呼応」する国民党員に対しては寛大に対応するという姿勢を持つ一方で、華北において見られたように、それ以外の国民党員に対しては断固たる措置を講じる意志がここに示されている。また③の規定は、中央人民政府とここで優位性を持つ共産党の絶対的権力を認めたに等しい。第七章で見たように、立法権たる全国人民代表大会と常設機関の中央人民政府は、行政権・司法権の上位に位置づけられ、さらにここを共産党が掌握するという構造があった。こうした構造が臨時的ではあれ憲法に規定された意味は大きい。むろん、それは共産党にとっては根拠地時代の延長線上にすぎなかったのではあるが。

いずれにせよ、草稿の修正には毛沢東や共産党指導者の意向が大きく影響していることが伺える。(29)逆に民主党派にとっては共産党によってすでに修正された草稿を基にして修正作業を開始した可能性が極めて高い。以下、公式レベルでの討論・修正作業を見ていくが、前提として第七章で見たように、新政協準備会や新政協準備会常務委員会は、共産党員によって優勢が占められていたことを改めて確認しておきたい。

管見の資料によれば、九月一三日、新政協準備会常務委員会第五次会議が開催され、ここで初めて民主党派の前に草稿が提出され修正作業が行われた[30]。仮にそうであるならば、採択まではわずか二週間しか残されていない。しかも、竺可楨の日記によれば[31]、九月一四日に第三小組会議が開かれ、この時陳瑾昆が一番多く発言したが、どれも採用されることはなく、多くの問題は討論の後、原案が維持されたとしている[32]。

この陳瑾昆は、第五章において見たように、「民主と法治」の「同時尊重論」を提示したことにより、董必武の報告において苦言を呈された人物である[33]。陳瑾昆は「民主と法治」を提示した意味では、西洋的な「民主主義」の観点を持っていた人物とも言えるが、その発言が全く相手にされていないという事実は、当時の共産党の権力掌握の度合いを考える上では興味深い事例である。

なお、同日の一四日には民主党派との座談会が開かれ、共同綱領について議論された。ここでは、共同綱領に「社会主義」を持ち出していないことに疑問を持つ民主党派がいたが、周恩来は「社会主義は遠い将来のことである」とした上で、「もし社会主義を早期に書き出してしまえば、国内において容易に誤解を引き起こすだろう」と述べて、「社会主義」に対しては慎重な姿勢を示した[34]。民主党派向けであるとは言え、周恩来の当時の考え方を知る上では重要な言説であろう。

九月一六日には、新政協準備会常務委員会第六次会議において、共同綱領の修正草案が可決され、以後少なくとも同委員会で共同綱領が討論され修正されることはなくなった[35]。九月一七日には新政協準備会第二次全体会議が開かれ、周恩来による新政協準備会常務委員会の準備工作に関する報告を承認し、さらに同委員会が提出した「中国人民政治協商会議組織法（草案）」、「中国人民政治協商会議共同綱領（草案）」、「中華人民共和国中央人民政府組織法（草案）」が採択された[36]。

総じて言えば、管見の資料によれば、新政協準備会常務委員会では、九月一三日と一六日、第三小組では一四日においてのみ、民主党派との間で、草稿に対する議論がなされたことになる。数の少なさもさることながら、竺可楨の日記が示しているように、民主党派がどの程度実質的に草稿を修正できたかは疑わしいところがある。

周恩来は人民政協第一回全体会議における「人民政協共同綱領草案〔原文ママ〕の特徴」という報告において、「北平に到着した政協〔原文ママ〕代表五、六百人のグループによって二回の討論、第三小組において三回、準備会常務委員会〔原文ママ〕において二回」、計七回の討論と修正が行われたとしている。(37)ただし残りの数回について、どこでどのような議論が行われたかは、資料の制約上明らかにすることができない。

いずれにしても、図-2のように草案の作成権と、独自の修正権が共産党にはあり、共産党にとって修正に対して有利な状況であったことが読み取れるであろう。これは先に見た毛沢東の修正意見のうち、③が無条件で共同綱領に反映されていることからも伺える。逆に民主党派にとっては、竺可楨の日記にあるように、意見を述べることはできても、修正にまで発展させることは比較的困難であった。そしてこうした傾向は、第五章・第六章において見たように、省レベル・市レベルにも共通するものであった。

一九四九年九月二一日、人民政協第一回全体会議が開幕した。翌日には、第三小組を代表して周恩来によって、「中国人民政治協商会議共同綱領草案の起草過程と特徴」に関する報告が行われた。人民政協の全体会議はほとんど、各界指導者の講話が中心であったため、ここで共同綱領に修正が加えられることはなかったようである。二九日、ここに提出された草案は「中国人民政治協商会議共同綱領」として採択され、ここに共同綱領が完成されるにいたった。(38)

以上、本節では共同綱領の作成・修正過程を見てきた。本来、共産党は民主党派を綱領の作成に参与させる意思を示していた。その意味で、当初民主党派にも独自性が与えられることになっていた。しかし、新政協準備会の開催が近づくにつれ、民主党派が綱領作成に発揮し得る権利は、あくまで共産党の草稿作成に対して参考意見を述べるのみ

図－2　共同綱領作成・修正相関図

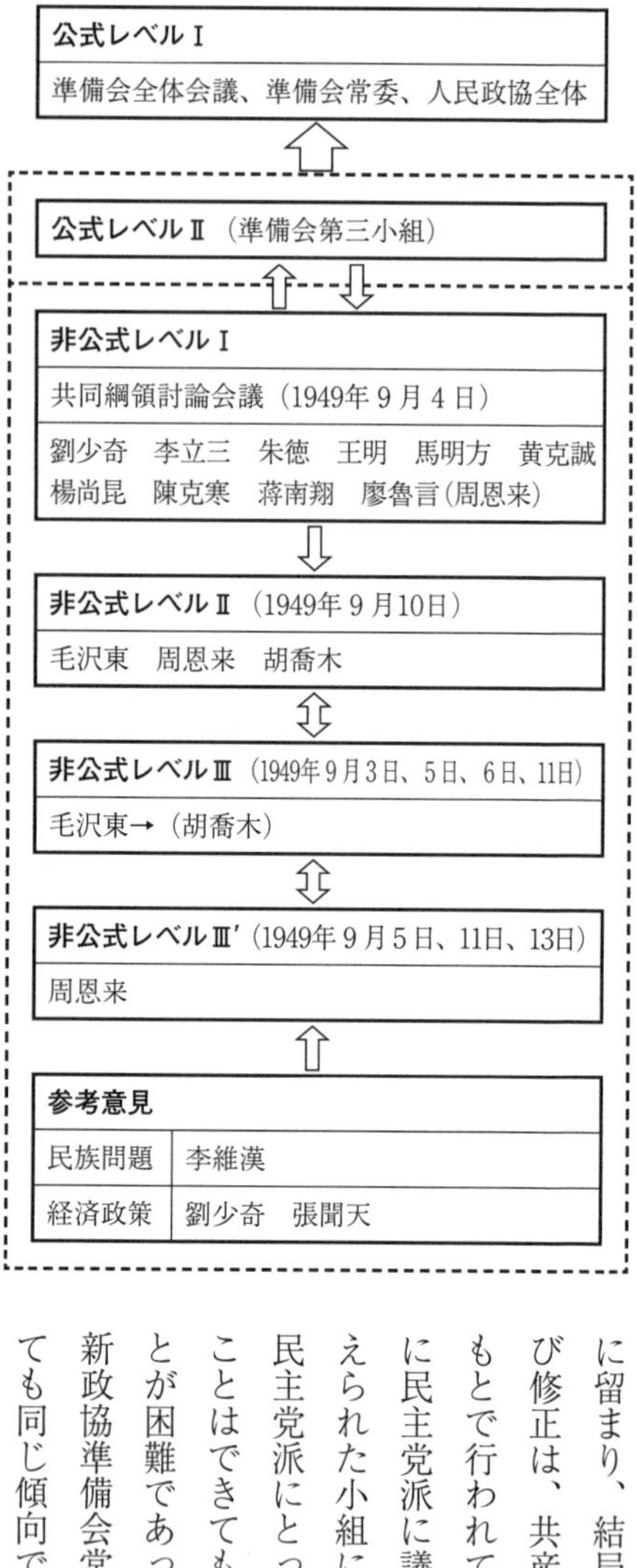

に留まり、結局草稿の作成および修正は、共産党の強い権限のもとで行われていった。わずかに民主党派に議論の場として与えられた小組における討論は、民主党派にとって意見を述べることはできても、修正を行うことが困難であった。この傾向は新政協準備会常務委員会においても同じ傾向であったと考えられる。

そもそも、人民政協において共産党が過半数以上を占めており、かつ当時共産党の「指導」を受容しつつあった民主党派にとって、共産党の提出した草稿に対して、真っ向から対立するような修正案を持ち込むことは困難であったと思われる。さらに、共産党が独自に草稿を修正する権利が暗黙のうちにあったということも、民主党派による修正をさらに困難にした。この結果、共産党内部における修正が最も重要な影響力を行使することとなった。

では、共産党の独自性が強い中で、草稿はどのように修正されていったのであろうか。第二節では、草稿と共同綱領とを対比し、数少ない資料と照らしあわせながら、どのような折衷が行われつつ、草稿が修正されていったのかについて検証する。

第二節　周恩来の草稿と共同綱領の相違点

本節では、草稿と最終的に完成された共同綱領を、「政治」、「経済」、「軍事・民族・その他の領域」の三領域に分類し、それぞれの変更点を検証していく(39)。

一．政治領域

次の表-10を見ると、政策、綱領および組織形態では草稿・共同綱領ともに中華人民共和国を「新民主主義」と規定し、人民民主統一戦線をもって中国を建設するという部分で一致している。当時の共産党の公式見解、すなわち「社会主義」に進むことは遠い将来のことであるという考え方を反映させてのことであろう。この点に関して周恩来は人民政協第一期全体会議において、「社会主義」の前途を肯定的なものとしながらも、「全国人民が自己の実践中においてこれが唯一の最もよい前途であることを認識して初めて、本当にそれを認めることができる」として「社会主義」について慎重に取り扱うと述べた(40)。

しかし、厳密に分析した場合、「社会主義」の解釈に関して草稿と共同綱領には若干の差がある。草稿は「一般綱領」という部分において、「社会主義」と「新民主主義」を明確に「区別」されるものであるとしているのに対して、共同綱領は「新民主主義すなわち人民民主主義」としているのみで、「社会主義」と「新民主主義」を区別していない。「新民主主義」と「社会主義」が別のものであるという見解は、毛沢東の「新民主主義論」から言われ続けていることであり、この部分を削除する必要はないはずである。あえて削除されていることに何かしらの意図があったと

表−10　草稿と共同綱領の対比（政治領域）

	草稿	共同綱領
各章の題名	一般綱領・具体綱領・解放全中国・政治法律・財政経済・文化教育・国防・外交	序言・総則・政権機関・軍事制度・財政経済・文化教育政策・民族政策・外交政策
新中国の綱領	「我々の綱領は新民主主義である。中国新民主主義はすでに旧民主主義とは区別され、また社会主義とも区別されて」いる。（一般綱領）	「新民主主義すなわち人民民主主義をもって中華人民共和国建国の政治的基礎」とする。（序言）
新民主主義	新民主主義はまた社会主義ではない	削除
政策	「…民主連合政府を成立させ…中国を打ち立てるべきである」（序言部分）	「中華人民共和国は新民主主義すなわち人民民主主義の国家とし、人民民主独裁を実行」する。（1条）
組織形態	「人民民主独裁の国家制度であり、またすなわち人民民主統一戦線の連合政府制度である」（一般綱領）	「中国の人民民主独裁は…人民民主統一戦線の政権」である。（序言）
政権機関	特徴的な違いはなし	
参加階級について	「県市以上の各級政権機構では、労働者、農民、革命軍人、知識分子、独立労働者、小ブルジョアジー、民族ブルジョアジーおよび民主的愛国分子は等しく適当な代表参加を有し」、「活動中における職と権利を持たせる」（16条）	「その組織の成分は労働者階級、農民階級、革命軍人、知識分子、小ブルジョアジー、民族ブルジョアジー、少数民族、国外華僑およびその他愛国民主分子の代表を含むべきである」（13条）
中資産家階級	「中小ブルジョアジーを団結させ」（21条）→中資産家階級の参加をも認める	中ブルジョアジーに対する規定なし
知識分子について	「切迫して知識分子が必要であり」、「人民政府は…各種類の知識分子の幹部を養成するべきであり」、「知識分子および技術的専門家と団結し彼らを教育するよう気を配るべきである」（31条）	「教育の普及を実行し」、「技術的教育に注意し」、「労働者の余暇教育と在職幹部教育を強め、青年知識分子と旧知識分子に革命の政治的教育を与え」、「広範な需要に応える」（47条）
選挙権、被選挙権について	「精神病を患っているものおよび法律によってその選挙権被選挙権を剥奪されたものに授与することはできない」（14条）	「反動分子、封建地主、官僚資本家〔原文ママ〕に対して」、「武装を解除し」、「必要な時間内において彼らの政治的権利を剥奪」する。「同時に生活の活路を与え」、「強制的に自己改造させ、新たな人とならしめる」（7条）
選挙方法	「普遍的、平等的、直接的、秘密投票」（14条）	「普選を実行」する。（14条など）
一党独裁について	「ひとつの階級の独裁ではなく、一党独裁政府でもない」（一般綱領）	削除
人権	（諸権利に関して）「人民政府は各民主党派、各人民団体および民主愛国人士に必要で可能な物質的保証をもって与えるべきである」（10条）	「中華人民共和国の人民は思想、言論、出版、集会、結社、通信、身体、居住、移動、宗教進行およびデモ活動などの自由権を有する」（5条）のみ

（出所）「草案初稿」、「共同綱領」を参考に筆者作成。

しか考えられない。それは、草稿の「新民主主義はまた社会主義ではない」という文言が削除されていることからも伺える。

組織形態に関しては、草稿において「連合政府」という言葉を三箇所見ることができるのに対して、共同綱領においては「連合政府」が完全に消滅している。このことは、草稿が「連合政府論」を踏襲し、国体に関して「連合政府」による「連合独裁」により近いことを示している(41)。

他方、共同綱領は国体に関して「連合政府」を消滅させた代わりに「人民民主独裁」を強調している。これは「連合政府論」→「人民民主独裁論」という戦略上の変化を反映させたことになる。第二章で見たように、「連合政府論」が複数の政党が平等に政権に参加する多党制を主張していたのに対し、「人民民主独裁論」は共産党の優位性を論じているため、共同綱領における「人民民主独裁」の強調は共産党の優位性を確保するものであると捉えることができる。

これに関連して、草稿では「新民主主義制度の期間においては、一つの階級の独裁でもなければ、一党が政府を独占するものでもない」として、一つの階級や政党が独裁するということを明確に否定しているが、共同綱領ではこの記述が削除されている。ということは、実は共同綱領において一党独裁は完全には排除されていない。独裁を実行できる党と言えば、当時の実力関係を考えれば共産党以外には考えられない。これを踏まえれば、民主党派があえてこの部分を削除したとは考えにくい。したがって、一党独裁を否定しないという部分は、共産党の意思によるものであり、共産党の優位性を否定せず、多党制を否定しているとも捉えることができる。

また、政権に参加する階級については、共同綱領においては草稿と比べて狭まっている。確かに、本来「連合政府論」では「大地主・大銀行家・大買弁層」の全てを「反動集団(42)」としなかったことと比べれば、草稿もまた参加階級を狭める傾向にはある。

共同綱領はそのような草稿と比べてさらに限定的である。草稿では参加階級に対して「活動中における職と権利」を保証している。対する共同綱領は「代表を含む」と規定されているのみで、具体的に職や権利を与えるかの規定が曖昧になっている。「知識分子」（以下、括弧略）に関しても同様に、草稿では「切迫して知識分子が必要であり」、「知識分子の幹部を養成するべき」とまで述べて、知識分子の幹部登用にまで言及している。しかし、共同綱領ではこれについては触れられておらず、上述の条文の「代表を含む」という表現に留まっており、むしろ知識分子に対しては「革命の政治的教育」を与えるものとされた。

加えて、草稿では「中小ブルジョアジー」の項目からも理解できるように、中ブルジョアジーの協力を得ようとする意思を見ることができる。しかし、共同綱領では中ブルジョアジーに関するこのような規定はなされておらず、小ブルジョアジーのみに限定されている。したがって、共同綱領の方が優遇されるブルジョアジーの幅が狭まっていることが読み取れる。

では、諸階級の政権参加と深く関わる選挙権についてはどうだろうか。上述の政権参加階級が選挙権を保有し、中国の政治を執り行う「人民」として規定されたが、草稿では「精神病を患っている者」と「法律によってその選挙権被選挙権を剥奪された者」には選挙権を授与することはできないとされている。この部分は、華北・石家荘市と共通する。一方の共同綱領は「反動分子、封建地主、官僚資本家」には選挙権が与えられず、これらの階級には「強制的」な「自己改造」が待っていた(43)。

なぜあえて共同綱領では、こうした規定が追加されたのであろうか。この点に関して、周恩来は人民政協第一期全体会議における報告において、「〝人民〟と〝国民〟は別々のもの」であると述べた上で、「官僚ブルジョアジーに対しては彼らの財産が没収された後において、地主階級に対しては彼らの土地が分配された後において」、「消極的には彼らの反動的活動を厳格に鎮圧し、積極的には彼らに労働をさせるよう強要し、彼らを改造して新しい人間に成らせなければならない」。「改造」する以前において、彼らは「人民の範疇に属」さないが、「彼らは中国の国民であるので、しばらく彼らに人民の権利を享受させず、むしろ彼らに国民の義務を遵守させる」。「これこそが人民民主独裁である」と述べている(44)。

ここでは、「人民」と「国民」を明確にわけ、「人民」に属することができない「国民」、すなわち官僚ブルジョアジーや地主は「人民」としての「権利」を享受することも許されず、「国民」としての「義務」は果たさねばならなかったのである。共同綱領はその意味で「反動分子、封建地主、官僚資本家」にとっては厳格な内容となっている。

代表の選挙方法については、草稿において「普遍的、平等的、直接的、秘密投票の選挙方法を実行し」とあるが、共同綱領においては「普通選挙を実行する」とあるのみで、その選挙方法は明らかではない。当時、地方における選挙に関して言えば、むしろ共産党の意向に沿うような選挙がなされていったという実情もある。実際、共同綱領によって「権利」を有するはずであった「人民」も、一九四九年一一月の「北京市各界人民代表会議」においては、「共産党員」、「進歩分子」、「中間分子」、「落後分子」に区別されることとなり、実際はさらなる淘汰が行われていった(45)。

そもそも奥村哲も指摘しているように、「資本主義」や資本家が「民族的」であるかどうかは、もともとは政治的な区分であり、「共産党の恣意に任される」ものであった(46)。したがって、共産党がこれまで提起してきた「大地主」や「官僚ブルジョアジー」と、「小ブルジョアジー・民族ブルジョアジー」の概念と区別は恣意性の働く余地が大きく、判断の根拠が極めて曖昧であった。まして、「反動」かどうかの判断は、より政治的で困難を伴うものである。

これに加えて、草稿は「法律によって」人民と国民を客観的に区別しようとしているのに対して、共同綱領はその部分が削除され、より政治的なものとなっている。したがって、共同綱領の方がより「人民」と「国民」の区別が主観的かつ曖昧さを残し、政治的操作が可能となる構図となっている。

以上、ここまで政治領域に関して草稿と共同綱領を対比、分析してきた。草稿が修正された結果、共同綱領において「連合政府」（「連合独裁」）が消滅し、代わりに「人民民主独裁」が前面化した。これに伴い、一党独裁の否定が無くなり、参加階級は縮小された。したがって共同綱領は草稿に比べてより「プロレタリア独裁」・「権威主義」に近づいた内容となっていることが読み取れる。

二．経済領域

経済領域に関しては（表-11）、草稿と共同綱領はともに、中国の経済を「新民主主義経済」と規定し、国家資本が中国経済の主導的役割を担い、中国経済の合作化を目指していくという点で一致する。

しかし、対民族ブルジョアジーの部分では、草稿が「私的株式経営」を認めているのに対して、この部分が削除された共同綱領はより市場経済的な内容から遠ざかっている。

工業と農業の関係については、草稿では農業と工業を「同じように重んじる」としているが、共同綱領では「重工業を回復し発展させることを重点」としている。奥村哲も指摘するように重工業は「社会主義化」の一つの重要な要素であり、これへの開発独裁的傾斜は、より統制経済的内容となっていると理解することもできる。[47]

土地改革については、草稿にあった「土地法大綱を擁護し」の部分が共同綱領では削除されている。「土地法大綱」と言えば、あまりにも極左的であったために、短命に終わった法令であるが、[48]これが削除されたからといって、短絡的に共同綱領の土地改革は急進的ではないと見ることはできないようである。なぜならば、その「土地法大綱」

表－11　草稿と共同綱領の対比（経済領域）

	草稿	共同綱領
民族ブルジョアジー政策	「私的株式経営が調査され実証されたものは」、「その所有権を承認する」（24条）	「…労働者、農民、小資産家階級と民族資産家階級の経済的利益およびその私有財産を保護」する。（3条）
農業と工業との関係	「全国範囲内の農業の発展および工業の回復は同じように重んじる」（21条）	「計画的に確実に重工業を回復し発展させることを重点と」する。（35条）
土地改革	「…1947年10月10日に宣布した土地法大綱を擁護」するが、「新解放区において、一般的に小作料と利息の引き下げを先行させ、後から土地分配を行う」。「中農としっかり団結し、中農の利益を侵犯することを許してはならない。地主富農が当然もらうべき土地と財産は、農民群集を超過してはならない」（22条）	「土地改革は生産力の発展と国家工業化のための必要条件とする」。「いまだ土地改革を実行していない地区は、必ず農民群集を発動し、農民団体を打ちたて、土匪や悪いボスの一掃、小作料と利息の引き下げや、土地の分配などの段取りを経過して、耕者有其田を実現しなければならない」（27条）
生産奨励政策について	「農業生産を発展させるために…工具および工作法を改進することを提唱する」。「農民が…自願と等価の両原則による変工隊および各種形式の生産合作を組織するように指導する」（23条）	農民が「自願と相互利益の原則に照らし合わせ」、「労働相互援助と生産合作を組織するように導く」。「人民政府は…短時間内に戦前食料、工業原料と輸出物資の生産水準が回復され超過達成される」ようにする。（34条）
合作社について	「必ず全て自願性および可能性を根拠として発展を求め、脅迫的方法による進行を許してはならない」（30条）	「広大な労働人民が自願の原則を根拠として合作者事業を発展させることを激励し扶助する」（38条）
ウクラード	国家経済・私的資本経済・個体経済・合作社経済（一般綱領）	国営経済・合作社経済・個体経済・私的資本主義経済・国家資本主義経済（26条など）

（出所）「草案初稿」、「共同綱領」を参考に筆者作成。

ですら、地主の最低限の土地所有について規定しており、草稿も同様に地主・富農の最低限の土地所有を認めており、かつ中農との団結も謳っている[49]。

これに対して、共同綱領では地主の最低限の土地所有に関しても、中農との団結に関しても触れられていない。むしろ共同綱領では「農民大衆を発動」することすら盛り込まれている。したがって共同綱領は「土地法大綱」の削除により一方で極左的政策を廃除したように見えるが、しかしもう一方では急進化路線を内包するものであるということも理解することができる。

生産奨励政策についても、共

同綱領では土地改革がその大前提となっている上に、生産発展の目的として「戦前の食料、工業原料と輸出物資の生産水準を回復する」とされおり、相対的に野心的かつ成果を急くような、急進的な内容となっている。

合作社に関しては、草稿では「脅迫的方法」を禁止しているのに対して、共同綱領ではこの部分が削除されている。この結果、共同綱領においては「脅迫的方法」は不可能ではなくなった。

最後に当時、共産党内においても議論が取り交わされたウクラードについて、少し詳細に論じたい。なぜならば、ウクラードに関する議論は、当時の共産党が中国経済をどのように見ていたのかということと密接に関わる問題であり、共産党にとっては経済政策の鍵となったと考えられるからである。

以下の表-12が示すように、「連合政府論」において、元来共産党が想定していたウクラードは「国家経済」・「私的資本主義経済」・「合作社経済」の三つであり、これらはほぼ固定化されていく[50]。これに対して張聞天は一九四八年七月一八日の段階で、六つのウクラードを提出し、ここから「国家資本主義経済」が追加され、定着していく[51]。一方、劉少奇は同年九月一三日において実質的に五つのウクラードを主張していた[52]。

その後、張聞天が九月一五日に「遊牧経済」を「チューリン（原文「秋林」）式の社会主義経済」と変更することもあったが[53]、毛沢東が劉少奇の意見に同意したことにより、一九四九年一月頃から五種のウクラードという考え方でほぼ統一されるようになっていた[54]。

ところが、以上のような議論と決定があったにもかかわらず、周恩来は当時独自の考えを示していた。例えば一九四九年四月二二日の中国新民主主義青年団第一次全国代表大会における報告において、周恩来は「国営企業、私的企業、合作社経済、国家資本主義経済」という四つのウクラードのみを挙げている[55]。さらに一九四九年六月における劉少奇の主張は五種であるにもかかわらず[56]、草稿ではやはり四つのみであり、劉少奇の主張における「国家資本主義経

表－12 ウクラードの推移

連合政府論	国家経済	合作社経済	私人資本主義経済			
張聞天（1948.7.18）	国家経済（公営経済）	合作社経済	私人資本主義経済	国家資本主義経済	小商品経済	遊牧経済
劉少奇（1948.9.13）	国家経済	合作社経済	私営経済（資本主義経済・小生産者経済）	国家資本主義経済		
劉少奇（同上報告）	国営的社会主義経済	半社会主義経済	資本主義経済	国家資本主義経済	小生産経済	自然経済
張聞天（1948.9.15）	国家経済	合作社経済	私人資本主義経済	国家資本主義経済	小商品経済	チューリン（秋林）式の社会主義経済
張聞天（修正後）	国営経済	合作社経済	私人資本主義経済	国家資本主義経済	小商品経済	
周恩来（1949.4.22）	国営経済	合作社経済	私人企業	国家資本主義経済		
劉少奇（1949.6）	国営経済	合作社経済	私人資本主義経済	国家資本主義経済	小商品経済・自然経済	
草稿	国営経済	合作社経済	私的資本経済	個体経済		
共同綱領	国営経済	合作社経済	私人資本主義経済	国家資本主義経済	個体経済	

（出所）「論連合政府」毛沢東文献資料研究会編『毛沢東集』（第9巻）、北望社、1971年、183~275頁。「新民主主義的経済結構与農村経済的発展前途」陳伯村編『張聞天東北文選』哈爾浜：黒龍江人民出版社、1990年、185~190頁。「新民主主義経済建設問題」中共中央文献研究室編『劉少奇論新中国経済建設』北京：中央文献出版社、1993年、1～4頁。「関於東北経済構成及経済建設基本方針的提綱」張聞天選集編集組編『張聞天選集』北京：人民出版社、1985年。「関於東北経済構成及経済建設基本方針的提綱」張聞天選集編輯委員会編『張聞天文集』（第4巻）、北京：人民出版社、1985年、17~28頁。「恢復和発展生産是解決城郷関係問題的関鍵」中共中央文献研究室編『周恩来経済文選』北京：中央文献出版社、1993年。「関於新中国的経済建設方針」中共中央文献編輯委員会編『劉少奇選集』（上巻）、北京：人民出版社、1981年、426~431頁。「草案初稿」、「共同綱領」を参考に筆者作成。

済」がない。

周恩来の四月の主張と草稿を対比すれば、「国家資本主義経済」と「固体経済」が入れ替わっているため、むしろ草稿の方が経済に対する統制が緩いと捉えることもできる。しかし共同綱領では結局、共産党の統一見解と同様に「国営経済」・「合作社経済」・「個体経済」・「私的資本主義経済」・「国家資本主義経済」の五つに戻されている。

では、このような中国建国直前のウクラードの規定の変化は何を意味するのであろうか。まず変化の要因については資料上の制約から明確な答えを出すことは現時点ではできない。また、「国家資本主義」の位置づけについては様々な議論がなされており、これが増加し定着したことの意味について、決着をつけることは困難であるように思われる(58)。しかし、「国家資本主義経済」を運営する主体が国家、すなわちこれを掌握し、かつ「社会主義」を目指す共産党であったということから、「国家資本主義経済」の固定化により、共同綱領は「資本主義」に対する統制を強めた内容となったと言えるかもしれない。いずれにしても、ウクラードの議論は共産党が一九四九年の社会構造をどう理解していたのかを解明する、重要な議論であることは疑いがない。そして、ウクラードに関して多くの意見があり、共産党内でもまとまっていなかったが、最終的に五つのウクラードに帰結していったのである。

以上、経済領域についての対比を総括すると、共同綱領は草稿と比べて、一部階級排除を含めて、統制経済的であること、換言すればより「社会主義」的内容に変化していると読み取ることができるであろう。

三．軍事・民族・その他の諸領域

軍事・民族などの領域の変化について(表-13)。まず軍事に関して、草稿では「国防」という章題がつけられているのに対し、共同綱領では「軍事」と修正されている。ここでは、国家の軍事課題としてではなく、帰属する権力系

表－13　草稿と共同綱領の対比（軍事・民族・その他の諸領域）

	草稿	共同綱領
軍事の章題	「国防」	「軍事」
人民解放軍	「中国人民の国防力」は、「中国人民解放軍」。人民解放軍は、「国防部隊に転換させ」、人民公安部隊・人民警察は「治安を守る」などの「任務に全責任を負う」（35条）「新民主主義の国防は人民に属」する。（一般綱領）	「中華人民共和国が打ち立てた統一された軍隊、すなわち人民解放軍と人民公安部隊は、中央人民政府の人民革命軍事委員会の統率を受け、統一された指揮、統一された制度、統一された編制、統一された規律を実行する」（20条）
軍事制度	「人民解放戦争中の民兵制度および組織は、継続して存在させ」「国家の動員の基盤を打ち立てる」（37条）	「民兵制度を実行し…国家動員の基礎を打ちたて」、「義務兵役制を実行する準備をする」（23条）
民族政策	「自願と民主の原則を根拠として、中華各民族連邦を組織する」（一般綱領）	「各民族が友愛合作する大家庭」とする。「大民族主義と狭い民族主義に反対」する。（50条）
新聞報道	「新民主主義の観点および人民政府の各時期の政策を根拠として、活動を進行させるべきである」（34条）	「新聞を利用してもって誹謗、国家人民の利益の破壊、世界戦争の扇動を進行することを禁止する」（49条）

（出所）「草案初稿」、「共同綱領」を参考に筆者作成。

統が共産党にあることを含意し得る文言となっている。また、草稿において人民解放軍はあくまで「国防」部隊と規定しているのに対して、共同綱領では人民解放軍は「軍隊」と解釈している。同様に公安部隊も、草稿においては「治安を守る」部隊であるのに対して、共同綱領では人民解放軍と同じく「軍隊」とされている。

さらに、共同綱領では人民解放軍と人民公安部隊は人民に属するとしているものの、「中央人民政府の人民革命軍事委員会の統率を受け」ることとなっている。第七章で論じたように、人民革命軍事委員会は中央政府の指導を受けることとなっているため、人民解放軍と人民公安部隊は人民革命軍事委員会を経て、中央人民政府に指導されるという解釈になる。また、同じく第七章で指摘したように、中央人民政府軍事委員会の主席・副主席は、程潜以外は全て共産党員によって占められており、中央人民政府委員会も共産党員によって多数を占められていたことを踏まえれば、共同綱領におけるこのような規定は、共産党による軍事力の独占を憲法的立場から保証することとなった。

さらに徴兵の義務についても、草稿は民兵制度に言及しているのみであるが、共同綱領は「義務兵役制」とまで述べており、より徴兵制実施に近い内容となっている。したがって、軍事・国防に関しては、共同綱領の方がより対内対外的軍事行動を含意しており、その根本は「党軍」的性格を保持していることにあったと言えよう。その意味で、草稿では「国防」という言葉が多用されているが、共同綱領においては二二条で使用されるのみであることもうなずける。

新聞や報道に関しては、草稿は「新民主主義の観点」と「人民政府の各時期の政策」に合致していれば、報道の自由が保証されることを明示しているが、共同綱領ではむしろ、「新聞を利用して」、「扇動を進行することを禁止」しており、より限定化され、言論統制とも思われる内容が規定されている。

最後に当時において激しい論争の対象となった民族政策について見ていきたい。実はここには後の民族政策に関わる重大な変化が存在している。まず草稿と共同綱領の違いを見ると、草稿は各民族の平等の地位、自治権を認め、自願と民主の原則を根拠として、「中華民族連邦」を組織するとしている。しかし、共同綱領では民族連邦の記述は見あたらない。これに関連して、劉迪の研究では、「毛沢東が連邦派であったが、実務担当者の周恩来や李維漢などは単一派であった」としている(59)。毛里和子も周恩来は党内から出てきた連邦共和国の主張に対し「きっぱり斥ける」という態度を取ったとして、劉迪と同様に周恩来を「単一制」を主張したものとして論じている(60)。

劉迪はその根拠として周恩来が一九四九年九月七日に行った「人民政治協商会議に関する諸問題」の報告を挙げている。確かに周恩来はこの報告において、中国を「連邦制と呼ばない」と述べている。しかし、周恩来は草稿が完成した八月二二日から九月七日にかけて党内で行われた議論を踏まえて連邦制を採用しないと発言した可能性があり、周恩来が作成した草稿が「中華各民族連邦を組織する」と言っている限りにおいて、周恩来が常に「単一派」であったかは、九月七日の報告のみで断定することはできない。

また草稿が完成した八月二二日という日時も二つの重要な問題を内包している。第一に、吉田豊子は連邦制が最終的に否定されたのは一九四九年二月〜八月としている。(61) しかし、草稿における連邦制の規定が示すことは、実は草稿が完成した八月二二日から九月までに、まだ連邦制の議論は決着していなかったということである。

第二に、草稿が完成した日時は、まさに劉少奇が訪問先のソ連から帰国した直後であるという点である。共産党にとって新疆における民族問題は外交問題上、ソ連と切り離すことはできない。したがって第三章で見たように、ソ連との関係が民族問題に関する記述に大きく影響を与えたことは容易に考えられる。その意味で、劉少奇の訪ソは民族問題を含め、中華人民共和国の将来を方向づける重要なものであったことは疑いない。(62)

草稿に「連邦制」が記述された国内的背景には、①党外から連邦制を支持する声があり、これに「配慮」したということ、②党内において連邦制を主張する者がおり、草稿ではこれを採用したということ、③周恩来自身、連邦制を想定していたということのいずれかが考えられる。

むろん、最終的に連邦制が採用されなかったことは事実であるが、草稿の内容から実は中華人民共和国成立目前の時点でも、共産党内において民族問題に関してまだ公式な決定がなされていなかったことが理解できよう。ただし、最終的には李維漢のイニシアチブにより、共同綱領では連邦制は否定され、限定的な民族自決権に留まることとなった。(63) これに基づき、党内でも以後「人民政協共同綱領の民族政策への規定に基づき」、「自決権」を強調してはならないとされた。(64)

ここでは、中華人民共和国成立後においても党内のコンセンサスがまだ完全に成熟していなかったことが示されている。同時に、共同綱領が法的根拠となって、一度確定した民族問題などの方針は、何人たりとも変更できないという事実を示しており、共同綱領という臨時憲法は、それだけの効力を発揮していたことが分かる。

ここでの比較検討が示すように、軍事に関しては、共同綱領の方がより臨戦的、かつ軍の指導権が党にあることを示した表現となった。また、新聞報道という言論の自由に関しては、より制限するような内容となった。さらに民族問題に関しては、草稿が連邦制を主張していたのに対し、共同綱領では結局「単一性」の表現に書き換えられた。総じて言えば、政治・経済領域以外の部分についても、より急進的、社会統制的内容となっていることが理解できよう。

おわりに

以上、本章で見てきたように、草稿と共同綱領を比べた場合、実に多くの相違点があることが分かった。その中には中国政治の根幹を為す、重要な修正も含まれていた。結果的に、草稿はより「連合独裁」に近く、共同綱領はより「プロレタリア独裁」へ進む可能性を明示していた。

ではなぜ草案から共同綱領にかけてそのような修正がなされたのであろうか。これには第一に、第三章で見たように国際的な要因が考えられる。すなわち共産党は当時、「人民民主独裁論」においてソ連一辺倒を表明し、中国革命に対するソ連からの同意を得ることにより、自らが中国を統治する上での「正統性」をも強化しようとしていたため、ソ連の意向に沿う形で修正がなされた可能性がある。

第二に、国内的な要因としては、第二章で見たように内戦勝利の決定的な展望を持ったこともさることながら、共産党が当時、人民政協を全人民に認められた正式な「人民代表会議」と位置づけ、人民政協の「正統性」を強化すると同時に、組織的、人事的優位性を確保することにより、支配を確立し、「権威主義」的な体制を志向していたこととも関連すると思われる。

共同綱領はまさにこうした情勢を反映して修正されたと考えられる。結果的に、民主党派によって提出された「民主主義」などのリベラルな提案は一蹴されることとなった。同時に、共産党は政治的委任を受けた代表性を持つという臨時憲法としての共同綱領の「正統性」を前面に押し出すようになり、最終的には政策決定とその実施において、共同綱領を法的根拠とするようになった。ここにいたり、共産党は事実上の「憲法制定権力」を獲得するにいたった。

註

（1）「周恩来起草的『新民主主義的共同綱領』（草案初稿）」『党的文献』第九二期、二〇〇三年二月、三～一四頁。以下、本資料に関しては、図表を含めて「草案初稿」と略記。

（2）カール・シュミット（阿部照哉・村上義弘訳）『憲法論』みすず書房、一九七四年、九八頁。

（3）日本国内においては愛知大学国際問題研究所編『中華人民共和国の国家体制と基本動向――共同綱領の研究』勁草書房、一九五四年、福島正夫前掲書『中国の人民民主政権』四四三～四四九頁、座間紘一「『国民経済復興期』の性格について（Ⅰ）『共同綱領』と『過渡期の総路線』の検討」『東亜経済研究』第四五巻第二号、一九七五年一〇月、石川賢作「中国共同綱領体制の終焉――反封建から反資本への転換」『安城学園大学　研究論集』第一五号、一九八一年一一月、土岐茂「共同綱領の憲法的性格――中国憲法史の側面からの考察」『早稲田法学会誌』第三四巻、一九八四年三月などがあるが、共産党が共同綱領を通して、どのように権力を掌握しようとしたのかについては言及されていない。中国においては陳揚勇「周恩来与共同綱領的制定」『党的文献』第九二期、二〇〇三年二月や、張薇薇「『中国人民政治協商会議共同綱領』之立憲評析」『甘粛政法学院学報』第九七期、二〇〇八年三月などがあるが、ほとんどは共同綱領がいかにして作成されたか、あるいは共産党指導者の共同綱領作成に対する貢献のみに注目している。

（4）例えば周恩来『偉大的十年』北京：人民出版社、一九五九年、一四頁。

（5）ただし後の歴史が示す通り、共産党は例外である。

(6) 胡喬木『胡喬木回憶毛沢東』北京：人民出版社、一九九四年、五四六頁。
(7)「関於召開新的政治協商会議諸問題」中央統戦部・中央檔案館編『中共中央解放戦争時期統一戦線文件選編』北京：檔案出版社、一九八八年、二一一～二一三頁。以下、『統一戦線文件選編』と略記。
(8) 陳揚勇前掲論文「周恩来与共同綱領的制定」三〇頁。
(9)「関於召開新的政治協商会議諸問題的協議」中国人民政治協商会議全国委員会文史資料研究委員会編『五星紅旗従這里昇起――中国人民政治協商会議誕生記事曁資料選編』北京：文史資料出版社、一九八四年、二一四頁。
(10) 民主党派の一人。上海総工会主席、中国労働協会理事長、国際労働機関（ＩＬＯ）理事などを歴任。一九四八年には中華全国総工会副主席に就任。中国人民政協辞典編委会編『中国人民政協辞典』張家口：中共中央党校出版社、一九九〇年、五二四頁。
(11)「高崗、李富春関於沈鈞儒等対召開新政協的意見的報告」『統一戦線文件選編』二一七頁。
(12) 胡喬木前掲書『胡喬木回憶毛沢東』五四七頁。
(13) 胡喬木前掲書『胡喬木回憶毛沢東』五四七～五四九頁。なお、この「中国人民革命綱領草稿」第一稿は管見の限りではまだ公開されておらず、その具体的内容に関して確認することができない。差しあたりここでは、その一部を見ることができる胡喬木前掲書『胡喬木回憶毛沢東』を参考とした。
(14) 共産党員。毛沢東の秘書。重慶の参政会に毛沢東とともに出席。重慶で「新華日報」を編集。一九四九年、政務院新聞総署署長、政務院文化教育委員会秘書長。霞関会編『現代中国人名辞典――一九六六年版』江南書院、一九六六年、二三五頁。
(15) 胡喬木前掲書『胡喬木回憶毛沢東』五四八頁。なお、第二稿に関しても、第一稿と同様に管見の限りでは、その具体的内容に関しては公開されていない。
(16) 胡喬木前掲書『胡喬木回憶毛沢東』五四八頁。
(17)「在新政協準備会第三小組成立会上的講話和対会議記録稿的批語」中共中央文献研究室・中央檔案館編『建国以来周恩来文稿』（第一冊）、北京：中央文献出版社、二〇〇八年、九～一〇頁。
(18) 胡喬木前掲書『胡喬木回憶毛沢東』五四九頁。

(19) 同上。
(20) 同上。
(21) 「中共中央関於怎様対待各民主党派、団体的地方組織的指示」『統一戦線文件選編』二五七～二五九頁。
(22) 第一小組は新政治協商会議に参加する単位およびその代表、定員の制定、第二小組は新政治協商会議組織条例の制定、第三小組は共同綱領の起草、第四小組は宣言の起草、第五小組は政府組織大綱の制定、第六小組は国旗、国章、国歌案の立案をそれぞれ担当することとなった。中国人民政協辞典編委会前掲書『中国人民政協辞典』二一五～二一九頁。
(23) 「関于周恩来与共同綱領起草過程的一組文献（一九四九年六月―九月）」『党的文献』第九二期、二〇〇三年三月、一三頁。
(24) 「在新政協籌備会第三小組成立会上的講話和会議記録稿的批語」中共中央文献研究室・中央檔案館前掲書『建国以来周恩来文稿』（第一冊）、九～一三頁。
(25) 「在『中国人民政治協商会議共同綱領』起草過程中的批語」中共中央文献研究室『建国以来毛沢東文稿』（第一冊）、北京：中央文献出版社、一九八七年、一～三頁。葉永烈『胡喬木』北京：中共中央党校出版社、一九九四年、八一～八四頁。
(26) 「対『中国人民政治協商会議共同綱領』草案的修改」中共中央文献研究室・中央檔案館前掲書『建国以来周恩来文稿』（第一冊）、三六八頁。陳揚勇前掲論文「周恩来与共同綱領的制定」三四頁。
(27) 参加者は劉少奇、李立三、朱徳、王明、馬明方、黄克誠、楊尚昆、陳克寒、蔣南翔、廖魯言。前掲資料「関于周恩来与共同綱領起草過程的一組文献」一三頁。
(28) 中共中央文献研究室『毛沢東年譜』（一八九三―一九四九・下巻）、北京：中央文献出版社、一九九三年、五六四頁。ただし、ここでは本来の文章がどのようなものであったのかについては触れられていない。
(29) これに関して、胡喬木前掲書『胡喬木回憶毛沢東』一一頁において、最終段階における修正に毛沢東が直接関与していると指摘している。
(30) 中国人民政協辞典編委会前掲書『中国人民政協辞典』二五二頁。
(31) 非共産党の代表の一人。南京高等師範大学（南京大学の前身）教授、中国科学社社長、国立中央研究院気象研究所所長などを歴任。霞関会前掲書『現代中国人名辞典』二一六頁。

(32) 笠可楨『笠可楨日記』(第二冊)、蘭州:人民出版社、一九八四年、一二八六頁。
(33) 「中共中央華北局関於召開華北臨時人民代表大会的総結報告」中央檔案館編『共和国雛形——華北人民政府』北京:西苑出版社、二〇〇〇年、一四二~一五〇頁。
(34) 徐鋳成『徐鋳成回憶録』北京:生活・読書・新知三聯書店、一九九八年、一九五頁。
(35) 中国人民政協辞典編委会前掲書『人民政協辞典』二五二~二五三頁。
(36) 中国人民政協辞典編委会前掲書『人民政協辞典』二五一頁。
(37) 「人民政協共同綱領草案的特点」中共中央文献研究室・中央檔案館前掲書『建国以来周恩来文稿』(第一冊)、三八九頁。
(38) 中共中央文献研究室『周恩来年譜』(一八九八—一九四九)、北京:中央文献出版社、八六二頁。
(39) ここでは特に断らない限り、草稿に関しては「草案初稿」を、共同綱領に関しては「中国人民政治協商会議共同綱領」中国人民政治協商会議全国委員会文史資料研究委員会前掲書『五星紅旗従這里昇起』四七九~四九一頁を参照する。
(40) 前掲「人民政協共同綱領草案的特点」三九一頁。
(41) ここで言う「国体」とは、差しあたり国家の組織形態を表す「政体」に対して、統治権の所在を示すものとする。
(42) 「中国共産党第七回全国代表大会における毛沢東主席の政治報告『連合政府論』」日本国際問題研究所中国部会編『新中国資料集成』(第一巻)、日本国際問題研究所、一九六三年、二一〇頁。
(43) 人民政協以前の「公民権」に関しては大沢武彦「国共内戦期の農村における『公民権』付与と暴力」『歴史評論』六八一号、二〇〇七年一月にも詳しい。
(44) 前掲「人民政協共同綱領草案的特点」三九二頁。
(45) 北京市檔案館・中共北京市委党史研究室『北京市重要文献選編』(一九四八・一二—一九四九)、北京:中国檔案出版社、二〇〇一年。
(46) 奥村哲『中国の現代史——戦争と社会主義』青木書店、一九九九年、七四~八三頁。奥村哲前掲書『中国の資本主義と社会主義』三二三~三二四頁。
(47) 奥村哲前掲書『中国の資本主義と社会主義』三六三頁。
(48) 姫田光義「人民解放戦争期の土地改革・農民運動——中国革命の勝利」野沢豊・田中正俊編『中国革命の勝利』講座

中国近現代史（第七巻）、東京大学出版会、一九七八年、六六～六七頁。

(49)「中共中央、中国土地法大綱およびその公布に関する決議」日本国際問題研究所中国部会前掲書『新中国資料集成』（第一巻）、五一六～五一九頁。

(50)「国家経済」とは「連合政府論」で使用された用語であるが、一九四七年一二月二五日の「当面の情勢と我々の任務」では「国営経済」という用語が使われている。

(51) 共産党員。一九三三年まで上海の中国共産党中央政治局の中央農民部長、組織部長を歴任。一九三三年、江西ソビエト区にて書記局書記。一九三四年、中華ソビエト政府人民委員会主席。一九三九年、中国共産党中央委員会委員、書記局総書記。一九四五年、第七期中央委員会委員、政治局委員。戦後から一九四九年まで、東北行政委員会財政経済委員会副主任。同年八月、東北人民政府委員会委員、中国共産党中央東北局常務委員、中国共産党遼東省委員会書記。霞関会前掲書『現代中国人名辞典』三八九頁。

(52)「新民主主義的経済結構与農村経済的発展前途」陳伯村編『張聞天東北文選』哈爾浜：黒龍江人民出版社、一九九〇年、一八五～一九〇頁。

(53)「新民主主義経済建設問題」中共中央文献研究室『劉少奇論新中国経済建設』北京：中央文献出版社、一九九三年、一～四頁。

(54)「関於東北経済構成及経済建設基本方針的提綱」張聞天選集編輯委員会『張聞天選集』北京：人民出版社、一九八五年、三九六～四一七頁。なお、ここで言う「チューリン（秋林）」とは、ロシアの帝政期以来ハルビンにおいて経営しているロシア系商店の「チューリン（秋林）公司」のことを指すと思われる。このチューリン公司は、ロシア帝政期に、ロシア人資本家によって設立され、当時の香港上海銀行（英語名：The Hongkong and Shanghai Banking Corporation Limited、略称：ＨＳＢＣ、中国名：滙豊銀行）、日本軍占領下における日本人商人による経営を経た後、第二次世界大戦後、ソ連対外貿易部によって日本から接収、経営されていた。その業務内容は多岐に渡り、商業資本・産業資本ともに兼ね備えていた。このチューリン（秋林）公司は一九五三年に中国政府に接収されるが、国共内戦当時、ソ連政府によって直接経営されていたことから、東北の経済を研究していた張聞天はあえてこれを一つのウクラードとして、規定したと考えられる。「百度百科　哈爾浜秋林集団股份有限公司」（二〇一五年七月八日アクセス）http://baike.baidu.com/view/151585.htm

(55)「目前形勢和党在一九四九年的任務」中共中央文献研究室『毛沢東文集』（第五巻）、北京：人民出版社、一九九六年、二三六頁。
(56)「恢復和発展生産是解決城郷関係問題的関鍵」中共中央文献研究室『周恩来経済文選』北京：中央文献出版社、一九九三年、一〇頁。
(57)「関於新中国的経済建設方針」中共中央文献編輯委員会編『劉少奇選集』（上巻）、北京：人民出版社、一九八一年、四二六～四三一頁。
(58)「国家資本主義」については尾崎彦朔『第三世界と国家資本主義』東京大学出版会、一九八〇年。坂田幹男『第三世界国家資本主義論』日本評論社、一九九一年などに詳しい。
(59)劉迪『近代中国における連邦主義思想』成文堂、二〇〇九年、一三三頁。なお、劉迪はこの著書において、「単一制」とは、「憲法や中央機関（立法機関、行政機関、司法機関）を一つしか有していない」、「また国民は一つの国籍しか有していない」国家のことを指すとしている。
(60)毛里和子『周縁からの中国――民族問題と国家』東京大学出版会、一九九八年、四二～四三頁。
(61)吉田豊子「中国共産党の国家統合における内モンゴル自治政府の位置――『高度の自治』から『民族区域自治』へ」『東洋学報』第八三巻第三号、二〇〇一年一二月、九三～一二六頁。
(62)詳細は第三章を参照。
(63)「李維漢同志生平」『人民政協報』一九八四年八月二三日。
(64)「中共中央関於少数民族『自決権』問題給二野前委的指示」中共中央文献研究室『建国以来重要文献選編』（第一冊）、北京：中央文献出版社、一九九二年。

第九章　創成期における「人民代表会議」制度の特質

はじめに

あらゆる統治者はその権威や権力を確立するために、「暴力」のみならず、何らかの「正統性」の調達手段を獲得する必要性に迫られている。[1]まして、「革命政権」にはそれがより顕著に求められる。内戦の勝利を目前にした共産党も、「旧支配階級」すなわち国民政府を打倒した「革命政権」であり、その意味で「自発的な服従」を得るための、何らかの「正統性」調達手段、すなわち「正統性的根拠」を必要としていた。[2]

本書はこれまで、特に一九四〇年代末の人民代表会議制度を中心に、共産党がどのように統治の「正統性」を調達しようとしたのか、これによってどのようにその権力を構造化し、支配を確立しようとしていったのか、そこにおける歴史・国際・国内的要因とは何かについて検証してきた。

あえて結論を先に端的に述べるならば、共産党は人民代表会議制度によって対内的に大衆の支持・同意を獲得したという名目のもと、人民代表会議とこれによって組織される各級人民政府を掌握し、支配を確立しようとしていったことが読み取れた。結果的に共産党は従来言われてきたものよりも「権威主義」的な体制を志向するが、その背景には国内的な要因と同時に、国外すなわちソ連要因も一定程度あることが分かった。

以下本章では、これまでの検証に基づき、国際・国内における議会制をめぐる議論と、それぞれの行政レベルにおける人民代表会議制度の特質について整理していきたい。

第一節　「人民代表会議」制度創成の背景と中国共産党の総戦略

王朝システムに限界が見えた中国大陸において、どのような政治制度を築き上げるのかという問題は、一貫して重要なテーマであった。中でも立法権をいかに位置づけるのかは、各政権にとって中国の政治制度を構想する上で、重要な議論の対象の一つであった。

そこで本書の第二章においては、世界史における議会制度の系譜を確認した上で、特に共産党がどのように自らの議会制度を位置づけようとしていったのか、党内における議論をその創立段階から追った。

共産党は議会を通して政府組織を選出することを一貫して重要視していたが、その背景には議会によって自らの「正統性」を主張し、国民政府に対抗せざるを得ないという事情があった。さらに特に根拠地では重要な機能として、議会をリクルートと動員に活用するということがあった。そして、それは一九四九年代末にも一部引き継がれていた。

また、党内における議会制に関する議論では、西洋的な「議会制民主主義」へのアンチテーゼ、「ブルジョア民主主義」への批判ということでは一貫していた。このためソ連式の議会制度の影響を色濃く受け、「社会主義」的な解釈に基づく議会制度を探求していった。こうした思想を反映し、共産党は当初は否定していたものの、「ギルド社会主義」を受け入れていった。

したがって、議会制度に関しては差額選挙よりも等額選挙、地域代表制よりも職能代表制、直接選挙よりも（重層的）間接選挙を優先する傾向にあった。

ただし、選挙にはどのような階級が参加可能かといった点については、より幅広い支持を集める必要がある時期には柔軟に対応していた。特に日中戦争の後半には、「三三制」を取り入れ、さらには「統一戦線」や「連合政府」の提案も行っていった。共産党は自らが孫文以来の革命を継承する存在であるとアピールするためにも、日中戦争終結後も、また内戦勃発後も「連合政府」に基づく政治協商会議による政策決定の主張を堅持し続けた。

以上の事実が示すように、共産党は単純に「権威主義」を志向し続けていたとは読み取れなかった。背景には経済なかんずく都市政策との関連があった。すなわち、都市の占領当初、共産党は農村で積み上げてきた闘争方式・均分主義をそのまま持ち込んでしまったために、都市経済そのものを崩壊させかねない状況に陥らせてしまった。特に懸案であったのは、共産党の経済政策への不安からブルジョアジーの大多数が営業を放棄し、逃亡を謀るという事態であった。この時共産党は自らを「李自成」に例えていたことはまさに象徴的であり、一時的に政権を掌握できても、すぐにその座を奪われることに強い危機感を持っていた。

そこで共産党は一部のブルジョアジーや、経済建設の経験や実績のある人材、知識人、さらにこれらの意見を反映していると思われる民主党派と協調し、都市経済を安定させるために、劉少奇による「天津講話」の実行を決定した。この一連の講話の中で、劉少奇は今まで以上に踏み込んで、市場主義的経済政策とブルジョアジーを重視することを明言した(3)。

他方、これと前後して共産党、特に毛沢東は、内戦の勝利が決定的になるにしたがい、独自の政権構想を練り上げ、「権威主義」的体制を志向するようになる。特に内戦の完全なる勝利が見えてきた一九四九年の「人民民主独裁論」

までには、中国の政治抗争を「人民民主独裁」へと徐々に転換させていき、地主やブルジョアジーを一部排除するような、階級限定の理論へと変化させていた。

その背景には軍事的な勝利もさることながら、中ソ関係による要因もあった。すなわち共産党は様々な支援と新しい政権への構成づけのために、革命に対するソ連からの同意の取りつけを目指した。中ソ間の議論の過程では、中国の国内政治に関して、ソ連から多くの注文がなされた。この中には、中国の「権威主義」化を志向するような内容も含まれていた。ただし、そこにはソ連の要因もさることながら、毛沢東の独断もあった。

このようにして見ると、先の「天津講話」が東北の幹部に批判されていたということからも理解できるように、当時の共産党幹部においても、政治戦略についての潜在的な対立が当時すでにあったと言えよう。そこで当時の各共産党幹部の政治思想の位置づけを類型化したのが図-3である。

本書におけるこれまでの検証が明らかにしているように、劉少奇や周恩来を始めとした大多数の共産党幹部は当時いずれも、（多少の曖昧さはあったものの）Aグループのような立場であったと言える。すなわち、彼らは相対的にはブルジョアジーや民主党派を重要視し、「資本主義」的政策に傾斜していた。これに対し、高崗を中心とした東北グループは、急進的であったがゆえに当時劉少奇から批判を浴び、また後に「天津講話」を攻撃したことを踏まえれば、Bグループのように位置づけられる。すなわち、相対的にプロレタリアートを重視するがゆえに、民主党派を軽視し、また「社会主義」的解釈に基づく政策に傾斜するグループである。

問題は毛沢東である。彼の深層心理を理解することはむろん不可能ではあるが、彼の当時の言説、特に「人民民主独裁論」や一九四七年の発言を見るならば、Aグループともまた異質であり、むしろよりBグループに近い考え方を持っていたと言える。その意味では、毛沢東は言わばAグループとBグループの中間に位置していたと言えよう。

こうした共産党幹部の考え方の違いを共産党の政治体制理論に位置づけ直したのが図-4である。劉少奇の「天津講話」をめぐる共産党指導者たちの言説を見る限り、Aグループは相対的に「連合政府」を堅持していた。しかし毛沢東が「人民民主独裁論」を発表し、また共同綱領においてそれを修正したことを踏まえれば、より「プロレタリア独裁」やBグループに近い立場であったと考えられる（図-4）。

このような当時の共産党幹部の立ち位置を見るならば、一九四九年時点において「中間の道」の可能性がどの程度あったのかという点について一定の示唆が得られる。[4] 楊奎松はこの点について、限りなくゼロに近かったと論じているが、筆者はこうした主張には同意し難い。[5] なぜならば、上述のように共産党にとって当時経済政策の成功と、民主党派やブルジョアジーからの支持獲得は当時至急の課題であり、共産党と言えども彼らには一定の「配慮」をせざるを得ない事情があったからである。毛沢東自身、「李自成」の名前を度々取り上げており、彼でさえもこれを無視することは不可能であったのである。

ただし各行政レベルで見られたように、共産党は「指導」の意志をほとんど放棄していなかったこともまた事実である。したがって、中華人民共和国は共産党の側から見れば、民主党派への「配慮」と一貫した

図-3　共産党指導者の政治思想の類型①

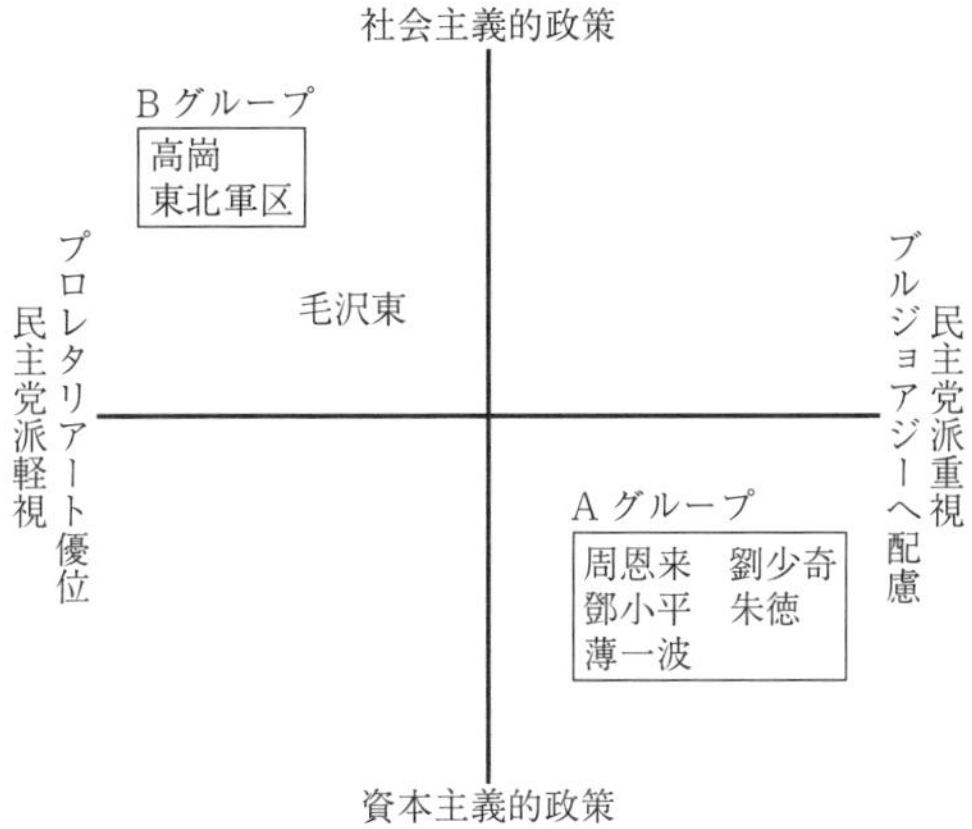

（出所）薄一波『若干重大決策与事件的回顧』（上巻）、北京：中共中央党校出版社、1991年、46～58頁、「関於工会工作的幾個問題」中共中央文献編輯委員会編『朱徳選集』北京：人民出版社、1983年、261～266頁、「人民民主独裁論」毛沢東文献資料研究会編『毛沢東集』（第10巻）、北望社、1971年、291～307頁、「周恩来起草的『新民主主義的共同綱領』（草案初稿）」『党的文献』総第92期、2003年2月、3～14頁をもとに筆者作成。

図－4　共産党指導者の政治思想の類型②

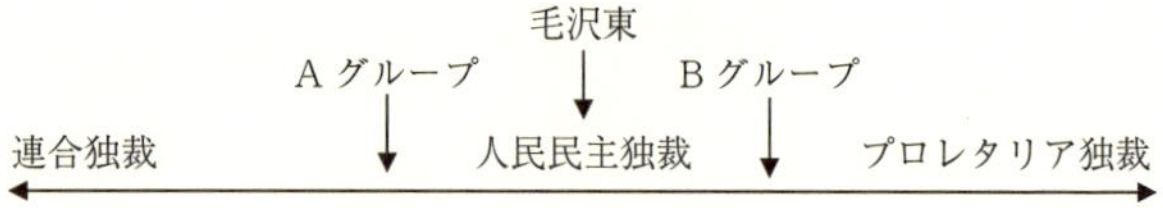

（出所）薄一波『若干重大決策与事件的回顧』（上巻）、北京：中共中央党校出版社、1991年、46～58頁、「関於工会工作的幾個問題」中共中央文献編輯委員会編『朱徳選集』北京：人民出版社、1983年、261～266頁、「人民民主独裁論」毛沢東文献資料研究会編『毛沢東集』（第10巻）、北望社、1971年、291～307頁、「周恩来起草的『新民主主義的共同綱領』（草案初稿）」『党的文献』総第92期、2003年２月、３～14頁をもとに筆者作成。

「指導」への意志、民主党派の側から見れば「第三の道」の確保への努力と共産党への「従属」が交錯した状態からスタートしたというのが正しい理解であるように思われる。

興味深いのは、こうした議論はまさに一部現代中国政治における議論の対立にも共通する側面があるということである。あるいはこうした議論は社会主義を標榜する（あるいはしていた）国家、政権における普遍的な苦悩である（であった）と言えるのかもしれない[6]。

第二節　創成期における「人民代表会議」制度の機能

では、共産党の以上のような「指導」の意志のもと、各地域・行政レベルでは、どのように人民代表会議制度が作り上げられていったのか。以下では、特に第五章以降での議論を手がかりに、その機能と特質について見ていきたい。

まず華北人代開催過程においては、共産党は選挙によって人事上の優勢を確保し、民意を獲得したという名目のもと、華北の人民政府に権力を集中させる根拠を得ていった。その上で、共産党は内戦中の前線に対して物心両面の支援を組織化できる構造を作り上げた。

このように華北においては他の行政レベルと比べて、内戦の支援を強調し、共産党の「指導」を最優先課題とする傾向にあった。したがって、選挙過程において様々なひずみが生じる可能性を持ち合わせていた。

こうした華北人代は他に先駆けて開催されたこともあり、その経験が、市レベルや中央政府レベルにおいても参考とされていった。したがって、石家荘市人民代表大会（以下、石家荘市人代）や、人民政協は、その開催過程やこれによって作り上げられた政権構造など、様々な面において、華北人代の開催過程と類似する部分が見られた。

ただし、例えば石家荘市においては、華北ほど内戦の支援について強調されることはなくなる。石家荘市人代開催過程においては、共産党は様々な問題があったにせよ、一部「普通選挙」を行い、ゆえに「大会」と称するようになり、当時にあっては進歩的なものを目指した。そして市レベルにおいて民意を得たことを明示し、統治の「正統性」を調達しようとした。この過程で共産党は、華北人代開催の時と比べて、ブルジョアジーにも「配慮」し、また「施政方針」にも同様の方針を盛り込んでいった。

しかし結局、石家荘市人代も共産党中央によって人民代表会議制度の範疇のものと見なされ、後に開催される正式な人代に対して、臨時的な「大会」に留まらざるを得なくなった。

他方、人民政協開催過程においては、共産党は新政協準備会の開催が近づくにつれ人民政協を臨時的ではない、正式かつ全国的な人民代表会議と位置づけるようになり、これによって人民政協の「正統性」をも強化した。さらに人民政協とこれによって組織される政府にて優勢を占め、自らの地位をも高めた。ただし、このような状況は最初から想定されていたわけではなく、共産党が組織・人事・法令面において様々な努力を行った結果によるものであった。

この人民政協で採択される共同綱領の作成過程では、共産党は当時すでに「権威主義」的な体制を志向していたために、民主党派によって提出された「民主主義」などのリベラルな提案は一蹴されることとなった。そして、最終的に完成された共同綱領は、より「権威主義」的体制への移行、「プロレタリア独裁」への可能性を明示していた。同時に「正統性」のより一層の強化のために、共産党は臨時憲法としての共同綱領の「正統性」を全面に押し出すようになり、最終的には政策決定と実施において、共同綱領を法的根拠とするようになった。ここにいたり、共産党はカール・シュミット（Carl Schmitt）的な意味での「憲法制定権力」を獲得するにいたった。(7)

第三節　創成期における「人民代表会議」制度の諸相

以上、ここまで見てきたように、共産党は各行政レベルにおいて、大衆からの同意、支持、民意を得たということを明示し、統治の「正統性」を調達したと主張しつつ、独自の構想、政治体制を実現していった。ではは、最終的に完成した人民代表会議制度もしくは政治体制はいかようなものであったのか。ここでは、主に「強靭性」の視点から、序論および第一章で提示した本論文の中心的概念、すなわち政党制、「指導」、さらに議会を掌握する上での七つの手段に基づき、人民代表会議制度の特質について考察したい。

一．政党制

まず政党制について。表-14は第一章で確認した、ジョヴァンニ・サルトーリ（Giovanni Sartori）、西村成雄・国分良成の議論、共産党の当時の理論・政治構想を対応表にしたものである。(8)

本書でこれまで見てきたように、共産党は当時、「連合独裁」→「人民民主独裁」→「プロレタリア独裁」という段階的発展を想定していた。

「連合政府論」または「連合独裁」は、複数の政党が平等の権利を持って政権に参加できるというものであった。したがって、「連合政府」は序論において見たサルトーリの定義に基づけば、多党制に近い政治体制であったことが分かる。あるいは、共産党は時によって国民党の優位を認めていたために、国民党を中心とした「一党優位政党制」と捉えることもできる。ただし、「連合政府論」が示していたように、将来的に共産党が政権を奪取し、これを掌握するということも、当初から言及されていた(9)。

その後、内戦が勃発し、国民党との決別が決定的になった段階で、共産党は自らの指導的地位を主張するようになる。まさに、このような構想を結実させたのが「人民民主独裁論」であった。「人民民主独裁論」は共産党の優位性を認め、一部の衛星政党＝民主党派のみ存在が許され、かつ政権交代を想定していなかった。その意味では、サルトーリの「ヘゲモニー政党制」に近いものとなった。したがって、「人民民主独裁」は、選挙は存在するものの政権交代は想定されていなかったと言う意味で、「選挙権威主義」に極めて近い内容となった。ここにいたり、中国政治においては、サルトーリの言うところの「非競合的政党制」がほぼ確定されることとなった。

そして後の一九五四年前後には、共産党は「プロレタリア独裁」という名目のもと、「一党制」をも完成させていくこととなる(10)。ここから中国の政治体制は「権威主義」を経て「全体主義」へと転換していったと考えられる。ただし、このような政権構想について一九四九年の時点で民主党派の理解が得られていたのかについては疑問の余地が残る。筆者はむしろ、民主党派は「一党優位政党制」、もしくはこれと類似した政治体制・政党制を想像しており、共産党との間に齟齬が発生していたために、後の共産党と民主党派の熾烈な争いに発展していったのではないかと考えている。

以上の議論を総括すると、当時の共産党は「一党優位政党制」（＝「連合独裁」）→「ヘゲモニー政党制」（＝「人民民主独裁」＝「選挙権威主義」）→「権威主義」→「一党制」（＝「プロレタリア独裁」）という段階的発展を想定していたことが理解できる(11)。

表－14　共産党の理論・議会構想と「政党制」の対応表

共産党の理論	共産党の実践	政党制（サルトーリ）	変容三段階論
連合独裁	諸党派に対する平等な権力分配	一党優位政党制または多党制	多元的権威主義
⇩	⇩	⇩	⇩
人民民主独裁	共産党の指導・共産党の優位	ヘゲモニー政党制	協商的権威主義
⇩	⇩	⇩	⇩
プロレタリア独裁	共産党による一党独裁	一党独裁	一党独裁

（出所）ジョヴァンニ・サルトーリ（岡沢憲芙・川野秀之訳）『現代政党学――政党システム論の分析枠組み（普及版）』早稲田大学出版部、2000年、西村成雄・国分良成『党と国家――政治体制の軌跡』岩波書店、叢書中国的問題群１、2009年をもとに筆者作成。

少なくとも一九四九年時点では中国の政治体制は「ヘゲモニー政党制」（＝「人民民主独裁」＝「選挙権威主義」）という、一党制により近づいたものとなっていた。

二．「指導」

では、共産党は各行政レベルにおいてどのように「人民民主独裁」＝「選挙権威主義」を可能にしたのであろうか。以下では第一章で提示した、人民代表会議制度における「指導」を確立する上での五つの手段、すなわち、（一）人民代表会議指導幹部の中での優位性の確保（国家と党の上層部の人事的融合と一体化）、（二）党員代表の過半数以上の確保、（三）人民代表会議機関における党グループの設置、（四）人民代表会議の招集・開催権の掌握、（五）重要決議・法案の起草権の掌握の五点と照らし合わせながら議論を進めたい[12]。

（一）「人民代表会議」指導幹部の中での優位性の確保

共産党は各行政レベルの人民代表会議において、代表の過半数を占めることにより、当該行政レベルの人民代表会議によって選出される、人民政府委員会の選出をも有利に進めることができた。

各行政レベルの人民政府委員会の選出は、同じレベルの人民代表会議による推薦の後、参加代表による投票という方法で行われたが、共産党員が全代表の過半数を占めていることから、必然的に共産党代表の人民政府委員会候補者へ票が集った（後述するようにこの時活躍したのが党グループである）。各行政レベルの首長・副首長はいずれもこの人民政府委員会の会議において、委員の中から選出されると決められていたため、人民政府委員会における優位性によって、必然的に首長・副首長の選出をも共産党の思惑通りに進めることができた。

これが「指導」確立のための第一の手段である。

（二）党員代表の過半数以上の確保

こうした指導幹部の中での優位性を確保するためには、人民代表会議代表のうちの過半数を共産党員で占める必要がある。共産党や毛沢東は日中戦争時こそ、「三三制」を提唱していたが、もともと共産党の言う「三分の一の左翼分子」については曖昧な部分があり、ここに共産党員が入り込む余地があった。結果的には、共産党員が全代表の五〇％以上、多い時は六〇％以上を占めることすらあった[13]。しかも、表面的にではあれ、彼らは実際に選挙を通した代表であったと見なすことができたため、共産党は大衆の同意を得たという名目のもと、人民代表会議を通した政策執行・政権運営を有利に進めることが可能となった。ただし、このような人事配置が当初から共産党にとっては既定路線であったかと言えば、必ずしもそうとは言えまい。むしろ、共産党はこのような人事配置を完成させるべく、様々な方策を講じたという見方が妥当である。

ここでより注意すべきは、共産党にとっては議会を開催することにより、リクルートや戦時体制の強化をも可能にしたということである[14]。共産党にとっては、戦時体制下における動員体制の構築と、人民代表会議の開催は矛盾するものではなかったのである。これを如実に示していたのが上述のとおり華北人代の開催であった。

以上が、「指導」確立のための第二の手段である。

(三)「人民代表会議」機関における党グループの設置

そして、こうした人事に対して影響力を行使したのが、党グループの存在であった。党グループの人民代表会議開催における具体的な行動などについては、必ずしも明確ではない。しかし、少なくとも唐亮や毛里和子が指摘するように、党グループの役割は共産党の「指導」にとって極めて重要なものであった(15)。

実際、当時の人民代表会議においては必ずと言っていいほど、党グループが設立されていた。また、華北人代の事例において見られたように、実際に党グループが党員の投票行動に対して、一定の指示を行っていたことも事実であった(16)。

これが第三の手段である。

(四)「人民代表会議」招集・開催権の掌握

こうした人民代表会議もしくは指導幹部における人的優位性、さらに(五)の憲法制定権力の獲得を下支えしていたのが、まさしく人民代表会議の招集・開催権の掌握であろう。

共産党は根拠地時代を含めて、自らの政権下においては、議会の招集・開催権を確保することによって準備活動を有利に展開していった。これによって、共産党は準備委員会委員を独占し、選挙資格の有無を事前に仕分け、さらに各党派の配分や、招請できる人物をも決定し、また重要法案・決議の草案作成を行う体制を作り上げていった。

これが第四の手段である。

（五）重要決議・法案の起草権の掌握

「指導」確立の第四の手段とほぼ同時並行で行われたのが、共産党による「憲法制定権力」または、それに準ずる重要決議・法案の起草権の掌握である。すなわち、共産党は人民代表会議の招集・開催権を握ったことにより、開催準備の段階で、自ら重要法案・決議の起草を行い、これらを言わば「たたき台」として人民代表会議に提出することを可能とした。

共産党が起草したものの中には、各行政レベルの政策的方向性を定めた「施政方針」、臨時的な憲法の役割を果たした共同綱領、各行政レベルの人民代表会議の「選挙方法」・「組織条例」も含まれる。

こうした法案・条例は当時の中国の政治体制にとって、極めて重要なものであったにもかかわらず、討論する時間は必ずしも長くはなく、また共産党の統治を覆すような意見を言えるような環境にはなかった（代表選出の過程で想定され得る反対者はほとんど排除されていた）。このため、草案に対して重大な修正を行うことは極めて困難であった。また共産党代表が過半数を占めているために、採決に持ち込まれても、数の力で押し切ることが可能であった。このためか、人民代表会議によっては「全会一致」で、原案がそのまま採択されることもあった。

これが「指導」確立のための第五の手段である。

以上のように、共産党は人民代表会議の選挙を通して、統治の「正統性」を調達したことを内外に明示しつつ、「指導」確立のための五つの手段によって、自らの支配を確立させていった。このようにして見ると、上記の五つの手段のうち、特に（二）党員代表の過半数以上の確保が最も核心的であるように思われる。なぜならば、（四）の人民代表会議招集・開催権の掌握があるからこそとは言え、（二）があるために、（一）の人民代表会議指導幹部の中での優位性の確保が可能となり、また本会議にて採決に持ち込まれても共産党の意向通りに人事も法案も通過させることができるからである。

では、共産党はどのようにして選挙の過程で過半数を獲得していったのであろうか。さらに「指導」を獲得する上での議会制度上の特質とは何であったのか。以下の項では第一章で提示した、選挙と議会を掌握する上での七つの手段に照らし合わせて、こうした疑問に答えつつ、当時の議会制度の特質を検証していきたい。

三．七つの手段から見る中国共産党政権下における立法機関構想の特質

まず、①選挙委員会と選挙資格審査の掌握について。根拠地時期については選挙委員会のメンバーが具体的にどのような人物で構成されたのかは不明であるが、少なくとも一九四〇年代末の選挙では、党員によって独占されていた。これは同時期の資格審査を共産党が掌握していたことを意味する。資格要件については、共産党はその時々の方針に応じて、必ず自らが設定していた。選挙権を有する階級や範囲は時期によって多少の変動はあったものの、基本的には、共産党が敵対者となる層を最初から排除する論理が働いていた。必然的に選挙活動を行う前段階で、共産党の方針・政策に反対するような人物は「反革命者」として淘汰されていった。

また、現場の幹部も、党是として旧国民党員・地主・富農・ブルジョアジーなどの人物たちが選挙に参加することに抵抗を感じ、彼らを選挙に参加させたり、候補者に立てたりすることを躊躇した。

②差額選挙か等額選挙かについて。一九四五年以前は具体的な数字は不明であるが、人数配分が事前に確定していたことを踏まえれば、基本的に等額選挙であり、差額であったとしても、制限されたものであったと考えられる。少なくとも一九四五年以降については、石家荘市においてわずかばかりの差額選挙を行った以外は、ほぼ全地域・行政

レベルで等額選挙が採用されていた。中央政府レベルの人民政協にいたっては選挙すら実施された形跡がない。

また、党員は普通選挙、団体選挙など、複数の選挙に参加することができるように取り決められていた。ゆえに共産党員にとっては、代表に当選することは他の団体代表に比べて容易であった。また①のように投票する側、すなわち有権者についても、共産党にとって有利な状況であった。そもそも人民代表会議開催前には、必ずと言っていいほど、土地改革や地主・富農・ブルジョアジー・国民党員の登記が行われており、この後に初めて、人民代表会議を開催することができるというのが共産党の基本方針であった。ゆえに、地主・富農・ブルジョアジー・国民党員が出馬し、選出されることは困難（ほぼ不可能）な内容であった。選挙を始める前の段階から、複数にわたってのふるいが用意されていたのである。

さらに、例えば石家荘市の事例から見られたように、選挙中も共産党が様々な「宣伝」を行い、上から選挙を活性化させることもあったが、この過程で「反革命者」の洗い出しも行われていた。この結果、選挙に参加した大部分は、党員と「積極的な」農民、労働者であった。

このようにして選出された代表は、必然的に共産党員もしくはそれに近い人物が圧倒的多数を占めることとなる。当時、「連合政府」を謳っていた共産党にとっては、このような状況は芳しくなかったのであろう。そこで共産党が採った方法は、選挙結果の操作と代表の追加招請である。ただし、結局はどちらの場合においても、非党員が過半数を超えることはなく、また共産党幹部の様々な言説から見て、共産党員の過半数割れという事態を想定していないことが明確であった。

なお、投票方法については、この時期多くの共産党政権地域では、挙手による投票が主流だったようである。これは投票者全員が大衆の目にさらされ、仮に反対票を投じれば「反革命」のレッテルを貼られる可能性があったことを

写真－10　人民政協全体会議における投票の様子。人民政協全体会議ですらも、挙手によって投票が行われたことを示している

（出所）中国革命博物館編『中国共産党70年図集』上海：上海人民出版社、1991年、864頁。

意味している。したがって投票者にとっては多くの大衆の前で公然と反対票を投じることは困難であった。そうでなくとも、①のように当初から敵対者は選挙から排除されており、比較的狭い範囲における投票であった。このため結果として高い投票率や得票率（七〇～九〇％）となる傾向にあった。こうした数字がどこまで正確かは知る術はないが、高い投票率（得票率も含めて）は必ずしも正確な民意を反映していたとは限らない。まして第六章で見たように、字が書けない人の場合、投票者以外による代筆も可能であった。

③の地域代表制か職能代表制かについて。共産党政権下においては、一九四〇年代半ばまでほぼ一貫して職能代表制が主流であった。特に一九四〇年代末については、中央政府レベルの人民政協の場合、ごく一部地域代表もいたが、職能代表制が主であり、地域代表は党員の代表のみで占められていた。華北・石家荘については両方の代表を含む折衷型であ

った。ただし、その際も党グループなどを最大限活用して投票や選挙結果の掌握に努めていた。

④の直接選挙か間接選挙かについても、一貫して重層的間接選挙（「複選」）が主流であった。ただし、一九四五年以降の石家荘・華北の事例について言えば、市レベル・省レベルの代表を直接選挙するという、後には見られない画期的な試みもあった。これはまだ政権を打ち立てられていない時期において、各行政レベルで統治の「正統性」を調達するための特例であったとも考えられる。なお、人民政協は上述のように職能代表が主であったため、間接選挙による代表はごくわずかであった。

⑤の二院制か一院制か、⑥の一元代表制か二元代表制かについては、基本的には一院制の一元代表制が採用されていた。このため、少なくとも上院と下院、首長と議会との間に緊張関係は存在しないこととなった。一九五四年に人民代表大会が開催された後は、政治協商会議と併設され、表面的には二院制に見えなくもないが、政治協商会議は現在まで一貫して諮問機関であることは注意を払う必要がある。

⑦直接参政か諮問機関かについて。一般的な職能代表制議会は諮問機関にとどまる傾向にあるとされるが、この時期の共産党の議会に関しては判別が難しい。なぜならば、組織法では一貫して人民代表会議は各行政クラスにおける「最高権力機関」と位置づけられていたからである。しかも、石家荘、華北、人民政協の事例を見るならば、議会として確かに一部政治的な影響力を行使した側面もあった。ただし、例えば一九四九年の石家荘市の事例を見るならば、特に政治的領域において、共産党の意向に反する意見を述べ、それを採択させることは事実上不可能であった。しかも、もともと議会における共産党員の人数上の優勢もあったため、採決に持ち込まれても共産党の意向通りに否決することが可能であった。

おわりに

　以上、ここまで主に共産党によって構築された人民代表会議制度に基づく政治体制の「強靱性」の面から、その特質を見てきた。本章で明らかになったように、少なくとも「指導」確立のための五つの手段および選挙と議会を掌握する上での七つの手段が、結果的に共産党の「権威主義体制」成立に有利に働いていたことは疑いがない。したがって、当時すでに後の権力掌握のための装置は完成していたとも言える。これは、従来の研究で言われてきたものよりも「強靭」な政治体制であったと言わざるを得まい。
　ただし、共産党が当時すでに完全なる「強靭性」を持っていたのか、全く「脆弱性」がなかったのかについては共産党が置かれていた政治情況も踏まえて別途検討する必要がある。[17] 次章ではこの点についても検証した上で、本書の結論を導き出していきたい。

註

（1）Hannah Arendt, *Crises of the Republic: Lying in Politics——Civil Disobedience——On Violence——Thoughts on Politics and Revolution*, San Diego: Harcourt Brace Jovanovich, 1972.（邦訳：山田正行『暴力について——共和国の危機』みすず書房、二〇〇〇年）
（2）丸山眞男『丸山眞男集』（第五巻）、岩波書店、一九九五年、一五三頁。
（3）むろん、第四章で見たように、同講話ではブルジョアジーとは「連合」が重点としつつも、「闘争」についても完全には否定してはいなかったこともまた事実である。

(4) 高橋伸夫「〔書評〕久保亨編『一九四九年前後の中国』中国政治史研究の立場から」『近きに在りて』第五二号、二〇〇七年一一月、一〇一～一〇七頁。
(5) 楊奎松（大沢武彦訳）「共産党のブルジョアジー政策の変転」久保亨編『一九四九年前後の中国』汲古書院、二〇〇六年、一〇三～一三七頁。また水羽信男「共和国成立前後の民主建国会、一九四五‐一九五三年」同『一九四九年前後の中国』七五～一〇一頁も参照。
(6) レーニン（角田安正訳）『国家と革命』講談社、二〇一一年。鈴木隆『中国共産党の支配と権力――党と新興の社会経済エリート』慶應義塾大学出版会、二〇一二年。梶谷懐『日本と中国、「脱近代」の誘惑――アジア的なものを再考する』太田出版、二〇一五年。
(7) 以下で論じるように、共産党は地方においても施政方針や組織法などの重要法案の作成を独占的に行っていた。このため共産党はいわば、法制定権や法解釈権をも握っていったと思われる。
(8) 以下、サルトーリの議論に関しては、Giovanni Sartori, *Parties and Party Systems: A Framework for Analysis*, Cambridge: Cambridge University Press, 1976.（邦訳：岡沢憲芙・川野秀之『現代政党学――政党システム論の分析枠組み（普及版）』早稲田大学出版部、二〇〇〇年）を参照する。
(9)「論連合政府」毛沢東文献資料研究会編『毛沢東集』（第九巻）、北望社、一九七一年、一八三～二七五頁。
(10) もちろん共産党の言説を見れば一九四〇年代末の時点で最終的にこれを目指していたことは疑いない。
(11) むろん、サルトーリは必ずしもこうした移行論に基づいて論じていたというわけではない。
(12) 以下、「領導」の実現手段については、加茂具樹『現代中国政治と人民代表大会――人代の機能改革と「領導・被領導」関係の変化』慶應義塾大学出版会、二〇〇六年、二五～六九頁を参照。
(13) ゆえに、当初より毛沢東が共産党の指導については全く憂慮していなかったとも考えられる。
(14) これについては、例えば井上久士「辺区（抗日根拠地）の形成と展開」池田誠編『抗日戦争と中国民衆』法律文化社、一九八七年に詳しい。
(15) 毛里和子『現代中国政治〔新版〕』名古屋大学出版会、二〇〇四年、一四二～一五〇頁。唐亮『現代中国の党政関係』慶応義塾大学出版会、一九九七年、七～二三頁。

(16)「中共中央華北局関於召開華北臨時人民代表大会的総結報告」中央檔案館編『共和国雛形――華北人民政府』北京：西苑出版社、二〇〇〇年、一四四頁。

(17) この点、筆者と同地域の基層社会を検討している河野正の研究は、地方末端にて共産党の権力がどの程度浸透しているのかを検討しており、極めて示唆的である。河野正「一九五〇年代河北省農村の『村意識』とその変容」『アジア研究』第五七巻第四号、二〇一一年一〇月。同「高級農業生産合作社の成立と瓦解――河北省を中心に」『史学雑誌』第一二四編第四号、二〇一五年四月。

結論　本書の成果と展望

――中国政治体制の源流　そして「人民代表大会」制度へ――

かつてスチュアート・シュラム（Stuart R.Schram）やケネス・リバーソール（Kenneth Lieberthal）は、共産党による政治制度の「強靭性」の要因を、主に毛沢東という個性から論じようとした[1]。しかし、本書におけるこれまでの検証で明らかなように、毛沢東の個性や権力だけでは説明できない、人民代表会議制度を中心に構築された共産党の政治体制による「強靭性」もあったことが分かった。ただし、当時の中国の政治体制が完全なる「強靭性」を保有していたのかについては、別途検討が必要であろう。

それは、少なくとも毛沢東個人が、もともと共産党の権力を集中させて「社会主義」体制化を目指す傾向を持っていたにもかかわらず、さらなる民主党派の淘汰、換言すれば、さらなる中央集権的な体制は目指さなかったという点[2]、さらには最終的に採択された共同綱領ですらも、一九五四年の憲法ほど、「社会主義」への過渡期や「プロレタリア独裁」をはっきりと強調しているわけではなかったという点にも表れている。

では、なにゆえそうであったのか。結論部である本章においては、共産党の「脆弱性」と「強靭性」双方の要素を検証していきたい。その際、当時の政治体制の特質をより浮き彫りにするために、第一章・第九章で見た共産党が選挙と議会を掌握するまでの七つの手段を分析の視角として用い、国民政府と現代中国との議会制度上の親和性・非親和性を、また「指導」・「領導」の概念によって、現代中国との政治体制の違いについて、比較した上でさらなる分析を加えていきたい(3)。

第一節　国民政府と現代中国との親和性・非親和性

まず前者について。

第一に中華人民共和国においては一九四九年から現代にいたるまで完全なる差額選挙はまだ採用されるにいたっていない(4)。しかし、かつて批判された一九四七年の国民大会選挙では様々な問題があったものの、差額選挙が採用されていた。

第二に、華北や石家荘の人民代表会議選挙は地域代表制と職能代表制の折衷型であったため、「五五憲草」や一九四七年の国民大会選挙に近い。他方、人民政協は職能代表制を採用していたことから、中華民国期の国民会議・国民参政会に近似していた。これは現代の人民政協においても同様である。他方、現代の人民代表大会は形式的ではあるが地域代表制を採用している(5)。

第三に、一九四〇年代末の華北・石家荘などの地方議会は曲がりなりにも直接選挙を行っており、後には見られない画期的な試みがあった。その意味では華北・石家荘では、それだけ共産党が民意というものを強く意識していたとも言える。しかし、中央政府レベルの人民政協は職能代表の団体内における選挙をのぞけば、ほぼ代表の直接選挙は行われていなかった。ゆえに人民政協では共産党は、職能団体の構成のみに気を配ればよかった。事実、人民政協においては、投票権は団体毎に一票と規定されていた(6)。

第四に、国民政府政権下においては、立法院・国民大会に対して曲がりなりにも直接政治に介入する権限が与えられ、また基本的には二院制が採用されていた。しかし、共産党の政権下においては、むしろ立法府の権限は制限され、かつ完全なる一院制を採った。

次に後者、すなわち「指導」と「領導」の両概念から、現代中国と政治体制との違いについて見ていこう。

加茂具樹によれば、現代中国では「領導」確立のために、全人代常務委員会委員長、副委員長、秘書長などの全人代および常務委員会の意思決定組織と実務活動組織の幹部を党員とするという手段があったとされる。しかし、一九四〇年代末においては、少なくとも副首長に関して、石家荘市を除いては、華北人代・人民政協いずれにおいても、民主党派のために副首長の座が空けられていた。華北に関しては、そのうち半数が民主党派に占められた。

また、党グループについては、現代中国政治においては、党外の民主党派への働きかけ機関としての機能が指摘されている。ただし、一九四〇年代末の時点では、党グループはむしろ党内に対して自らの政策・意思を伝達・貫徹するために存在していたと考えた方がよさそうである。これは、周恩来が[7]「政治や政策に関わる問題は、必ずまずは党グループに提出し、党グループにおける討論、党グループにおける同意の後に初めて党外に提出できる」と指摘していることからも分かる[8]。ただし、一九四〇年代末においても共産党の人事上の優位を確保することについては、各行政レベルの共産党の強い意向が働いていたことも事実である。石家荘市や華北における事例について言えば、党グループは事前に党員が誰であるのか、誰に投票するべきかをあらかじめ党員に伝えており、これによって党員の代表候補に票が集中するということがあった。

同様に、現代中国の政治体制は民主党派を忠実に共産党の方針に従わせるように設計されているとされるが、一九四〇年代末について言えば必ずしもそうとは言えない。なぜならば、当時民主党派の支持を得て内戦を勝利した共産党にとって、むしろこのような行為は直ちに統治の「正統性」の喪失につながると思われたからである。他でもない共産党自身が、「連合政府」や「統一戦線」の枠組みを完全に放棄できなかった点、度々民主党派に対して「配慮」していた点はその証左であろう。

これは第一に、当時はまだ共産党は内戦の勝利を確定させたばかりであり、非党員に対して説得を行うことはあっても、共産党の意向に忠実に従わせることは困難であり、第二に、当時共産党は「連合政府」を謳っていたために、非党員への説得を露骨に行うのにも限界があったためであろう。

このようにして見ると、「指導」と「領導」の違いは、突き詰めてみれば、共産党の対民主党派との関係という一点に集約されるのかもしれない。実際、「領導」が確定したのは一九五六年とされているが、若干のずれはあるものの、これはまさに「反右派闘争」によって民主党派が完全に淘汰される時期と重なるのである。

いずれにせよ、一九四〇年代末の人民代表会議制度を見ると、中華民国時代の議会制度との親和性はあまり見られない。では、なぜ共産党がこれほどまでに独自色を出しつつ、人民代表会議制度を成立させ得たのであろうか。

第二節　「正統性」と「脆弱性」

理由としては以下のようなものが考えられよう。すなわち第一に、共産党は一九四〇年代末までに根拠地における経験を蓄積しており、独自の議会を通した政治制度構築の経験を、一九四〇年代末にも応用していくことができた。第二に、内戦に勝利し政権獲得に成功した背景には、共産党が国民党政治への痛烈な批判を展開し、また大衆も国民政府へ失望したということもあり、ゆえに共産党は国民政府との違いをより強調しつつ、自らの統治の「正統性」を強調し、独自の施策を行うことが可能となった。第三に、民主党派もこうした共産党の政治方針に期待していたという側面もあった。

他方でこうした「正統性」の調達は当然ながら双方向的なものでなければならず、相手からの「同意」もしくは「支持」を必要とする。したがって、大衆からの期待はブーメランのように共産党にも降り掛かってくる。そもそも民主党派が共産党を支持した背景には政治協商会議と、「連合政府」構築への期待があった。他でもない共産党もこれらの主張を完全撤回していなかった（できなかったとも言えよう）。共産党の外部からは将来的な直接選挙への期待すらあったのである。共産党はこうした意見（民意）にも一定の「配慮」をせざるを得なかった。

では軍事的に勝利したにもかかわらず、なぜ共産党はこれほどまでに民主党派へ「配慮」せざるを得なかったのであろうか。背景には第四章で見たように経済政策の失敗に対する圧迫感を当時の共産党指導部が持っていたこととも関連しそうである。すなわち共産党は国民党が経済政策の失敗によって政権崩壊までにいたってしまったことを目のあたりにしており、経済に対する失政は自らの地位を危うくするということも自覚していた。トップリーダーである毛沢東や、劉少奇が自らを「李自成」に例えていたことも、自らの統治の「正統性」喪失の危機感を表現していたと言える。このために、ブルジョアジーのさらなる淘汰や、より「急進的」な政治経済政策は行い難いという側面があった。

さらに一九四九年の七期二中全会以来、共産党は農村から都市重視へと転換していた(9)。したがって共産党は都市の統治や経済の安定のためにも、一部のブルジョアジー、経済建設の経験や実績のある人材、知識人、さらにこれらの意見を反映していると思われる、民主党派を優遇した上で、政権の中に取り込まざるを得なかったのである。

この傾向は特に石家荘市人代開催過程において顕著に見られた。その他にも、共同綱領作成において、「社会主義」体制化や「プロレタリア独裁」化を明確に挿入しないなど、民主党派に対して「配慮」する内容も含まれていた。

したがって共産党は、孫文以来の革命の伝統を引き継ぐ意思を示しつつ、国民党への痛烈な批判（Delegitimation）[10]を行う一方で、穏健的経済・政治政策を執行せざるを得ない事情があった。これは、ある程度集権的な国家の建設を志向していたにもかかわらず、一気に独裁に走れば、民意の離反、すなわち「正統性」の喪失を招くというジレンマを共産党が抱えていたことを示している。共産党も自らの統治に対する、同意・支持を取りつけた、グラムシ的なヘゲモニーを必要とせざるを得なかったのである[11]。

ここに共産党の一種の政治的「脆弱性」を見ることができる。

第三節　再び「強靭性」――そして人民代表会議制度から人民代表大会制度へ

ただし、経済政策における民主党派やブルジョアジーへの「配慮」の一方で、政治的な部分、換言すれば政権交代を可能とする部分や、共産党が練り上げた国体・政体の部分については、いずれの行政レベルにおいても譲歩することがなかったことは、ここで改めて指摘しておく必要があるであろう。共産党は軍事的勝利や、軍事力の独占という前提条件のもとで、自らにとって有利な政権を一貫して目指すという一面も持ち合わせていたのである。これはまさに、一部現代の中国政治にも通じる問題と言えまいか[12]。

もちろん、こうした共産党の姿勢を「したたか」と見ることもできれば、「狡猾」と捉えることもできよう。ただし、創立以来の議論を見る限り、それは共産党が真の「民主」を目指した結果であると見なすこともできる。すなわち共産党にとっては、西欧的な「議会制民主主義」よりも「社会主義」的な解釈に基づく議会制度による「直接民主」の方がより民意を反映させ得ると信じて行動したという側面も排除できないのである。

いずれにせよ、一九四九年までに設計・完成された立法府を中心とした「立法―行政―司法」と「立法権―執政権―党」の関係に基づく政治体制は、現在にいたるまでほぼ変更されないまま残存している。それには「ひとたびできあがった政治の仕組みはそう簡単には変わらない(13)」という法則があてはまる。その意味でかつて比較政治学の分野では、なぜ革命がおこるのかという社会革命の要因を解明しようという研究が主流であったが、「アラブの春」後のエジプト情勢が示すように、今後むしろ必要とされるのは、革命後あるいは政権転換後の政治体制の如何についての比較研究であると言えよう(14)。

さらに、あえて現代まで通底する中国の議会制度上の問題をここで挙げるとするならば、選挙資格基準や審査は依然として共産党が掌握している。そして数年後には人民代表大会が成立し、不完全な二院制の一元代表制へと変わるが、人民政協は職能代表制では一貫しており、現在にいたるまで諮問機関としての位置づけは変わっていない。また人民代表大会については、重層的間接民主、形式的地域代表制、制限的差額選挙のままである(15)。こうした制度的特質は二〇一五年現在にいたるまでほぼ変更されないまま残っているようである。こうした政治制度の源流はまさに一九四九年にあると言えよう。

以上を踏まえれば、一つの仮説として、以下のようなことが言えるのではなかろうか。すなわち、中華人民共和国はその成立後、わずか数年の期間を経て「社会主義」体制化へと進んでいくが、このように早期において、「社会主義」体制化を断行し得た背景として、一九四九年に完成した人民代表会議制度とこれによって構築される政治体制が挙げられるのではないかということである。

例えば共同綱領は臨時的とは言え、国家の憲法となり、国家の「骨格」となった以上、中国はこれに基づいて、後の政策を執行し、またその時共産党に「合法性」・「正統性」を提供したはずである。したがって、共同綱領における

「権威主義体制」化・「プロレタリア独裁」化を含意する規定は、後の「社会主義」体制化への移行という政治路線の重要な理論的、法的かつ実践的根拠の基盤となったと考えられる。

また、一九四九年に完成した人民代表会議制度は、一九五四年に設立される人民代表大会制度のための臨時的な措置として位置づけられていたとは言え、当時各行政レベルの最高権力機関と考えられていた。それゆえ、立法を頂点とした行政と司法の掌握、さらにはこれとシンクロする形で構築された「党―立法権―執政権」の構造が、「社会主義」体制化の断行と「党国体制」化への一定の政治的基盤を形成していったのではなかろうか。

例えば第四章で論じたように、一九四九年の石家荘市人代は、一部普通選挙を行ったものの、当時すでに様々な問題を抱えていたにもかかわらず、わずか二年後の一九五一年には、「資産階級の『形式』的民主の欠点を持つ」という批判を受けるようになった。同様の主張は、その他の地域、行政レベルでもなされており、当時の主流の意見となって全国へと伝播していったようである[16]。そして、ここに至り共産党は全国的に民主的な手続きを全く無視するような姿勢へと転換していったと思われる[17]。

この一九四九年から一九五一年までの二年間には、朝鮮戦争を通して、新政権として物心両面の最大限の動員をせざるを得なかったこと、ゆえに権力の集中を断行せざるを得なかったこと、それによって「社会主義」体制化と「党国体制」化が必然化されたということが、背景としてあったと思われる[18]。また、毛沢東自身、一九五一年という早い段階から、「社会主義」体制化の実行という考えを持つようになっていったということもあった[19]。

したがって「社会主義」体制化を断行する際、一九四九年までに設計・完成されたシステムが大いに活用され、「党国体制」化をも可能にしていったのではなかろうか。

そこで、今後は「領導」が確定したと言われる、一九五六年前後までを射程に入れ[20]、一九四九年以降の人民代表会議制度がどのように運用されていったのか、また一九五四年の人民代表大会制度への転換過程で何が変わったのか、またこの人民代表大会制度はその後どのように活用されていったのかをより詳細に分析する必要がある。

その際、特に以下の諸点について検証する予定である。すなわち、①一九四〇年代末に完成した人民代表会議制度や政治体制の制度的担保が、どれほどその後の共産党の「強靭性」につながっていったのか。②一九四九年に完成した人民代表会議制度もしくは政治制度は、一九五〇年代にどのように人民代表大会制度へと転換していったのか、またその過程でどのような議論があったのか。そもそも共産党はなぜこの時、人民代表会議から人民代表大会へと転換する必要があったのか。③その際共産党はどのように「正統性」を調達していったのか。この時の共産党の民主党派・ブルジョアジーへの対応はどのようであったか。以上を踏まえた上で、④最終的に「中間の道」はいつ頃どのように閉ざされたのか、また「領導」もしくは「党国体制」はいつどのように構築されていったのか。

これらについて、今後一次資料に基づいた実証的論考を行っていく予定である。

註

（1）Stuart R. Schram, *The Thought of Mao Tse-tung*, New York: Cambridge University Press, 1989. Kenneth Lieberthal, *Governing China: From Revolution through Reform*, New York: W・W・Norton & Company, 2003.

（2）例えば、揚甫によれば、「人民民主独裁は事実上のプロレタリア独裁である」と主張した者がいたことを示しており、「人民民主独裁論」発表後の議論の混乱を示している。しかし、このような事実上の「プロレタリア独裁」とする主張があったにもかかわらず、人民政協はそこにはいたらなかったということは注目に値しよう。揚甫「給上海某同志的一封信——討論『論人民民主専制』」『新華月報』第一巻第一期、一九四九年一一月、二四〇～二四一頁。

（3）以下、現代中国の議会制度とこれに基づく政治体制については加茂具樹『現代中国政治と人民代表大会——人代の機能改革と「領導・被領導」関係の変化』慶應義塾大学出版会、二〇〇六年と中岡まり「中国地方人民代表大会選挙における「民主化」と限界――自薦候補と共産党のコントロール」『アジア研究』第五七巻第二号、二〇一一年四月を、国民政府下のそれについては、金子肇「戦後の憲政実施と立法院改革」姫田光義編『戦後中国国民政府史の研究――一九四五―一九四九年』中央大学出版部、二〇〇一年。同「国民党による憲法施行体制の統治形態――孫文の統治構想、人民共和国の統治形態との対比から」久保亨編『一九四九年前後の中国』汲古書院、二〇〇六年。中村元哉『戦後中国の憲政実施と言論の自由一九四五―四九』東京大学出版会、二〇〇四年を参照する。

(4) 加茂具樹前掲書『現代中国政治と人民代表大会』、中岡まり前掲論文「中国地方人民代表大会選挙における「民主化」と限界」参照。

(5) 毛里和子『現代中国政治〔新版〕』名古屋：名古屋大学出版会、二〇〇四年、一〇九頁。

(6) あるいは、民主党派はこうした点もあって、人民政協を臨時的なものとするよう要求していたとも考えられる。

(7) 共産党指導者の一人。一九二八年、中国共産党第六期中央政治局委員、常務委員、中国共産党中央組織部部長、軍事委員会書記。一九三一年、中国共産党江西ソビエト区中央政治局書記、中国労農紅軍総政治委員兼第一方面軍総政治委員、中央革命軍事委員会副主席。一九四五年、中央第七期中央政治局委員、政治局中央書記。一九四七年、中国人民解放軍総参謀長。一九四九年一〇月、中央人民政府総理、国務院総理、外交部部長、中国共産党中央軍事委員会副主席、中国共産党中央政治局常務委員会委員、中国共産党中央副主席、人民政協副主席。霞関会編『現代中国人名辞典』江南書院、一九五七年、五五七～五五八頁、馬洪武・王徳宝・孫其明編『中国革命史辞典』北京、檔案出版社、一九八八年、六九六～六九七頁。

(8) 「関於成立新政協籌備会党組幹事会及常委会的通知」中共中央文献研究室・中央檔案館編『建国以来周恩来文稿』（第一冊）、北京：中央文献出版社、二〇〇八年、一一一～一一三頁。

(9) 「中国共産党七期二中全会における毛沢東主席の報告」日本国際問題研究所中国部会編『新中国資料集成』（第二巻）、日本国際問題研究所、一九六四年、四三一～四四三頁。なお、共産党による農村から都市への移行については、小林弘二『中国革命と都市の解放――新中国初期の政治過程』有斐閣、一九七四年に詳しい。

(10) David Beetham, *The Legitimation of Power*, New York : Palgrave, 1991.

(11) グラムシのヘゲモニー論については、片桐薫『グラムシ・セレクション』平凡社、二〇〇一年、二七八～二八七頁および、松田博『グラムシを読む――現代社会像への接近』法律文化社、一九八八年、一～三四頁を参照。

(12) Yongnian Zheng and Liang Fook Lye, "Political Legitimacy in Reform China: Between Economic Performance and Democratization", Lynn White eds., *Legitimacy: Ambiguities of Political Success or Failure in East and Southeast Asia*, Singapore: World Scientific, 2005, pp.183-214. 国分良成「中国政治体制の行方」『東亜』四四七号、二〇〇四年九月、一〇～二一頁。実は現代中国において、統一戦線論や協商民主論が復活し再び議論されている。これは数十年の時を経て、一九四〇年代末の政治体制を想起する必要に迫られていることを示していると思われる。高建・佟徳志編『協商民主』天津：天津人民出版社、二〇一〇年。

(13) 北山俊哉・久米郁男・真渕勝『はじめて出会う政治学――構造改革の向こうに〔第三版〕』有斐閣アルマ、二〇〇九年（一九九七年初版）、一九頁。

(14) Theda Skocpol, *States and Social Revolutions: A Comparative Analysis of France, Russia, and China*, Cambridge: Cambridge University Press, 1979. Theda Skocpol, *Social Revolutions in the Modern World*, Cambridge: Cambridge University Press, 1994. シーダ・スコッチポル（牟田和恵監訳）『現代社会革命論――比較歴史社会学の理論と方法』岩波書店、二〇〇一年。

(15) ただし、人民代表大会については各行政クラスの「最高権力機関」であるが故の可能性もあり、加茂具樹によれば、近年の人民代表大会代表は「代理者」、「諫言者」、「代表者」を演じることがあり、またその際、政治協商会議委員と共演して提案を行うことがあるという。加茂具樹「現代中国における民意機関の政治的役割――代理者、諫言者、代表者。そして共演。」『アジア経済』第五四巻第四号、二〇一三年一二月。この他、近年の共産党における「党内民主」の議論については江田憲治「中国共産党の『党内民主』――その『現状』と『過去』」石川禎浩編『中国社会主義文化の研究』京都大学人文科学研究所、二〇一〇年、四一五～四三一頁に詳しい。

(16) これについては、例えば「選挙必須反対関門主義和形式主義」『新華月報』第四巻第五期、一九五一年九月、一〇〇〇頁においても見られる。このような言論は管見の限りでは、一九五一年頃から盛んに行われていったようである。

(17) 「石家荘市人民代表選挙工作存在厳重的形式主義偏向」『人民日報』一九五一年八月二八日。

(18) 朝鮮戦争を「社会主義」体制化の契機と見なす者として、奥村哲やHarry Hardingが挙げられる。Harry Harding, *Organizing China: The Problem of Bureaucracy, 1949-1976*, California: Stanford University Press, 1981. 奥村哲『中国の現代史——戦争と社会主義』青木書店、一九九九年。同『中国の資本主義と社会主義——近現代史像の再構成』桜井書店、二〇〇四年。同「歴史としての毛沢東時代」『現代中国』第八二号、二〇〇八年九月。

(19) 毛里和子前掲書『現代中国政治〔新版〕』二九~三〇頁。

(20) 加茂具樹前掲書『現代中国政治と人民代表大会』二五頁。

あとがき

元AKB48の前田敦子は『朝日新聞』の「カオスの深淵」という特集にて、「選ばれる」ということについて、「(プロデューサーに)センター(中央)で歌えと言われても、どうして自分なんだろう、と不安があった。でもファンに選んでもらって、ここにいていいんだと思えました」と述べ、「選挙だから得られる正当性」について言及していた(「カオスの深淵　私が選ばれて背負うもの」『朝日新聞』二〇一二年一月一日)。同様のことは、同じくAKB48メンバーの内山奈月も「ファンの皆さんの投票で決まるので『民主的正統性』が高い」と述べている(「今こそ一票　自分の責任で情報吟味」『毎日新聞』二〇一四年一二月一一日)。

グループメンバーの選出過程はテレビでも度々中継されており、もはや風物詩になりつつあると言ってもよかろう(かく言う私は、残念ながら機会がなく中継をあまり見たことはないのだが)。自らの投票という行為によって、意中のメンバーが選出される。そうした過程が選出する側を熱狂させ、また選ばれた側にも自信を与えるのであろう。

政治の世界ではくしくも上記の前田敦子と内山奈月が言うように、選挙には被選出者に「正統性」を与えるという効果を持ち、それが時として権力の強化にも繋がる。例えそれが「儀式的」あるいは「形式的」なものであってもである(日本にもかつて「津軽選挙」というものも存在していたというのは興味深い事例である)。むろん、形式的に選挙で選出されたことのみをもって「正統性」が保たれ続けるのかは疑問符がつく部分ではある。

本書はまさに、それまで中国全土を統治した経験がないにも関わらず、「革命」によって「政権交代」を果たした中国共産党が、政権を担うに当たって、どのように統治の自信を深めようとしていったのか、そこに至るまでの中国共産党の苦悩を描き出そうとしたものである。さらに、その過程で創成された「人民代表会議」制度と中華人民共和国の政治体制の起源を検証した。本研究を通して、現在強靭な体制を築いているように見える中国共産党も、紆余曲折を経ながら当時の政治体制を完成させたこと、同時に当時彼らの権力には脆弱な側面もあったことが読み取れるであろう。

本書は二〇一二年三月に中央大学大学院法学研究科から学位を授与された博士論文を大幅に加筆修正したものである。また一部の章は既出もしくは近刊の論文を大幅に加筆修正したものである。初出・近刊は以下のとおりである。

第一章、第二章および第九章の一部
「中国における権威主義体制を確立する手段としての『人民代表会議』制度」土田哲夫編『近現代東アジアの文化と政治』中央大学出版部、二〇一五年刊行予定。
第三章
「中国共産党の統治の国際的正統性調達過程——建国前中国国内政治におけるソ連の影響を中心に」斎藤道彦編『中央大学政策文化総合研究所叢書　中国への多角的アプローチ』中央大学出版部、二〇一二年。
第四章
「一九四〇年代中国共産党内における経済政策の相克——劉少奇の「天津講和」をめぐって」『中央大学経済研究所

年報』第四六号、二〇一五年九月。

第五章

「中華人民共和国成立前夜における華北臨時人民代表大会の研究――中国共産党の地方における統治の正統性確立過程」『中国研究月報』第六五巻第八号（第七六二号）、二〇一一年八月（中文版：「一九四八年中国共産党在地方獲得正統性的嘗試――以華北臨時人民代表大会為中心」胡春惠・呂紹理編『現代化進程中的中国基層社会――両岸三地歴史学研究生研討会論文選集【二〇一〇】』台北：国立政治大学歴史学系、二〇一一年）。

第六章

「中国共産党の市レベルにおける統治の正統性調達過程――一九四九年開催の第一期石家荘市人民代表大会を中心に」『中国研究論叢』第一一号、二〇一一年九月。

第七章

「建国期の中国人民政治協商会議における中国共産党の指導権」『アジア研究』五六巻四号、二〇一〇年一〇月。

第八章

「中国人民政治協商会議共同綱領の再検討――周恩来起草の草稿との比較を中心に」『現代中国』第八四号、二〇一〇年九月（中文版：「従共同綱領草案看周恩来的建国思想」徐行編『二十一世紀周恩来研究的新視野――第三届周恩来研究国際学術研討会論文集』中央文献出版社、二〇〇九年）。

第九章

「前衛党と党外勢力――建国期の『人民代表会議』」深町英夫編『中国議会一〇〇年史』東京大学出版会、二〇一五年刊行予定。

また本書の刊行に際しては、独立行政法人日本学術振興会の平成二七年度科学研究費補助金（研究成果公開促進費・学術図書・課題番号15HP5134）の支援を受けた。また、本書のもととなる調査の一部は、二〇〇六年度中国政府奨学金、二〇一一年度松下幸之助記念財団研究助成（助成番号11-028）の支援を賜った。ここに記して謝意を表したい。

こうした成果を刊行できることは筆者にとって喜びの極みであるが、ここに至るまでには多くの支援と協力なしにはなしえなかった。紙幅の関係上、すべての方々のお名前をここで挙げられないのが誠に残念であるが、ここでは特に以下の方々に感謝の意を述べたい。

私にとってやはり最初に名前を挙げるべきは、姫田光義先生（中央大学名誉教授）であろう。そもそも研究面においては、荒削りをさらに荒く削ったような、原石になるかどうかすら見通せない私を受け入れてくださった。学部のゼミに始まり、修士の時は主査として、またご勇退後も「影」の指導教官として、個人授業をしていただき、論文を執筆するたびに多くの厳しくも優しい意見をいただいた。中国の歴史・政治を考える上での基礎は全て姫田先生に教えていただいたと言っても過言ではない。また私的な面においても、よくお宅に遊びに行っては、当時苦学生だった私にご馳走していただいた。ある方に「なんと贅沢な研究環境」と言われたものだが、まさにその通りであった。

また学部時代に、和田光平先生（中央大学）に出会えたことは私の人生において重要な転機であった。和田先生と姫田先生を見て、研究者という職業に興味を持ったからである。和田先生は人口論を専門としており、分野は違えども、研究者として大成するために、どうあるべきかについて親身に相談に乗っていただいた。和田先生と姫田先生は、私にとってまさに「憧れ」の存在であり、お二人を目標にここまで奮起してきたといっても過言ではない。

博士課程に在学中にも、中央大学は中国研究においてまさに精鋭揃いであり、多くの素晴らしい先生方に出会えたことは私にとっては誠に幸運であった。当時私が在籍していた法学研究科では、姫田先生がご勇退することになり、途方にくれていた私を受け入れてくださったのが、李廷江先生であった。また副査になっていただいた滝田賢治先生には完全に無償でありながらも、長期にわたって授業に参加させていただき、常に広い視野で研究することの重要さを教わった。また同研究科の星野智先生は、私が修士の時に清華大学に短期留学した時からのご縁であり、研究会などで折につけてお世話になった。

経済学部の土田哲夫先生は実は学部の私のクラス担任であり、かつ私が教育実習を受けるときの担当者という、とてもご縁を感じる先生である。博士論文の際は副査を引き受けていただき、本書にもつながる多くの貴重なご意見をいただいた。また齋藤道彦先生（名誉教授）、深町英夫先生には、折につけ気にかけていただき、研究上の相談にもよく乗っていただいた。

また学外に目を転じれば、慶應義塾大学の加茂具樹先生は、私が他大学の人間であるにも関わらず、快くゼミへの参加を許可していただいた。加茂先生には中国の議会制度研究の先駆者として、議会制度にとどまらず中国政治を考える上での重要な指針を提示していただいた。

加えて私が論考を執筆するたびに発表の機会を与えていただいた中国現代史研究会とそこにおける諸先生方にも多くの貴重なご意見をいただいたことに感謝を申し上げたい。中でも久保亨先生は、副査を引き受けてくださった。先生のご助言がなければ、共産党の議会制度に関わる議論を歴史から追うという本書の視点は得られなかったであろう。また博論執筆時においては、正式な副査でないながらも個人的に論文を読んでくださり、貴重なご意見をくださった西村成雄先生（放送大学）にも感謝を申し上げたい。

この他、博士課程時代に天津に留学する際には、宋志勇先生に南開大学への入学に尽力していただき、徐行先生

（同大）を紹介してくださった。徐行先生には、現地での「導師」を引き受けてくださったのみならず、毎週、膨大な量の課題を提示され、週末に自宅まで提出するのが日課ならぬ週課であった。先生はお忙しいにも関わらず、私の提出した課題に真摯なコメントをくださった。また、課題の提出後はご家族を含めて食卓を囲むなど、普段から生活面も気にかけていただいた。

そんな私にとって第二あるいは第三の転機であったのはまさに博士号を獲得した二〇一二年度であったように思われる。同年度に最初の就職先（任期制助教）として九州大学に受け入れていただいたことは感謝の極みであった。九州大学時代にも実に多くの先生方にお世話になったが、特に西英昭先生は、共に仕事をする過程で、法制史特有の視点や教学の基礎を教わった。また同大の益尾知佐子先生・八谷まち子先生には普段から気さくに接していただいた。益尾先生には折り合い悪く叶わなかったが、実は学術振興会特別研究員（PD）採択の暁には指導教官になっていただく予定であった。誠に惜しいことをしたものである。

その他、研究会もしくは学会などを通して出会った、平野健一郎先生（東京大学名誉教授）、村田雄二郎先生（同大）、川島真先生（同大）、高原明生先生（同大）、高橋伸夫先生（慶應義塾大学）、高木誠一郎先生（日本国際問題研究所）、田中仁先生（大阪大学）、滝口太郎先生（東京女子大学）、故・上原一慶先生（京都大学名誉教授）、味岡徹先生（聖心女子大学）、水羽信男先生（広島大学）、金子肇先生（同大）、服部龍二先生（中央大学）、菊池一隆先生（愛知学院大学）、高田幸男先生（明治大学）、馬場毅先生（愛知大学名誉教授）、聶莉莉先生（東京女子大学）、奥村哲先生（首都大学東京名誉教授）には貴重な発表の機会や大変有益なコメントをいただいた。

筆者が現在勤務している中央大学経済学部、なかんずく中国語部門の先生方にも御礼を申し上げたい。かつては私にとって先生であった、上記の土田先生・深町先生に加え、千葉謙悟先生・子安加余子先生と、同僚（というのも誠におこがましいのであるが）でいられることを大変うれしく思うと同時に、教育者としては駆け出しの私を優しくご指導いただいいしている。

以上のように、筆者は実に先生方に恵まれていたが、研究上の（中国共産党の用語としての）「同志」にも恵まれていた。私が通っていた姫田邸は日頃から賑やかであり、一時期は知識人のサロンのような雰囲気があった。その中で出会った福士由紀先生（首都大学東京）・金野純先生（学習院女子大学）には、あるべき研究上の姿勢のみならず、私の素朴な疑問に普段から答えていただいている。他にも大学の先輩である大澤武司先生（熊本学園大学）、川久保文紀先生（中央学院大学）、李嘉冬先生（東華大学）、王宗瑜先生（四川外国語大学）、三橋陽介先生（中央大学）、学会や研究会をきっかけに知り合った松村史紀先生（宇都宮大学）、大澤肇先生（中部大学）、中村元哉先生（津田塾大学）、王雪萍先生（東洋大学）、中岡まり先生（常磐大学）、三宅康之先生（関西学院大学）、松村史穂先生（北海道大学）、山本真先生（筑波大学）、鄭浩瀾先生（フェリス女学院大学）、加島潤先生（横浜国立大学）、石塚迅先生（山梨大学）、河野正氏（日本学術振興会特別研究員PD）、土屋貴裕氏（慶應義塾大学）、久保茉莉子氏（東京大学大学院）、大野絢也氏（一橋大学大学院）、岸佳央理氏（お茶の水女子大学大学院）、留学先で知り合った野口武氏（愛知大学）、角崎信也氏（日本国際問題研究所）、九州大学時代に知り合った山口亮介氏（北九州市立大学）、兼重賢太郎氏（明海大学）、沖祐太郎氏（九州大学）、汝思思氏（九州大学大学院）など、折につけて忌憚のない貴重な意見をいただいてきた。

加えて、博士時代の同窓生である今井宏平氏（日本学術振興会特別研究員PD）、溜和敏氏（日本学術振興会特別研究員PD）、小林大祐氏（中央大学）、志田淳二郎氏（中央大学大学院）とは、時に激烈な議論を交わしながらも、良きライバルとしてここまで切磋琢磨しあえた。彼らがいたからこそ、今の自分があると断言できる。

その他、個別の名前はここでは挙げられないが、私の「出世（払い）」を信じ、ここまで応援してくれた友人達にも感謝したい。同世代にも関わらず苦学生だった私をおごってくれたこと数知れず、また彼らと話すことは私にとっては最大の息抜きになった。

また本書の出版にあたっては御茶の水書房、小堺章夫氏に大変お世話になった。本書の編集に際して、不手際の多い原稿をここまで仕上げてくださった。

最後にここで個人的な身の上話をさせていただきたい。私の祖母、キミヨは第二次世界大戦という激動の時代の中で、まさに時代に翻弄されながらその生涯を終えた。私の直接の祖父は、祖母にとっては二人目の夫であった。そこに至るまでのストーリーは今ここで話せば長くなってしまうので割愛させていただくが、祖母は終戦直後の混乱の中で一人目の夫を亡くし、二人目である私の直接の祖父に命を救われたと聞いている。その後祖母は戦後しばらくは中国で生活していたのだが、最後の帰国船にて帰国。さらにしばらくの後、日本と中国の国交が回復してから父が来日、後を追うように母が私と姉を連れて日本に来たという次第である。実は私が研究者を志すようになったのは、他でもない祖母と祖父の記録をしっかりと知ろうとしたことが、そもそものきっかけである（残念ながら、当初のこうした興味関心と現在の研究テーマは諸事情により全く変わってしまったのだが）。

したがって、祖母はもちろん、実父も実母も相当な苦労をして私をここまで育て上げてきたことは想像に難くない。本書という成果が、祖父と祖母が繋いだ命のリレーに意味があったことを証明するものであるならば、また両親の苦労に少しでも報いられるものであるならば、私としては本望である。

最後に、大学院生時代から婚約を許してくださった義父・義母、さらにまだまだ研究者の卵に過ぎない、海のものとも山のものとも分からない私を、ここまで信じ支えてきてくれた妻、美保にも感謝し、ここに筆を置くこととしたい。

二〇一五年九月二九日

多摩の緑と富士山が望める研究室にて

杜崎　群傑

人名索引

ま行

や行

ら行

事項索引

あ行

か行

さ行

た行

な行

は行

ま行

や行

ら行

わ行

図表索引

資料・文献一覧

(檔案資料は資料番号順、中国語はピンイン順、英語はアルファベット順、日本語は50音順)

Ⅰ．資料

1．未刊行資料

(1)河北省檔案館

中共冀南区党委檔案「関於迅速選挙華北臨時人民代表大会代表的緊急指示(1948年7月7日)」(檔案管理番号：25-1-7-13)。

冀南行署檔案「関於『発揚民主保障人民民主権利以貫徹規律、克服官僚主義作風(時期不明)』的決定」(檔案管理番号：27-1-17-1)。

地市県檔案彙集檔案中共阜平県委員会宣伝部「関於召開“華北臨時人民代表大会”的宣伝提綱(1948年7月14日)」(檔案管理番号：520-1-309-12)。

中国共産党中央委員会檔案「少奇同志論城市工作(1947年11月22日)」(檔案管理番号：572-1-31-3)。

華北人民政府檔案「為召開華北臨時人民代表大会産生統一的華北民主連合政府的宣伝提綱(1948年7月17日)」(檔案管理番号：586-1-23-1)。

華北人民政府檔案冀中代表団党組「関於出席華北臨時人民代表大会期間工作的総結(1948年8月25日)」(檔案管理番号：586-1-23-2)。

華北人民政府檔案『大会文献(1948年8月25日)』(檔案管理番号：586-1-232-7)。

(2)石家荘市檔案館

石家荘市委員会檔案『市委会記録』(檔案管理番号：1-1-1)。

――『市委会議記録(二)』(檔案管理番号：1-1-11(2))。

――『中共石家荘市委員会1949年1―12月分市委会議記録』(檔案管理番号：1-1-61)。

――『中共市委、市委研究室1949年月分、旬工作彙報告』(檔案管理番号：1-2-10)

石家荘市人民政府檔案『石門市関於城市工作、物資管制会議、南調幹部、中等教育、選挙、供銷社概況等総結、報告』(檔案管理番号：3-1-1)。

――『石家荘市人民政府一九四八年度、一九四九年度工作計画、工作総結、工作報告』(檔案管理番号：3-1-14)。

――『関於政治、民政工作的通知、指示』(檔案管理番号：3-1-19)。

――『市政府関於物資管理、税収、填発土地証、選挙、任免、保密等辦法、指示、規定』(檔案管理番号：3-1-36)。

――『石家荘市人民政府人民代表大会彙刊』(檔案管理番号：3-1-66)。

――『石家荘市人民政府布告』(檔案管理番号：3-2-8)。

(3)石家荘市橋西区檔案館

第2区公所檔案『市政府、第2区公所、民政局関於建政、民政、労働、訓練、

救災等方面工作的決定、総結、報告、規画』(檔案管理番号：3-2-6)。

2．同時代資料

中国語

華北人民政府民政部編『各級人民代表大会各界人民代表会議経験彙集』出版都市不明：華北人民政府民政部、1949年。
華商報資料室編『一九四九年手冊』香港：華商報社、1949年。
江西新華書店編『怎様召開各界人民代表会議』南昌：江西新華書店、1949年。
晋察冀辺区行政委員会編『現行法令彙集』出版地不明：出版社不明、出版年不明。
李伯球編『中華論壇叢刊』(第1輯)、香港：中華論壇社、1947年。
――『中華論壇叢刊』(第2輯)、香港：中華論壇社、1948年。
歴史文献社編『政協文献』出版地不明：歴史文献社、1946年。
新華時事叢刊社編『首都第一、第二届各界人民代表会議』出版都市不明：新華時事叢刊社、1949年12月。
人民出版社編『人民民主政権建設工作』北京：人民出版社、1952年。
中国民主建国会編『共同綱領学習資料(工商界適用)』(第2輯)、北京：五十年代出版社、1953年。
中国民主建国会宣伝教育処編『共同綱領学習資料(工商界適用)』(第1輯)、出版都市不明：中国民主建国会宣伝教育処、1952年。
中央人民政府内務部編『各界人民代表会議文件彙集』出版都市不明：出版社不明、1949年。
周恩来『偉大的十年』山東：人民出版社、1959年。
編者不明『各界人民代表会』出版都市不明：出版社不明、1949年。
編者不明『統一戦線諸問題』香港：自由世界出版社、1948年。
編者不明『論新政協』香港：自由世界出版社、出版年不明。

英語

G.D.H. Cole, *Social Theory*, London: Methuen & Co.Ltd., 1920.

3．新聞・季刊資料

中国語

『縦横』、『河北日報』、『紅旗日報』、『紅色中華』、『群衆(香港版)』、『人民日報』、『人民日報(華北版)』、『人民日報(晋冀魯豫版)』、『人民週刊』、『石家荘日報』、『新華月報』

日本語

『朝日新聞』、『毎日新聞』

4．刊行雑誌資料

中国語

「周恩来起草的『新民主主義的共同綱領』(草案初稿)」『党的文献』第92期、

2003年2月。

「関于周恩来与共同綱領起草過程的一組文献（1949年6月～9月）」『党的文献』第92期、2003年3月。

「李維漢同志生平」『人民政協報』1984年8月22日。

A・M・列多夫斯基（李玉貞訳）「米高揚与毛沢東的秘密談判（1949年1～2月）」（上・中・下）、『党的文献』第48期、第49期、第51期、1995年11月、1996年11月、1996年5月。

――（馬貴凡訳）「毛沢東同斯大林往来書信中的両份電報」『中共党史研究』第80期、2001年3月。

――「毛沢東一九四七年十一月三十日給斯大林的電報全文」『中共党史研究』第85期、2002年1月。

陳臨庄「出席新政協会議的父子代表」『縦横』第202期、2006年10月。

方栄欣「回憶新政協的成立」『縦横』2004年第9期、2004年9月。

葛志成「回憶新政協誕生前後」『縦横』2001年第2期、2001年2月。

李葆華「参加人民政協第一届全体会議前後」『縦横』2001年第4期、2001年4月。

劉慶旻編「関於周恩来与共同綱領起草過程的一組文献（1949年6月～9月）」『党的文献』第92期、2003年3月。

沈志華編（聞一・丁明訳）「関於劉少奇訪蘇的俄国檔案文献」『党史研究資料』第247期、1998年2月。

――「斯大林的『連合政府』政策及其結局」（上・下）、『俄羅斯研究』2007年第5期、2007年第6期、2007年10月、2007年12月。

――「斯大林与中国内戦的起源（1945―1946）」『社会科学戦線』2008年10期、2008年10月。

――「求之不易的会面：中蘇両党領導人之間的試探与溝通――関於中蘇同盟建立之背景和基礎的再討論（之一）」『華東師範大学（哲学社会科学版）』2009年第1期、2009年1月。

――「従西柏坡到莫斯科：毛沢東宣布向蘇聯『一辺倒』――関於中蘇同盟建立之背景和基礎的再討論（之二）」『中共党史研究』2009年第4期、2009年4月。

――「無奈的選択：中蘇同盟建立的曲折歴程（1944―1950）」『近代史研究』2010年第6期、2010年11月。

沙里「我在人民政協的所経所見」『縦横』1999年第9期、1999年9月。

師哲「陪同毛主席訪蘇」『人物』1988年第5期、1988年9月。

――「毛沢東在西柏坡会見米高揚」『党的文献』1991年第6期、1991年11月。

日本語

師哲（酒井邦秀訳）「毛・スターリン会談秘話――モスクワに散った冷たい火花」『アエラ』第2巻第22号、1989年5月。

英語

Andrei Ledovsky, “Mikoyan’s Secret Mission to China in January and

February 1949" *Far Eastern Affairs*, 1995(2), pp.72-94.
——, "Mikoyan's Secret Mission to China in January and February 1949 (Conclusion)" *Far Eastern Affairs*, 1995(3), pp.74-90.
——, "Two Cables from Correspondence Between Mao Zedong and Joseph Stalin" *Far Eastern Affairs*, 2000(6), pp.89-96.

5．その他公刊資料

中国語

A・M・列多夫斯基（陳春華・劉存寛訳）『斯大林与中国』北京：新華出版社、2001年（原著は1999年発行）。

北京市檔案館・中共北京市委党史研究室『北京市重要文献選編』(1948.12—1949)、北京：中国檔案出版社、2001年。

北京市地方志編纂委員会編『北京志　人民代表大会志』（政権・政協巻）、北京：北京出版社、2003年。

北京市人大常委会辦公庁・北京市檔案館編『北京市人民代表大会文件資料彙編(1949—1993)』北京：北京出版社、1996年。

薄一波『若干重大決策与事件的回顧』（上巻）、北京：中共中央党校出版社、1991年。

陳伯村編『張聞天東北文選』哈爾浜：黒龍江人民出版社、1990年。

程美東編『与周恩来一起走過歴史』武漢：湖北人民出版社、2006年。

当代中国研究所編『中華人民共和国編年』(1949年巻)、北京：当代中国出版社、2004年。

当代中国叢書編集部編『当代中国的人民政協』北京：当代中国出版社、1993年。

董必武選集編輯組編『董必武選集』北京：人民出版社、1985年。

董必武伝撰写組編『董必武伝』北京：中央文献出版社、2006年。

河北省地方志編纂委員会編『河北省志』(61巻　人民代表大会志)、北京：人民出版社、1993年。

華北解放区財政経済史資料選編編輯組・山西省、河北省、山東省、河南省、北京市、天津市檔案館編『華北解放区財政経済史資料選編』（全２輯）、北京：中国財政経済出版社、1996年。

胡喬木『胡喬木回憶毛沢東』北京：人民出版社、1994年。

黄克誠『黄克誠自述』北京：人民出版社、2005年。

李海文編『師哲口述：中蘇関係見証録』北京：当代中国出版社、2005年。

——『在歴史巨人身辺——師哲回憶録』北京：中央文献出版社、1991年。

李維漢『回憶与研究』北京：中共党史資料出版社、1986年。

尼・徳・費徳林・伊・弗・科瓦廖夫（彭卓吾訳）『毛沢東与斯大林赫魯曉夫交往録』北京：東方出版社、2004年。

全国政協文史資料委員会編『人民政協紀事』北京：中国文史出版社、2004年。

全国政協謝覚哉文集編輯辦公室編『謝覚哉文集』北京：人民出版社、1989年。

沈志華編『蘇聯歴史檔案選編』北京：社会科学文献出版社、2002年。

沈志華・楊奎松編『美国対華情報解密檔案——1948—1976』北京：東方出版中心、2008年。
石光樹編『迎来曙光的盛会——新政治協商会議親歴記』北京：中国文史出版社、1987年。
石家荘市地方志編纂委員会編『石家荘市志』（全5巻）、北京：中国社会出版社、1995年。
石家荘地区地方志編纂委員会編『石家荘地区志』北京：文化芸術出版社、1994年。
石家荘市人民代表大会常務委員会辦公室・石家荘市檔案館編『石家荘市人民代表大会第1～5届会議文献彙編』出版都市不明：出版社不明、1986年。
田居倹編『中華人民共和国編年』（1949年巻）、北京：当代中国出版社、2004年。
童小鵬『風雨四十年』北京：中央文献出版社、1994年。
王稼祥選集編輯組編『回憶王稼祥』北京：人民出版社、1985年。
徐鋳成『徐鋳成回憶録』北京：生活・読書・新知三聯書店、1998年。
楊建新・石光樹・袁延華編『五星紅旗従這里昇起——中国人民政治協商会議誕生紀事暨資料選編』北京：文史資料出版社、1984年。
楊尚昆『楊尚昆日記』（上）、北京：中央文献出版社、2001年。
葉永烈『胡喬木』北京：中共中央党校出版社、1994年。
張家口人民代表大会志編纂委員会編『張家口人民代表大会志』北京：中国民主法制出版社、2004年。
張聞天選集編輯委員会編『張聞天選集』北京：人民出版社、1985年。
——『張聞天文集』（第4巻）、北京：中共党史出版社、1990年。
鄭質英編『天津市四十五年大事記』天津：天津人民出版社、1995年。
中共河北省委組織部・中共河北省委党史資料徴集編審委員会・河北省檔案局編『河北省政権系統・地方軍事系統・統一戦線系統・群衆団体系統組織史資料（1949—1987）』石家荘：河北人民出版社、1990年。
——『中国共産党河北省組織史資料（1922—1987）』石家荘：河北人民出版社、1990年。
中共石家荘地委組織部・中共石家荘地委党史資料徴集編審辦公室・石家荘地区檔案処編『中国共産党河北省石家荘地区組織史資料（1925—1987）』石家荘：河北人民出版社、1991年。
中共石家荘市橋西区委組織部・石家荘市橋西区檔案局編『中国共産党河北省石家荘市橋西区組織史資料（1947—1987）』石家荘：河北人民出版社、1991年。
中共石家荘市委党史研究室編『中国共産党石家荘歴史大事記述（1920.3—1949.10）』石家荘：新華出版社、1997年。
中共石家荘市委党史研究室・石家荘市中共党史研究会編『黎明的石家荘』石家荘：河北人民出版社、1990年。
中共石家荘市委組織部・中共石家荘市委党史研究室・石家荘市檔案局編『中国共産党河北省石家荘市組織史資料（1923—1987）』石家荘：河北人民出版

社、1990年。
中共天津市委党史資料徵集委員会・天津市檔案館編『天津接管史録』(上巻)、北京：中共党史出版社、1991年。
中共天津市委組織部・中共天津市委党史資料徵集委員会・天津市檔案館編『中国共産党天津市組織史資料（1920—1987)』北京：中国城市出版社、1991年。
中共中央統一戦線工作部・中共中央文献研究室編『周恩来統一戦線文選』北京：人民出版社、1984年。
中共中央組織部・中共中央党史研究室・中央檔案館編『中国共産党組織史資料』(附巻三　中国人民政治協商会議組織1949.10—1997.9) 北京：中共党史出版社、2000年。
中共中央文献編輯委員会編『周恩来選集』(上・下巻)、北京：人民出版社、1980年。
——『劉少奇選集』(上巻)、北京：人民出版社、1981年。
——『朱徳選集』北京：人民出版社、1983年。
——『毛沢東選集』(全4巻)、北京：人民出版社、1991年。
中共中央文献研究室編『毛沢東書信選集』北京：人民出版社、1983年。
——『建国以来毛沢東的文稿』北京：中央文献出版社、1987年。
——『建国以来重要文献選編』(第1冊)、北京：中央文献出版社、1992年。
——『劉少奇論新中国経済建設』北京：中央文献出版社、1993年。
——『毛沢東年譜』北京：中央文献出版社、1993年。
——『周恩来経済文選』北京：中央文献出版社、1993年。
——『劉少奇年譜（1898—1969)』(下巻)、北京：中央文献出版社、1996年。
——『毛沢東文集』(第5巻)、北京：人民出版社、1996年。
——『毛沢東伝』北京：中央文献出版社、1996年。
——『劉少奇伝』(下)、北京：中央文献出版社、1998年。
——『周恩来年譜（修訂本)』(全4巻)、北京：中央文献出版社、1998年。
——『周恩来伝』(全4巻)、北京：中央文献出版社、1998年。
中共中央文献研究室・中央檔案館『建国以来劉少奇文稿』(第1冊)、北京：中央文献出版社、2005年。
——『建国以来周恩来文稿』(全3冊)、北京：中央文献出版社、2008年。
中共中央文献研究室第二部編『劉少奇自述』北京：解放軍文芸出版社、2002年。
中国科学院歴史研究所第三所『陝甘寧辺区参議会文献彙輯』北京：科学出版社、1958年。
中国人民大学中共党史系資料室編『劉少奇同志天津講話（内部参考)』出版地不明：出版社不明、1980年。
中国人民政治協商会議河北省石家荘市委員会文史資料委員会編『人民城市的曙光——石家荘解放初政権建設紀実』石家荘文史資料第15輯、石家荘：中国人民政治協商会議河北省石家荘市委員会文史資料委員会、1994年。
中国人民政治協商会議全国委員会文史資料研究委員会編『五星紅旗従這里昇起

——中国人民政治協商会議誕生記事暨資料選編』北京：文史資料出版社、1984年。

中国社会科学院法学研究所編『中国新民主主義革命時期根拠地法制文献選編』（第二巻）、湖南：中国社会科学出版社、1981年。

中華人民共和国国家統計局編『中国統計年鑑——2010』北京：中国統計出版社、2010年。

中央檔案館編『共和国雛形——華北人民政府』北京：西苑出版社、2000年。

——『中共中央文件選集』（第17・18冊）、北京：中共中央党校出版社、1992年。

中央檔案館・河北省社会科学院・中共河北省委党史研究室編『晋察冀解放区歴史文献選編：1945—1949』北京：中国檔案出版社、1998年。

中央統戦部・中央檔案館編『中共中央解放戦争時期統一戦線文件選編』北京：檔案出版社、1988年。

竺可楨『竺可楨日記』蘭州：人民出版社、1984年。

日本語

高田敏・初宿正典編『ドイツ憲法集〔第４版〕』信山社出版、2005年。

日本国際問題研究所中国部会編『中国共産党史資料集』（全12巻）、勁草書房、1970～75年。

——『新中国資料集成』（第１—３巻）、日本国際問題研究所、1963～1969年。

ノーボスチ通信社編『新ソ連憲法・資料集』ありえす書房、1978年。

毛沢東文献資料研究会編『毛沢東集』（第９・10巻）、北望社、1971年。

英語文献

Sergey Radchenko and David Wolff, “To the Summit via Proxy-summits: New Evidence from Soviet and Chinese Archives on Mao’s Long March to Moscow, 1949” Christian F. Ostermann eds., *Cold War International History Project Bulletin* (*Issue 16*), Washington, DC: Woodrow Wilson International Center for Scholars, 2007.

ロシア語

А.М. Ледовский, Р.А. Мировицкая, В.С. Мясников (Составители), *Русско−китайские отношения вXX веке. Т. V: Советско−итайские отношения. 1946*-февраль *1950 гг. Кн. 2: 1949-Февраль 1950 гг.* Отв. ред. С.Л. Тихвинский. М.: Памятники исторической мысли, 2005 г.

Ⅱ．辞典・事典

中国語

朝陽出版社編輯部編『中国歴史人物辞典』香港：朝陽出版社、1979年。

辞海編輯委員会編『辞海（1979年版）』上海：上海辞書出版社、1979年。

黄美真・郝盛潮編『中華民国史事件人物録』上海：上海人民出版社、1987年。

李盛平編『中国現代史詞典』北京：中国国際広播出版社、1987年。

李華駒編『大英漢詞典』北京：外語教学与研究出版社、1997年（1992年初版）。

馬洪武・王徳宝・孫其明編『中国革命史辞典』北京：檔案出版社、1988年。

宋春編『新編中国統一戦線大辞典』長春：東北師範大学出版社、1988年。

宋春・朱建華編『中国政党辞典』長春：吉林文史出版社、1998年。

王瑞晴・王宇欣主編『漢英大詞典』北京：外文出版社、2005年。

新華漢語詞典編委会編『新華漢語詞典』北京：商務印書館国際有限公司、2004年。

鄭建英・陳文柱編『新編中国党史簡明辞典』北京：哈爾浜出版社、1991年。

政協河北省委員会学委会・河北省社会科学院・中共河北省委党史研究室・河北省地方志編纂委員会編『河北近現代歴史人物辞典』香港：亜州出版社、1992年。

中共河北省委党史研究室編『河北人民英雄大典』北京：学苑出版社、2001年。

中共中央組織部編『中国共産党組織工作辞典』北京：党建読物出版社、2009年。

中国人民政協辞典編委会編『中国人民政協辞典』張家口：中共中央党校出版社、1990年。

日本語

愛知大学中日大辞典編纂処編『中日大辞典（増訂第二版）』大修館書店、1989年（1968年初版）。

秋庭隆編『日本大百科全書12』小学館、1986年。

猪口孝・大澤真幸・岡沢憲芙・山本吉宣・スティーブン・リード編『政治学辞典』弘文堂、2004年。

霞関会編『現代中国人名辞典』江南書院、1957年。

――『現代中国人名辞典――1966年版』江南書院、1966年。

竹中治堅『議会用語事典』学陽書房、2009年。

松田徳一朗編『リーダース英和辞典（第２版）』研究社、2001年（1999年初刷）。

山田辰夫編『近代中国人名辞典』霞山会、1995年。

渡邊静夫編『日本大百科全書10』小学館、1986年。

Ⅲ．ウェブサイト

中国語

「哈爾浜秋林集団股仿有限公司」<http://baike.baidu.com/view/1511585.htm>（2015年７月８日アクセス）

日本語

木下敏之・福嶋浩彦・石田芳弘・福島伸享・高橋亮平・森亮二・赤川貴大・伊藤伸「分権時代の地方議会改革――改革派首長からの提言」『東京財団政策研究』東京財団、2008年７月 <http://www.tkfd.or.jp/files/doc/2008-4.pdf#search='%E4%B8%80%E5%85%83%E4%BB%A3%E8%A1%A8%E5%88%B6+%E4%BA%8C%E5%85%83%E4%BB%A3%E8%A1%A8%E5%88%B6'>（2015年６月３日アクセス）。

田中嘉彦「二院制をめぐる論点」国立国会図書館ISSUE BRIEF, No.429、2003

年８月 <http://www.ndl.go.jp/jp/diet/publication/issue/0429.pdf#search='%E4%BA%8C%E9%99%A2%E5%88%B6+%E4%B8%80%E9%99%A2%E5%88%B6'>（2015年６月３日アクセス）。

Ⅳ．研究書・論文

中国語

薛衛天『民国時期中蘇関係』（下）、北京：中共党史出版社、2009年。

曹建坤『1945～1949：中国共産党与自由主義力量』上海：上海人民出版社、2010年。

陳娟・馬延「従『共同綱領』看新中国的社会性質」『理論探討』2007年第４期、2007年７月。

陳揚勇「周恩来与共同綱領的制定」『党的文献』2003年第２期、2003年３月。

載泉源「試論建国初期新民主主義経済政策」『福建師範大学学報（哲学社会科学版）』1981年第３期、1981年10月。

当代中国叢書編集部編『当代中国的人民政協』北京：当代中国出版社、1993年。

杜崎群杰「従共同綱領草案看周恩来的建国思想」徐行編『二十一世紀周恩来研究的新視野――第三届周恩来研究国際学術研討会論文集』中央文献出版社、2009年。

――「1948年中国共産党在地方獲得正統性的嘗試――以華北臨時人民代表大会為中心」胡春惠・呂紹理編『現代化進程中的中国基層社会――両岸三地歴史学研究生研討会論文選集【2010】』台北：国立政治大学歴史学系、2011年。

傅国涌『1949年――中国知識分子的私人記録』武漢：長江文芸出版社、2005年。

高建・佟徳志『協商民主』天津：天津人民出版社、2010年。

何俊志『従蘇維埃到人民代表大会制――中国共産党関於現代代議制的構想与実践』上海：復旦大学出版社、2011年。

胡春惠・呂紹理編『現代化進程中的中国基層社会――両岸三地歴史学研究生研討会論文選集【2010】』台北：国立政治大学歴史学系、2011年。

胡喬木回憶毛沢東編写組「毛沢東与『共同綱領』的制定」『当代中国史研究』1994年第１期、1994年２月。

胡筱秀『人民政協制度功能変遷研究』上海：上海人民出版社、2010年。

黄森・劉俊岐「周恩来与中国人民政治協商会議」『上海社会科学学術季刊』1988年第３期、1988年９月。

黄小同「周恩来与人民政協的成立和発展」『中共党史研究』第124期、2008年７月。

金燕「華北人民政府的成立、職能及特点」『党的文献』第112期、2006年７月。

黎見春『各界人民代表会議制度及運作――以湖北地区為例』北京：社会科学文献出版社、2011年。

李格「従『共同綱領』到『中華人民共和国憲法』――以1954年国家与政府領導

体制変化中心」『党的文献』2003年第4期、2003年7月。
李国芳「建国前夕中共創建石家荘民衆参政機構的実践」『近代史研究』2006年第5期、2006年5月。
――『初進大城市――中共在石家荘建政与管理的嘗試（1947～1949）』北京：社会科学文献出版社、2008年。
李文芳「対劉少奇“天津講話”的再認識」『党的文献』第70期、1999年7月。
李允熙『従政治協商走向協商民主――中国人民政協制度的改革与発展研究』北京：社会科学文献出版社、2012年。
李正華「毛沢東与人民政協事業」『当代中国史研究』第717期、2006年9月。
林尚立編『中国共産党与人民政協』上海：東方出版中心、2011年。
林尚立・何俊志『制度等待利益――県級人大制度成長模式研究』重慶：重慶出版社、2005年。
劉学軍『当代中国政治制度概要』北京：中共中央党校出版社、2011年。
魯振祥「毛沢東与新政治協商会議」『当代中国史研究』1994年第3期、1994年8月。
――「建国前後新民主主義経済建設探索中的張聞天和劉少奇」『党的文献』2000年第5期、2000年9月。
馬貴凡「毛沢東致斯大林電之我見」『中共党史研究』1999年第6期、1999年11月。
毛沢東生平和思想研討会組織委員会編『毛沢東百周年紀念――全国毛沢東生平和思想研討会論文集』（上・中・下）、北京：中央文献出版社、1994年。
南開大学周恩来研究中心編『中外学者再論周恩来――第二届周恩来国際学術討論会論文集』北京：中央文献出版社、1999年。
龐松「民族区域自治：『共同綱領』的創造」（上・下）、『百年潮』1999年第10期、1999年第11期、1999年10月、1999年11月。
慶格勒図「試論内蒙古各界人民代表会議的歴史作用」『内蒙古大学学報（人文社会科学版）』2005年第6期、2005年11月。
秦立海「解読歴史的真実――1947至1948年毛沢東与斯大林両封往来電報之研究」『中共党史研究』第92期、2003年2月。
沈志華『毛沢東、斯大林与朝鮮戦争』広州：広東人民出版社、2003年。
――『斯大林与鉄托――蘇南冲突的起因及其結果』広西：広西師範大学出版社、2002年。
――『蘇聯専家在中国（1948―1960）』北京：新華出版社、2009年。
沈志華・李丹慧『戦後中蘇関係若干問題研究――来自中俄双方的檔案文献』北京：人民出版社、2006年。
沈正楽「米高揚“報告”中関於毛沢東的一個重要思想質疑」『中共党史研究』1999年第6期、1999年11月。
粛樹祥「論建国初期各界人民代表会議的歴史作用」『中共党史研究』1992年第1期、1992年3月。
孫宏云「孫中山的民権思想与職業代表制」『広東社会科学』2007年第1期、

2007年1月。
——「平民政権与職業代表制——鄧演達関於中国革命与政権的構想」『中国政法大学学報』第4期、2008年3月。
田松年「与民主党派長期合作是中国共産党堅定不移的基本政策——従媒体所伝毛沢東和斯大林的両封往来電報談起」『党的文献』1999年第5期、1999年9月。
汪朝光『1945～1949：国共政争与中国命運』北京：社会科学文献出版社、2010年。
王国永「建国初期的地方各界人民代表会議」『鄭州航空工業管理学院学報（社会科学版）』第20巻第4期、2001年。
王友明『革命与郷村　解放区土地改革研究：1941～1948——以山東莒南県為個案』上海：上海社会科学院出版社、2006年。
魏文享「職業団体与職業代表制下的“民意”建構——以1931年国民会議為中心」『近代史研究』2011年第3期、2011年5月。
呉継平「新中国成立初期北京市各界人民代表会議述論」『学術論壇』2006年第5期、2006年9月。
謝慶奎『政治改革与政府創新』北京：中信出版社、2003年。
謝慶奎・佟福玲編『政治改革与政府転型』北京：社会科学文献出版社、2009年。
許崇徳『中華人民共和国憲法史』福州：福建人民出版社、2003年。
徐行編『南開学者縦論周恩来』天津：天津人民出版社、2008年。
——『二十一世紀周恩来研究的新視野』（上・下）、北京：中央文献出版社、2009年。
薛銜天『民国時期中蘇関係史』（下）、北京：中共党史出版社、2009年。
楊宏山「中国政治改革的成効与展望——以政治合法性為視角」徐湘林編『漸進政治改革中的政党、政府与社会』北京：中信出版社、2004年。
楊建党「華北人民政府時期的人民代表会議制度之考察」『人大研究』第181期、2007年1月。
楊奎松『毛沢東与莫斯科的恩恩怨怨』南昌：広西人民出版社、1999年。
——『中華人民共和国建国史研究』（2・外交）、南昌：広西人民出版社、2009年。
占善欽「試析七大醞醸召開的解放区人民代表会議」『中共党史研究』2005年第4期、2005年7月。
趙虎吉「後発展国家政治合法性的二元化与政治発展邏輯」謝慶奎編『政治改革与政府転型』北京：社会科学文献出版社、2009年。
張士義「米高揚“報告”質疑」『当代中国史研究』第35期、1994年1月。
張薇薇「『中国人民政治協商会議共同綱領』之立憲評析」『甘粛政法学院学報』第97期、2008年3月。
張希坡『人民代表大会制度創建史』北京：中共党史出版社、2009年。
中国人民政協理論研究会秘書処編『中国人民政協理論研究会2011年度論文集』（上・下巻）、北京：中国文史出版社、2012年

中央社会主義学院中国政党制度研究中心編『中国政党制度的回顧与展望』北京：九州出版社、2011年。

周恩来生平和思想研討会組織委員会編『周恩来百周年紀念』(上・下)、北京：中央文献出版社、1999年。

周葉中・江国華編『在曲折中前進——中国社会主義立憲評論』武漢：武漢大学出版社、2010年。

日本語

「特集　78年画期説の再検討」『現代中国』第83号、2009年９月。

愛知大学国際問題研究所編『中華人民共和国の国家体制と基本動向——共同綱領の研究』勁草書房、1954年。

青山瑠妙『現代中国の外交』慶應義塾大学出版会、2007年。

赤木完爾『朝鮮戦争——休戦50周年の検証　半島の内と外から』慶應義塾大学出版会、2003年。

浅沼かおり「農業社会主義改造をめぐる毛沢東と劉少奇——1949～55年を中心に」『法学会雑誌（東京都立大学)』第32巻第１号、1991年７月。

味岡徹「共産党根拠地の憲政事業」中央大学人文科学研究所編『中華民国の模索と苦境——1928—1949』中央大学出版部、2010年。

朝日新聞中国総局『紅の党——習近平体制誕生の内幕』朝日新聞出版、2012年。

天児慧『中国——溶変する社会主義大国』東京大学出版会、1992年。

——『巨龍の胎動——毛沢東vs鄧小平』講談社、2004年。

池田誠編『抗日戦争と中国民主——中国ナショナリズムと民主主義』法律文化社、1987年。

石井明「中国解放区人民代表会議について」『アジア研究』第19巻第３号、1972年７月。

——『中ソ関係史の研究（1945—1950)』東京大学出版会、1990年。

石井修『国際政治史としての二〇世紀』有信堂、2000年。

石井知章『中国社会主義国家と労働組合——中国型協商体制の形成過程』御茶の水書房、2007年。

石川賢作「中国共同綱領体制の終焉——反封建から反資本への転換」『安城学園大学研究論集』第15号、1981年11月。

石川禎浩「1949年を跨ぐ中国共産党史上の歴史認識問題——いわゆる「西北歴史論争問題」を事例として」『近きに在りて』第53号、2008年５月。

石塚迅・中村元哉・山本真編『憲政と近現代中国——国家、社会、個人』現代人文社、2010年。

泉谷陽子『中国建国初期の政治と経済——大衆運動と社会主義体制』御茶の水書房、2007年。

井上久士「辺区（抗日根拠地）の形成と展開」池田誠編『抗日戦争と中国民衆』法律文化社、1987年。

磯部靖「連邦制の否定と地方保護主義——高崗・饒漱石事件と中央・地方関係

の定位」国分良成・小嶋華津子編『現代中国政治外交の原点』慶應義塾大学出版会、2013年。

今井駿「辺区政権と地主階級」野沢豊・田中正俊編『抗日戦争』講座中国近現代史（第6巻）、東京大学出版会、1978年。

今井真士「『比較権威主義体制論』の一つの作法——権威主義体制の長期的分岐と、制度・文脈・時間的過程への視点」『法学政治学論究』第86号、2010年9月。

——「権威主義体制下の単一政党優位と選挙前連合の形成」『国際政治』第172号、2013年2月。

宇野重昭・小林弘二・矢吹晋編『現代中国の歴史1949〜1985』有斐閣、1986年。

江田憲治「中国共産党の『党内民主』——その『現状』と『過去』」石川禎浩編『中国社会主義文化の研究』京都大学人文科学研究所、2010年。

大沢武彦「内戦期、中国共産党による都市基層社会の統合——哈爾浜を中心として」『史学雑誌』第101巻第6号、2002年5月。

——「戦後内戦期における中国共産党統治下の大衆運動と都市商工業——東北解放区を中心として」『中国研究月報』675号、2004年5月。

——「戦後内戦期における中国共産党の東北支配と対ソ交易」『歴史学研究』814号、2006年5月。

——「国共内戦期の農村における『公民権』付与と暴力」『歴史評論』681号、2007年1月。

大野達司「シュミットとリーガリズム」『思想』774号、1988年12月。

大森弥『分権改革と地方議会〔新版〕』ぎょうせい、2002年。

岡部達味編『中国をめぐる国際環境』岩波書店、2001年。

岡本和彦「ユーゴ・ソ連論争史序論——ユーゴのコミンフォルムからの追放を中心に」『一橋論叢』114巻2号、1995年8月。

——「コミンフォルムとユーゴ・ソ連論争——コミンフォルム会議議事録の公開を受けて、1947年のコミンフォルム設立会議を中心に」『一橋論叢』117巻2号、1997年2月。

奥田剣志郎「憲法制定権力論における法的思考と政治的思考について」『青山法学論集』第32巻第3・4号、1991年3月。

奥村哲『中国の現代史——戦争と社会主義』青木書店、1999年。

——『中国の資本主義と社会主義——近現代史像の再構成』桜井書店、2004年。

——「歴史としての毛沢東時代」『現代中国』第82号、2008年9月。

尾崎彦朔『第三世界と国家資本主義』東京大学出版会、1980年。

押村高・谷喬夫『藤原保信著作集——20世紀の政治理論』新評論、2006年。

梶谷懐『日本と中国、「脱近代」の誘惑——アジア的なものを再考する』太田出版、2015年。

加島潤「戦後から人民共和国初期にかけての上海電力産業の統合過程」『中国研究月報』第60巻3号、2006年3月。

——「政権交代と上海市財政構造の変動（1945〜56年）」『アジア経済』第48巻

第７号、2007年７月。

粕谷祐子『比較政治学』ミネルヴァ書房、2014年。

片桐薫『グラムシ・セレクション』平凡社、2001年。

角崎信也「食糧徴発と階級闘争――国共内戦期東北解放区を事例として」高橋伸夫編著『救国、動員、秩序――変革期中国の政治と社会』慶応義塾大学出版会、2010年。

金子肇「1920年代前半における各省「法団」勢力と北京政府」横山英編『中国の近代化と地方政治』勁草書房、1985年。

――「上海資本家階級と国民党統治（1927―29）――馮少山追放の政治史的意義」『史学研究』第176号、1987年７月。

――「戦後の憲政実施と立法院改革」姫田光義編『戦後中国国民政府史の研究――1945―1949年』中央大学出版部、2001年。

――「国民党による憲法施行体制の統治形態――孫文の統治構想、人民共和国の統治形態との対比から」久保亨編『1949年前後の中国』汲古書院、2006年。

――『近代中国の中央と地方――民国前期の国家統合と行財政』汲古書院、2008年。

加茂具樹「中国共産党の人民代表大会に対する領導の実態とその限界」『法学研究』第78巻第１号、2005年１月。

――『現代中国政治と人民代表大会――人代の機能改革と「領導・被領導」関係の変化』慶應義塾大学出版会、2006年。

――「現代中国における民意機関の政治的役割――代表者、諫言者、代表者。そして共演。」『アジア経済』第54巻第４号、2013年12月。

加茂具樹・飯田将史・神保謙編『中国　改革開放への転換――「一九七八年」を越えて』慶應義塾大学出版会、2011年。

苅部直・宇野重規・中本義彦編『政治学をつかむ』有斐閣、2011年。

カール・シュミット（阿部照哉・村上義弘訳）『憲法論』みすず書房、1974年。

――（田中浩・原田武雄訳）『合法性と正当性――中性化と非政治化の時代』未来社、1983年。

河合秀和『比較政治・入門――国際情報を整理する〔改訂版〕』有斐閣、2009年。

菊池貴晴『中国第三勢力史論――中国革命における第三勢力の総合的研究』汲古書院、1987年。

北山俊哉・久米郁男・真渕勝『はじめて出会う政治学――構造改革の向こうに〔第３版〕』有斐閣アルマ、2009年（1997年初版）。

久保慶一「特集　権威主義体制における議会と選挙の役割」『アジア経済』第54巻第４号、2013年12月。

久保亨「中国一九四九年革命の歴史的位置」『歴史評論』654号、2004年10月。

――編『1949年前後の中国』汲古書院、2006年。

久保亨・嵯峨隆編『中華民国の憲政と独裁』慶應義塾大学出版会、2011年。

久保亨・土田哲夫・高田幸男・井上久士『現代中国の歴史——両岸三地100年のあゆみ』東京大学出版会、2008年。

久米郁男・川出良枝・古城佳子・田中愛治・真渕勝『政治学』有斐閣、2003年。

黒瀬悦成「G２論の背景にあるオバマ外交の狙い」『東亜』511号、2010年10月。

河野正「中華人民共和国初期、河北省における宣伝教育と農村社会——成人教育・機関紙を中心に」『東洋学報』第92巻第３号、2010年12月。

——「1950年代河北省農村の『村意識』とその変容」『アジア研究』第57巻第４号、2011年10月。

——「高級農業生産合作社の成立と瓦解——河北省を中心に」『史学雑誌』第124編第４号、2015年４月。

国分良成「中国復興期における経済官僚制（1949—52年）——財政経済委員会を中心として」『法学研究』第60巻第１号、1987年１月。

——『現代中国の政治と官僚制』慶應義塾大学出版会、2004年。

——「中国政治体制の行方」『東亜』447号、2004年９月。

——編『中国政治と東アジア』現代東アジアと日本２、慶應義塾大学出版会、2004年。

小嶋華津子「中国共産党と労働組合——『工会』をめぐる論争」『アジア研究』第42巻第３号、1996年３月。

小林弘二『中国革命と都市の解放——新中国初期の政治過程』有斐閣、1974年。

——『二〇世紀の農民革命と共産主義運動——中国における農業集団化政策の生成と瓦解』勁草書房、1997年。

小林修二『現代中国の国家目的と経済建設——超大国志向・低開発経済・社会主義』龍渓書舎、1988年。

金野純『中国社会と大衆動員——毛沢東時代の政治権力と民衆』御茶の水書房、2008年。

——「毛沢東時代の『愛国』イデオロギーと大衆動員——建国初期の愛国公約運動を中心に」『中国——社会と文化』第26号、2011年７月。

坂田幹男『第三世界国家資本主義論』日本評論社、1991年。

笹川裕史『中華人民共和国誕生の社会史』講談社、2011年。

笹川裕史・奥村哲『銃後の中国社会——日中戦争下の総動員と農村』岩波書店、2007年。

佐藤立夫「ドイツにおける職能代表の展開過程」『比較法学』第６巻第１号、1970年５月。

佐藤文俊『李自成——駅卒から紫禁城の主へ』世界史リブレット人41、山川出版社、2015年。

座間紘一「『国民経済復興期』の性格について〔Ⅰ〕——『共同綱領』と『過渡期の総路線』の検討」『東亜経済研究』第45巻第２号、1975年10月。

下斗米伸夫『ソ連現代政治』東京大学出版会、1987年。

シーダ・スコッチポル（牟田和恵監訳）『現代社会革命論——比較歴史社会学の理論と方法』岩波書店、2001年。

ジャン＝マルク・クワコウ（田中治男・押村高・宇野重規訳）『政治的正当性とは何か――法、道徳、責任に関する考察』藤原書店、2000年。

朱建栄『毛沢東の朝鮮戦争』岩波書店、1991年。

鈴木隆『中国共産党の支配と権力――党と新興の社会経済エリート』慶應義塾大学出版会、2012年。

曽根康雄「米中経済関係と人民元改革の行方」『東亜』517号、2010年7月。

高橋伸夫『中国革命と国際環境――中国共産党の国際情勢認識とソ連　1937年～1960年』慶應義塾大学出版会、1996年。

――「〔書評〕久保亨編『1949年前後の中国』中国政治史研究の立場から」『近きに在りて』第52号、2007年11月。

――編『救国、動員、秩序――変革期中国の政治と社会』慶応義塾大学出版会、2010年。

高橋祐三「中華人民共和国建国初期の国家建設と民主諸党派」『法学政治学論究』第27号、1995年12月。

――「中国における政治協商会議と民主諸党派」『現代中国』第71号、1997年7月。

――「民主諸党派・人民政治協商会議・人民代表大会――党外政治ファクターの再検証」国分良成編『中国政治と東アジア』現代東アジアと日本2、慶應義塾大学出版会、2004年。

高原明生「中国共産党と市場経済化――党＝国家、党＝企業関係と中央＝地方関係の展開」『立教法学』第52号、1999年3月。

――「中国の政治体制と中国共産党」日本比較政治学会編『比較の中の中国政治、早稲田大学出版部、2004年。

高畠通敏『政治学への道案内』三一書房、1976年。

田中恭子『土地と権力――中国の農村革命』名古屋大学出版会、1996年。

高見勝利「『憲法制定権力』考」樋口陽一・高橋和之『現代立憲主義の展開』（下）、有斐閣、1993年。

武田康裕「体制移行に伴う国際危機とその予防――中国と北朝鮮を事例として」西原正編『日本の外交・安全保障政策オプション』日本国際交流センター、1998年。

田原史起『中国農村の権力構造――建国初期のエリート再編』御茶の水書房、2004年。

中央大学人文科学研究所編『民国後期中国国民党政権の研究』中央大学出版部、2005年。

――『中華民国の模索と苦境――1928～1949』中央大学出版部、2010年。

鄭成『国共内戦期の中共・ソ連関係――旅順・大連地区を中心に』御茶の水書房、2012年。

天津地域史研究会編『天津史――再生する都市のトポロジー』東方書店、1999年。

唐亮『現代中国の党政関係』慶応義塾大学出版会、1997年。

土岐茂「共同綱領の憲法的性格——中国憲法史の側面からの考察」『早稲田法学会誌』第34巻、1984年3月。

徳田教之『毛沢東主義の政治力学』慶應通信、1977年。

中井明「現代中国農村における政策浸透——1940年代後半から1950年代初期の階級区分基準の操作実態の分析」『アジア研究』第51巻第4号、2005年10月。

中岡まり「中国共産党による政権機関の建設——建国初期の北京を事例として」『法学政治学論究』第36号、1998年3月。

——「中国共産党政権の正当性の強化」『法学政治学論究』第51号、2001年12月。

——「人代選挙制度と和諧社会の建設——北京市（区・県級）を例として」『常磐国際紀要』第13号、2009年3月。

——「中国地方人民代表大会選挙における『民主化』と限界——自薦候補と共産党のコントロール」『アジア研究』第57巻第2号、2011年4月。

中西功『中国革命と毛沢東思想——中国革命史の再検討』青木書店、1969年。

中村元哉『戦後中国の憲政実施と言論の自由1945—49』東京大学出版会、2004年。

西村成雄『中国ナショナリズムと民主主義——二〇世紀中国政治史の新たな視界』研文出版、1991年。

——「中国抗日根拠地——危機と社会空間の再調整」大江志乃夫編『抵抗と屈従』岩波講座近代日本と植民地6、岩波書店、1993年。

——『20世紀中国の政治空間——「中華民族的国民国家」の凝集力』青木書店、2004年。

——「中華民国・中華ソヴィエト共和国・国民参政会——『党治』から『憲政』への模索」『新秩序の模索1930年代』東アジア近現代通史5、岩波書店、2011年。

——編『中国外交と国連の成立』法律文化社、2004年。

——『20世紀中国政治史研究』放送大学教育振興会、2011年。

西村成雄・国分良成『党と国家——政治体制の軌跡』叢書中国的問題群1、岩波書店、2009年。

野沢豊「中国における統一戦線の形成過程——第1次国共合作と国民会議」『思想』第477号、1964年3月。

野沢豊・田中正俊編『講座中国近現代史』（全7巻)、東京大学出版会、1978年。

蜂屋亮子「中華蘇維埃共和国憲法と中華蘇維埃共和国憲法大綱」『アジア研究』第28巻第1号、1981年4月。

萩原能久「『合法性と正当性』再論——正義と暴力のはざまで」『法学研究』第76巻第12号、2003年12月。

服部隆行『朝鮮戦争と中国——建国初期中国の軍事戦略と安全保障問題の研究』渓水社、2007年。

林幸司『近代中国と銀行の誕生——金融恐慌、日中戦争、そして社会主義へ』

御茶の水書房、2009年。

菱田雅晴編『中国共産党のサバイバル戦略』三和書籍、2012年。

姫田光義『中国現代史の争点』日中出版、1977年。

——「人民解放戦争期の土地改革・農民運動——中国革命の勝利」野沢豊・田中正俊編『中国革命の勝利』講座中国近現代史（第7巻)、東京大学出版会、1978年。

——「中国革命における階級闘争論の系譜」階級闘争史研究会編『階級闘争の歴史と理論』(第1巻)、青木書店、1981年。

——『中国革命に生きる——コミンテルン軍事顧問の運命』中公新書、1987年。

——『林彪春秋』中央大学出版部、2009年。

——編『戦後中国国民政府史の研究1945—1949』中央大学出版部、2001年。

姫田光義・阿部治平・石井明・岡部牧夫・久保亨・中野達・前田利昭・丸山伸朗『中国20世紀史』東京大学出版会、1993年。

平野正「プロレタリアートの革命指導権の承認から『指導』の承認へ——第三勢力の政治的転換（三)」『西南学院大学文理論集』第22巻第1号、1981年8月。

——『中国革命と中間路線問題』研文出版、2000年。

深町英夫『中国政治体制100年——何が求められてきたのか』中央大学出版部、2009年。

福島正夫『中国の人民民主政権』東京大学出版会、1965年。

祁建民『中国における社会結合と国家権力——近現代華北農村の政治社会構造』御茶の水書房、2006年。

本庄比佐子・内山雅生・久保亨編『華北の発見』汲古書院、2014年。

松井芳郎・佐分晴夫・坂元茂樹・小畑郁・松田竹男・田中則夫・岡田泉・薬師寺公夫『国際法〔第5版〕』有斐閣、2008年（初版は1988年)。

松岡完『20世紀の国際政治』同文館出版、1992年。

マックス・ウェーバー（世良晃志郎訳)『支配の社会学』(Ⅰ)、創文社、1960年。

——『支配の諸類型』創文社、1970年。

松田博『グラムシを読む——現代社会像への接近』法律文化社、1988年。

松田康博『台湾における一党独裁体制の成立』慶應義塾大学出版会、2006年。

松村史穂「中華人民共和国建国初期の『査田定産工作』——農業統計調査の試みとその挫折」『アジア研究』53巻4号、2007年10月。

——「中華人民共和国成立期の食糧貿易——対中国禁輸措置への対応を中心に」『アジア経済』第49巻第6号、2008年6月。

——「計画経済期中国における食糧配給制度の展開過程」『社会経済史学』第75巻第4号、2009年11月。

松村史紀「ミコヤン訪中考（1949年1—2月）——中国革命と戦争をめぐる秩序設計」松村史紀・森川裕二・徐顕芬編『東アジア地域の立体像と中国』早稲田大学現代中国研究所、2011年。

——『「大国中国」の崩壊——マーシャル・ミッションからアジア冷戦へ』現

代中国地域研究叢書２、勁草書房、2011年。

松村史紀・森川裕二・徐顕芬編『二つの「戦後」秩序と中国』早稲田大学現代中国研究所、2010年。

丸田孝志「国共内戦期冀魯豫の大衆動員における政治等級区分と民俗」『アジア社会文化研究』第11号、2010年３月。

丸山眞男『丸山眞男集』（第５巻）、岩波書店、1995年。

水羽信男「1940年代後半期における中国民主党派知識人の国家統合をめぐる論調」横山英・曽田三郎編『中国の近代化と政治的統合』渓水社、1992年12月。

――「都市知識人と革命――民主派知識人の建国構想」『近きに在りて』第30号、1996年11月。

――「共和国成立前後の民主建国会、1945―1953年」久保亨編『1949年前後の中国』汲古書院、2006年。

――『中国近代のリベラリズム』東方書店、2007年。

――『中国の愛国と民主――章乃器とその時代』汲古書院、2012年。

水林彪「『支配のLegitimität』概念再考」『思想』2007年第２号、2007年３月。

南塚信吾・古田元夫・加納格・奥村哲『人びとの社会主義』21世紀歴史学の創造（第５巻）、有志舎、2013年。

毛里和子「社会主義の変容と頓挫した中国の改革」『人民の歴史学』第105号、1990年９月。

――『周縁からの中国――民族問題と国家』東京大学出版会、1998年。

――『現代中国政治〔新版〕』名古屋大学出版会、2004年。

――『現代中国政治〔第３版〕』名古屋大学出版会、2012年。

森川裕貫『政論家の矜持――中華民国期における章士釗と張東蓀の政治思想』現代中国地域研究叢書10、勁草書房、2015年。

杜崎群傑「中国人民政治協商会議共同綱領の再検討――周恩来起草の草稿との比較を中心に」『現代中国』第84号、2010年９月。

――「建国期の中国人民政治協商会議における中国共産党の指導権」『アジア研究』第56巻第４号、2010年10月。

――「中華人民共和国成立前夜における華北臨時人民代表大会の研究――中国共産党の地方における統治の正統性調達過程」『中国研究月報』第65巻８号、2011年８月。

――「中国共産党の市レベルにおける統治の正統性調達過程――1949年開催の第１期石家荘市人民代表大会を中心に」『中国研究論叢』第11号、2011年９月。

――「中国共産党の統治の国際的正統性調達過程――建国期中国国内政治におけるソ連の影響を中心に」斎藤道彦編『中国への多角的アプローチ』中央大学出版部、2012年。

山口定『政治体制』現代政治学叢書３、東京大学出版会、1989年。

山口信治「毛沢東による戦略転換としての新民主主義段階構想の放棄」『アジ

ア研究』第54巻第1号、2008年1月。

――「中国共産党の新民主主義段階構想と国際環境、1949―1950」『国際情勢紀要』第81号、2011年2月。

山田辰雄編『歴史のなかの現代中国』勁草書房、1996年。

山極晃・毛里和子編『現代中国とソ連』日本国際問題研究所、1987年。

山本浩三「憲法制定権力論」『同志社法学』42巻1号、1990年5月。

柳鏞泰「国民会議召集論の形成と展開――職能代表制の模索」『近きに在りて』第41号、2002年6月。
J. ハバーマス（細谷貞雄訳）『晩期資本主義における正統化の諸問題』岩波書店、1979年。
葉漢明（中村元哉訳）「周辺を経由して権威への復帰――香港における中国民主同盟、1946―1949年」横山宏章・久保亨・川島真編『周辺から見た20世紀中国――日・韓・台湾・中の対話』中国書店、2002年。

楊奎松（大沢武彦訳）「共産党のブルジョアジー政策の変転」久保亨編『1949年前後の中国』汲古書院、2006年。

横山英「国民革命期における中国共産党の政治的統合構想」横山英・曽田三郎編『中国の近代化と政治的統合』溪水社、1992年。

横山宏章『中華民国史――専制と民主の相剋』三一書房、1996年。

――「中国には独裁が似つかわしいのか――1930年代の「民主と独裁」をめぐる学術論戦」山田辰雄編『歴史のなかの現代中国』勁草書房、1996年。

――『中国の異民族支配』集英社、2009年。

横山宏章・久保亨・川島真編『周辺から見た20世紀中国――日・韓・台湾・中の対話』中国書店、2002年。

吉田豊子「内戦期中国共産党の少数民族政策――公式主張の変遷」『近きに在りて』第31号、1997年5月。

――「中国共産党の国家統合における内モンゴル自治政府の位置――『高度の自治』から『民族区域自治』へ」『東洋学報』第83巻第3号、2001年12月。

読売新聞調査研究部編『西欧の議会――民主主義の源流を探る』読売新聞社、1989年。

劉迪『近代中国における連邦主義思想』成文堂、2009年。

林賢参「建国前夜における毛沢東の対米戦略――『黄華・スチュアート会談』を中心に」『アジア研究』第49巻第4号、2003年10月。

歴史科学協議会編『歴史が動く時』青木書店、2001年。

レーニン（角田安正訳）『国家と革命』講談社、2011年。

渡辺直土「現代中国政治体制における正統性原理の再構成」『現代中国研究』第31号、2012年10月。

英語

A. John Simmons, *Justification and Legitimacy*, Cambridge: Cambridge University Press, 2001.

Alagappa Muthiah eds., *Political Legitimacy in Southeast Asia: The Quest for Moral Authority*, Stanford: Stanford University Press, 1995.

Alan Jerome Cohen, *The Criminal Process in the People's Republic of China, 1949-1963*, Cambridge: Harvard University Press, 1968.

Alan R. Kluver, *Legitimating the Chinese Economic Reforms: A Rhetoric of Myth and Orthodoxy*, New York: State University of New York Press, 1996.

Andreas Schedler, "The Logic of Electoral Authoritarianism," Andreas Schedler eds., *Electoral Authoritarianism: The Dynamics of Unfree Competition*, Colorado: Lynne Rinner Publishers, 2006.

Andrew J. Nathan, "Political Rights in Chinese Constitutions," Randle Edwards, Louis Henkin and Andrew J. Nathan, *Human Rights in Contemporary China*, New York: Columbia University Press 1986.（邦訳：斉藤惠彦・興梠一郎『中国の人権――その歴史と思想と現実と』有信堂、1990年）

Arend Lijphart, *Patterns of Democracy: Government Forms and Performance in Thirty-Six Countries*, London: Yale University Press, 1999.（邦訳：粕谷祐子『民主主義対民主主義――多数決型とコンセンサス型の36ヶ国比較研究』勁草書房、2005年）

Benedict Anderson, *Imagined Communities: Reflections on the Origin and Spread of Nationalism*, London: Verso, 1991.（邦訳：白石隆・白石さや『想像の共同体――ナショナリズムの起源と流行〔定本〕』書籍工房早川、2012年）

C. Fred Bergsten, "A Partnership of Equals: How Washington Should Respond to China's Economic Challenge", *Foreign Affairs*, Vol.87, No.4, July/August, 2008.

C. M. Chang, "Five Years of Communist Rule in China" *Foreign Affairs*, Vol.33 No.1, October 1954.

Carl J. Friedrich, "The Evolving Theory and Practice of Totalitarian Regimes," Carl J. Friedrich, Michael Curtis and Benjamin R. Barber eds., *Totalitarianism in Perspective: Three Views*, London: Pall Mall Press, 1969.

Carl J. Friedrich and Zbigniew K. Brezezinski, *Totalitarian Dictatorship and Autocracy*, New York: Praeger Publishers, 1966.

Christopher R. Lew, *The Third Chinese Revolutionary Civil War, 1945-49: An Analysis of Communist Strategy and Leadership*, New York: Routledge, 2009.

David Beetham, *The Legitimation of Power*, New York: Palgrave, 2003.

David Easton, *A Systems Analysis of Political Life*, New York: University of Chicago Press, 1965.（邦訳：片岡寛光・依田博・薄井秀二『政治生活の体系分析』早稲田大学出版部、2002年）

E.H. Carr, *What is History ?*, London: Macmillan, 1961.（邦訳：清水幾太郎『歴史とは何か』岩波書店、1962年）

Francis Fukuyama, "At the 'End of History' Still Stands Democracy: Twenty-five Years after Tiananmen Square and the Berlin Wall's Fall, Liberal Democra-

cy Still Has No Real Competitors", *The Wall Street Journal*, June 6, 2014.
——, *The End of History and the Last Man*, New York: International Creative Management, 1992.（邦訳：渡部昇一『歴史の終わり』上・下、三笠書房、2005年）
Frederick R. Teiwes, "Establishment and Consolidation of the New Regime, 1949-1957", Roderick MacFarquhar eds., *The Politics of China: Sixty Years of The People's Republic of China*, New York: Cambridge University Press, 2011.
Gilbert Rozman, Seizaburo Sato and Gerald Segal eds., *Dismantling Communism: Common Causes and Regional Variations*, Washington, D.C: The Woodrow Wilson Center Press, 1992.
Giovanni Sartori, *Parties and Party Systems: A Framework for Analysis,* Cambridge: Cambridge University Press, 1976.（邦訳：岡沢憲芙・川野秀之『現代政党学——政党システム論の分析枠組み〔普及版〕』早稲田大学出版部、2000年）
Hannah Arendt, *Crises of the Republic: Lying in Politics——Civil Disobedience——On Violence——Thoughts on Politics and Revolution*, San Diego: Harcourt Brace Jovanovich, 1972.（邦訳：山田正行『暴力について——共和国の危機』みすず書房、2000年）
Harry Harding, *Organizing China: The Problem of Bureaucracy, 1949–1976*, California: Stanford University Press, 1981.
Hsiao Pen, "Separating the Party from the Government", Carol Hamrin Lee and Suisheng Zhao eds., *Decision-Making in Deng's China: Perspectives From Insiders*, Armonk, New York: M.E. Sharpe, 1995.
Hua-yu Li, *Mao and the Economic Stalinization of China, 1948–1953*, Lanham: Rowman & Littlefield Publishers, 2006.
Ian Clark, *Legitimacy in International Society*, Oxford: Oxford University Press, 2005.
Jean Chesneaux eds., (translated by Paul Auster and Lydia Davis), *China: The People's Republic, 1949–1976*, New York: Pantheon Books, 1979.
Jeremy Brown and Paul G. Pickowicz eds., *Dilemmas of Victory: The Early Years of the People's Republic of China*, Cambridge: Harvard University Press, 2007.
Jian Chen, *China's Road to the Korean War: The Making of the Sino-American Confrontation*, New York: Columbia University Press, 1994.
John H. Schaar, "Legitimacy in the Modern State," Philip Green and SanFord Levinson eds., *Power and Community: Dissenting Essays in Political Science*, New York: Pantheon Books, 1970.
Juan J. Linz, "Totalitarian and Authoritarian Regimes", Fred I. Greenstein, Nelson W. Polsby eds., *Handbook of Political Science*, Reading, Massachu-

setts: Addison-Wesley Pub. Co., 1975.（邦訳：高橋進『全体主義体制と権威主義体制』法律文化社、1995年）

Jürgen Domes, *The Internal Politics of China 1949-1972*, London: C. Hurst, 1973.

Kenneth Liberthal, *Governing China: From Revolution through Reform Second Edition*, New York: W.W. Norton & Company, 2004（初版1995）.

Kevin J. O'Brien, *Reform Without Liberalization: China's National People's Congress and the Politics of Institutional Change*, New York: Cambridge University Press, 1990.

Lawrence R. Sullivan, "Leadership and Authority in the Chinese Communist Party: Perspectives from the 1950s" *Pacific Affairs*, Vol.59, No.4, September, 1986.

Larry Diamond, "Thinking about Hybrid Regimes," *Journal of Democracy*, Vol.13, no.2, April 2002.

Lynn White eds., *Legitimacy: Ambiguities of Political Success or Failure in East and Southeast Asia*, Singapore: World Scientific, 2005.

Merle Goldman, *Sowing the Seeds of Democracy in China: Political Reform in the Deng Xiaoping Era*, Cambridge: Harvard University Press, 1994.

Odd Arne Westad, *Decisive Encounters: The Chinese Civil War, 1946-1950*, Stanford: Stanford University Press, 2003.

Peter Hays Gries and Stanley Rosen eds., *Chinese Politics: State, Society and the Market*, New York: Routledge, 2010.

Philippe C. Schmitter and Gerhard Lehmbruch eds., *Trends toward Corporatist Intermediation*, London: SAGE Publications, 1979.（邦訳：山口定『現代コーポラティズム——団体統合主義の政治とその理論』木鐸社、1984年）

Richard W. Stevenson, *The Rise and Fall of Détente: Relaxations of Tension in U.S.-Soviet Relations, 1953-84*, Basingstoke: Macmillan, 1985.（邦訳：滝田賢治『デタントの成立と変容』中央大学出版部、1989年）

Robert A. Dahl, *On Democracy*, New Haven, CT: Yale University Press, 1998.（邦訳：中村孝文『デモクラシーとは何か』岩波書店、2001年）

——, *Polyarchy: Participation and Opposition*, New Haven: Yale University Press, 1971.（邦訳：高畠通敏・前田脩『ポリアーキー』三一書房、1981年）

Robert. D Putnam, "Diplomacy and Domestic Politics: The Logic of Two-Level Games," *International Organization*, Vol.42 No.3, June 1988.

——, *Making Democracy Work: Civic Traditions in Modern Italy*, Princeton, New Jersey: Princeton University Press, 1993.（邦訳：河田潤一『哲学する民主主義——伝統と改革の市民的構造』NTT出版、2001年）

Robert M. Fishman, "Rethinking State and Regime: Southern Europe's Transition to Democracy," *World Politics*, Vol.42, No.3, April 1990.

Samuel P. Huntington, *The Third Wave: Democratization in the Late Twentieth Century*, Norman: University of Oklahoma, 1991（初版1968）.（邦訳：

坪郷実・藪野祐三・中道寿一『第三の波——20世紀後半の民主化』三嶺書房、1995年、中文訳：劉軍寧『第三波——20世紀後期的民主化浪潮』上海：上海三聯書店、1998年）
Seymour Martin Lipset, *Political Man: The Social Bases of Politics*, London: Heinemann, 1960.（邦訳：内山秀夫『政治のなかの人間——ポリティカル・マン』東京創元新社、1963年）
Shiping Zheng, *Party vs. State in Post-1949 China: The Institutional Dilemma*, Cambridge: Cambridge University Press, 1997.
Stephen, D. Krasner, *Sovereignty: Organized Hypocrisy*, Princeton: Princeton University Press, 1999.
—— eds., *Problematic Sovereignty: Contested Rules and Political Possibilities*, New York: Columbia University Press, 2001.
——, *Power, the State, and Sovereignty: Essays on International Relations*, New York: Routledge, 2009.
Stuart R. Schram, *The Thought of Mao Tse-tung*, New York: Cambridge University Press, 1989.
Suyin Han, *Eldest Son: Zhou Enlai and the Making of Modern China 1898-1976*, London: Pimlico, 1994.（邦訳：川口洋・川口美樹子『長兄——周恩来の生涯』新潮社、1996年）
Suzanne Pepper, *Civil War in China: The Political Struggle 1945-1949*, Berkeley: University of California Press, 1978.
Terry Eagleton, *Ideology: An Introduction*, London: Longman, 1994.（邦訳：大橋洋一『イデオロギーとは何か』平凡社、1999年）
Theda Skocpol, *States and Social Revolutions: A Comparative Analysis of France, Russia, and China*, Cambridge: Cambridge University Press, 1979.
——, *Social Revolutions in the Modern World*, Cambridge: Cambridge University Press, 1994.
Tomas Carothers, "The End of Transition Paradigm," *Journal of Democracy*, Vol.13, No.1, January 2002.
Vivienne Shue, "Legitimacy Crisis in China?", Peter Hays Gries and Stanley Rosen eds., *Chinese Politics: State, Society and the Market*, New York: Routledge, 2010.
Yang Zhong, "Legitimacy Crisis and Legitimation in China" *Journal of Contemporary Asia*, Vol.26, No.2, 1996（発刊月不明）.
Yong Nam Cho, *Local People's Congress in China: Development and Transition*, New York: Cambridge University Press, 2009.
Yongnian Zheng and Liang Fook Lye, "Political Legitimacy in Reform China: Between Economic Performance and Democratization", Lynn White eds., *Legitimacy: Ambiguities of Political Success or Failure in East and Southeast Asia*, Singapore: World Scientific, 2005.

著者紹介

杜崎群傑（もりさき　ぐんけつ）

1981年　生まれ・福岡県出身。
1996年　福岡市立壱岐中学校卒業
1999年　福岡県立福岡中央高等学校卒業
2003年　中央大学経済学部国際経済学科卒業
2012年　中央大学大学院法学研究科政治学専攻修了。博士（政治学）
九州大学大学院法学研究院助教を経て（2012－2014年）、2014年から中央大学経済学部助教。
専門は近現代中国政治史。
主要業績
「中国人民政治協商会議共同綱領の再検討――周恩来起草の草稿との比較を中心に」『現代中国』第84号、2010年9月。
「中華人民共和国成立前夜における華北臨時人民代表大会の研究――中国共産党の地方における統治の正統性確立過程」『中国研究月報』第65巻第8号、2011年8月。
「中国共産党の市レベルにおける統治の正統性調達過程――1949年開催の第1期石家荘市人民代表大会を中心に」『中国研究論叢』第11号、2011年9月。
「中国共産党の統治の国際的正統性調達過程――建国前中国国内政治におけるソ連の影響を中心に」斎藤道彦編『中央大学政策文化総合研究所叢書　中国への多角的アプローチ』中央大学出版部、2012年。

中国共産党《ちゅうごくきょうさんとう》による「人民代表会議《じんみんだいひょうかいぎ》」制度《せいど》の創成《そうせい》と政治過程《せいじかてい》
――権力《けんりょく》と正統性《せいとうせい》をめぐって――

2015年12月28日　第１版第１刷発行

著　者　杜　崎　群　傑
発行者　橋　本　盛　作
発行所　株式会社　御茶の水書房
〒113-0033 東京都文京区本郷5-30-20
電話　03-5684-0751

Printed in Japan

印刷／製本／（株）シナノ

ISBN978-4-275-02029-1 C3031